華東師範大學圖書館

館藏珍本圖錄

華東師範大學圖書館編

上海人民出版社
上海書店出版社

目錄

三、子 部

四、集 部

華東師範大學圖書館古籍收藏特色與保護利用（代序）

本書以圖錄方式，編輯出版華東師範大學圖書館入選《國家珍貴古籍名錄》的九十五種要籍，縹緗縑素，匯為一冊，代表了本校歷年館藏所累積的精華，實為我校所藏至為貴重的國家珍稀文物與至為厚重的華夏文化遺產。借此機會，擬將華東師範大學圖書館古籍收藏特色與歷年保護利用情況，略介紹一二，以代序言。

一、古籍收藏特色

華東師範大學圖書館館藏線裝古籍，主要來自聖約翰大學、光華大學、大夏大學、國立暨南大學等高等學校舊藏，建館後歷年來，校領導高度重視，館內上下用心用力，亦陸續採訪購買，以增加館藏，目前總數達 3 萬餘種近 34 萬冊，其中善本 3476 種約 3.6 萬冊，含宋元刊本 20 餘種，明刊本 1000 餘種，此外還有一批稿本、抄本和批校本及海內外孤本，在古籍收藏單位中頗具影響力。2009 年，華東師範大學圖書館，成為上海市古籍重點保護單位和國家古籍重點保護單位。

本館所有古籍中，地方志近 2000 種，主要為清代修的省、府、縣、鄉鎮志，江浙地區尤多；明清詩文集 4000 多種，清代居多；叢書 3000 多種；和刻本、朝鮮本近 1300 種，和刻本在原有基礎上連續五年有新入藏，增添了古活字本、五山版等珍稀少見的版本種類。入選國家級珍本 95 種，入選上海市珍貴名錄 135 種。

名極一時的盛宣懷愚齋圖書館藏書，建國初經由聖約翰大學入藏本館，辟為愚齋特藏，共 6600 餘種近 60000 冊，其中明刻本 500 餘種。愚齋藏書保留原有的經史子集分類和編目體系，單獨列架，經部的易類、史部的方志類、子部的儒家醫家釋家類、集部的清人詩文集等收藏是其特點。其中數百種醫學古籍早年已調撥上海中醫藥大學發揮其獨特作用，而其餘書籍的價值也日益受到學術界重視，正逐漸被揭示出來。

在珍貴古籍名錄申報過程中，通過查找鑒別，館藏的價值得到新的揭示和認識，其中發現和確定了兩件唐代敦煌寫經卷子，將本館藏書的年代上推到隋至初唐時期，意義十分重大。經專家鑒定，其中一件為七世紀唐寫本《大般涅槃經》，館藏屬於異卷系統，其分卷與歷代大藏經均不相同。最有價值的是，該卷《大般涅槃經》前十四紙有簾紋，這是南北朝至隋、初唐時期造紙工藝的產物，末五紙則無簾紋，是唐代新出現的造紙工藝的產物。兩種造紙工藝都體現在這一件卷子上面，具有典型意義。

二、古籍保護與數字化建設

古籍保護工作首先體現在原生態保護，即古籍藏書條件與修復工作上。自 2006 年至今，從書庫與閱覽室面積，到樟木櫥、保護設備、修復設備與人力資源培訓、材料、工藝等方面投入經費約五百多萬。因而，原生態保護無疑有了較大的推進與改善。此外，十年來，本館一直秉承合作與共享理念，積極參與目錄數字化建設專項。2004 年，本館成為首家參加 CALIS 聯合編目專項的高校圖書館，2008 年，成為高校古文獻資源庫最早的成員館之一。高校古文獻資源庫是一個規模較大的古文獻書目資料庫，實現了國內主要高校圖書館與港澳、北美地區個別高校圖書古籍館藏書目數據的資訊共用，本館所藏之古籍全面公諸世人，海內外訪求者與日俱增。同時，也實現了館藏古籍書目在本館目錄檢索平臺上的整合和揭示。

通過參加浙江大學“大學數字圖書館國際合作計劃(CADAL)”專項、支持華東師大“子藏”專項、北京大學“儒藏”專項、佛教典籍出版計畫等校內外重大專項，以及眾多零星出版專項等，開展了古籍書影數字化近 1500 種 6000 餘冊約 55 萬頁。同時近年來逐步開展善本的數字化工作，為建立本館古籍資料庫打下了基礎。本館現有自建的民國書刊資料庫、地方志資料庫、年譜資料庫等，已包括了部分古籍特藏文獻，可在校園網範圍內閱覽。

三、古籍宣傳利用與再生性保護

為了更好服務讀者，圖書館不斷提升藏書品質和服務水準，加強宣傳利用與再生性保護工作的力度，十年來古籍特藏部多次獲得校級及館“文明服務崗”的榮譽。主要表現在以下幾個方面：

增加投入、充實館藏。結合學校的學科特色和本館古籍的收藏特點，以補缺為原則，十年來本館購入了一批高質量的線裝古籍，同時購買了大量新版影印大套叢書，如《清代詩文集彙編》、《清代稿鈔本》、《民國史料叢刊》、《晚清四部叢刊》、《原國立北平圖書館甲庫善本叢書》，購入其他線裝古籍約 700 餘種。獲贈兩批《中華再造善本》共計 1341 種。此外，本館採購古籍資料庫十餘種，得到讀者較高的評價，有效支持了本校師生的科研和教學。

持續提升服務品質。十年來，本館古籍特藏閱覽室接待了校內外大量讀者，包括美國、日本及中國港澳臺地區等海外和境外讀者。開放期間，普通古籍隨到隨調，不設限制，還可以提前電話和郵件預約、諮詢，甚至幫助外地讀者查找核對數據，免其舟車勞頓之苦，廣受讀者好評。古籍特藏服務已不限於傳統的閱覽室借閱和簡單諮詢服務模式，工作人員本著“讀者至上”的原則，充分把握古籍特藏讀者群的特點，開展個性化特色服務。每年與學校中文系、歷史系、古籍所等單位的合作，將學生的版本實踐課程開設在圖書館，古籍閱覽室成為教學課堂服務於師生。同時，還為相關專業研究生提供社會實踐和指導，深受學生喜愛。古籍特藏工作人員加強業務鑽研，積極參與本館學科服務團隊，提供古籍相關的學科資訊服務，協助院系教授申報專項課題，甚至參與其中。

推廣利用。高校圖書館是校園文化建設的重鎮，古文獻資源成為宣傳、推廣和弘揚傳統文化的重要載體及途徑。本館古籍特藏部在這方面不斷創新，策劃及參與了多項古籍特藏的文獻展覽與工藝體驗、學術研討，以宣傳館藏，激活古籍，擴大了圖書館的影響。除了每年舉辦的古籍修復體驗、雕版印刷體驗、傳拓技藝展示等活動外，還有主題書展，如：2010 年，“紀念孔子誕辰 2561 年暨儒家經典古籍善本展”在上海文廟尊經閣舉辦，本館有五種古籍參展。2011 年校慶 60 周年，舉辦了“古籍特藏珍品展”，併發表“師大珍藏古籍擷英”系列特稿文章。2013 年，考訂館藏 49 種朝鮮本精品，製作《華東師範大學圖書館藏朝鮮本圖錄》出版。2015 年，舉辦五山版展覽及研討活動，介紹我館收藏的和刻本五山版一種，引起南北高校專家與媒體的關注，《文汇報》以“從扶桑中國古書看高校圖書館特藏”為題報導。2016 年，參展天一閣“芸香四溢——明代書籍文化的世界影響特展”，我館最具特色的東亞漢籍參加展出，其中包括了愚齋圖書館舊藏李昆秀著《壽齋遺稿》和國立暨南大學圖書館舊藏《邵亭文稿》等珍本。近年來更通過“微信推書”等活動，積極採用新媒體技術，展示古籍特藏，面向全校師生，以活潑的文字和形式，闡述日本漢籍、朝鮮本、古典小說、名人手稿的特色之處，展現了館藏古籍的魅力。

再生性保護。這是古籍保護的重要理念，即有計劃地整理一批珍貴古籍，讓其化身千萬，以滿足社會需求。圖書館積極開展館藏古籍研究、整理與出版工作，除了影響甚大的《子藏》工程之外，又整理出版《華東師範大學圖書館藏稀見方志叢刊》（2005 年，榮獲當年度優秀古籍圖書獎二等獎）、《清代學術筆記叢刊》（2006 年）、《華東師範大學圖書館藏稀見叢書匯刊》（2016 年）等。2011 年館藏康熙墨印彩繪本《耕織圖》作為校慶獻禮付梓，在學校對外合作交流工作中發揮了重要的媒介作用。譬如，日本著名陶藝家山根彰正獲得贈書之後，極為用心，不惜花費一年的時間，根據《耕織圖》原樣，仿真精心製作了四十六幅陶藝作品，妙義紛呈，轉贈我館。目前《華東師範大學圖書館館藏珍本圖錄》、《嚴复批校本》及《館藏珍本特刊》等專項正在研究整理和出版準備中。我館於 2009、2010 年连续榮獲上海市文廣局、上海市古籍保護中心頒發的上海市古籍保護工作優秀組織獎，2014 年又獲文化部授予的“全國古籍保護工作先進單位”稱號。

近世傅增湘先生標舉共享理念，反對為藏而藏：“凡入庫之書，即永羅永巷長門之酷，即前賢遺著，亦付諸走蟫穴蠹之叢，……雖謂之藏書，而書可亡矣。”珍惜遺產，就要繼續做好古籍原生態保護與再生性保護與利用的工作，讓古籍所承載的華夏文明精髓，得到更多的人瞭解、知賞，与更好的尊重與真實的受用。

華東師範大學圖書館 胡曉明 館長

二〇一七年十月校慶日前夕

經部

01 詩瀋 五卷

國家名錄號 11499

清范家相撰
清乾隆內府寫南三閣四庫全書本

每半頁八行，行二十一字，白口，單魚尾，四周雙邊
開本 27.7×17cm，半頁版框 21×14.1cm
一册

紅格，白色封面，上白色粘簽題書名“詩瀋”。紙捻裝訂，另有裝訂孔八，但未穿線。內封有黄色粘簽一條，上書“詳校官主事臣焦和生”。首乾隆五十一年十月《欽定四庫全書詩瀋提要》，署“總纂官臣紀昀臣陸錫熊臣孫士毅，總校官臣陸費墀”。次乾隆二十五年正月范家相《詩瀋自序》。次《述例》五條。卷端題“欽定四庫全書，詩瀋卷一，柳州府知府范家相撰”。卷末書：“總校官編修臣吳裕德，戶部員外郎臣蘇保，校對生員臣何天衢。”《詩瀋》為范家相釋《詩》之說，四庫館臣認為其學源出毛奇齡，但持論和平，在毛、朱之間，而斷以己意。李慈銘以為此書多有名言雋旨，考據典禮也多有心得，紹興說經家法皆如是書。

鈐“古稀天子之寶”（白方）、“乾隆御覽之寶”（朱方）。（韓進）

乾隆御覽之寶

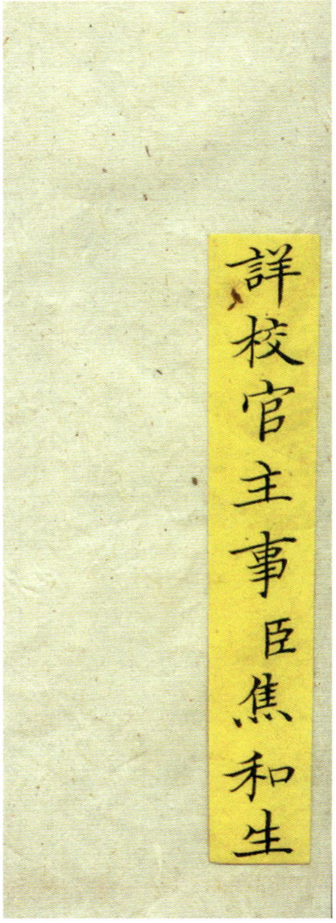

黄色粘簽

欽定四庫全書

詩瀋卷一

柳州府知府范家相撰

總論上

原詩

詩何自起也大庭軒轅載籍無稽學者第弗深考惟虞書有詩言志歌永言之文先儒謂即詩之道所自昉愚謂虞書所言乃詩歌聲律之用非詩之道始自虞廷也

02　周禮　二十卷

國家名錄號 00907

明陳深批點
明凌杜若刻朱墨套印本

每半頁九行，行二十字，小字雙行行二十字，白口，單魚尾，左右雙邊
開本 25.7×16.8cm，半頁版框 19.5×14.3cm
兩冊

陳深，本名陳昌言，后更名深，字子淵，號潛齋，嘉靖二十八年舉人，著有《周禮訓雋》、《孫子參同》、《諸子品節》、《諸史品節》等。

是書十八卷，附唐杜牧注《考工記》上下兩卷，割裂五官，歸於冬官，正與《周禮訓雋》相合。王重民《中國善本書提要》謂是書卷端所載評語爲凌杜若從《周禮訓雋》內摘出者。杜澤遜《四庫存目標註》謂是書未知與《周禮訓雋》異同。

是書有陳深《周禮序》，又有郭正域《考工記序》。（趙太和）

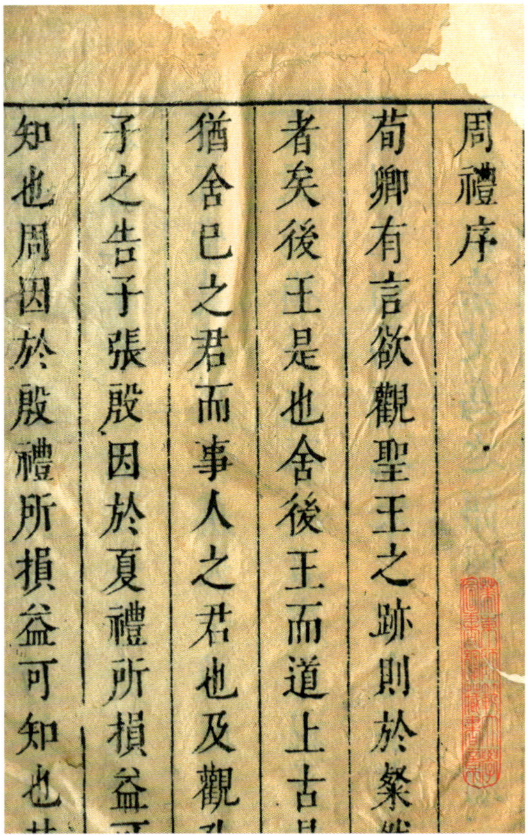
周禮序
荀卿有言欲觀聖王之跡則於粲然
者矣後王是也舍後王而道上古是
猶舍己之君而事人之君也及觀孔
子之告子張殷因於夏禮所損益可
知也周因於殷禮所損益可知也其

周禮序

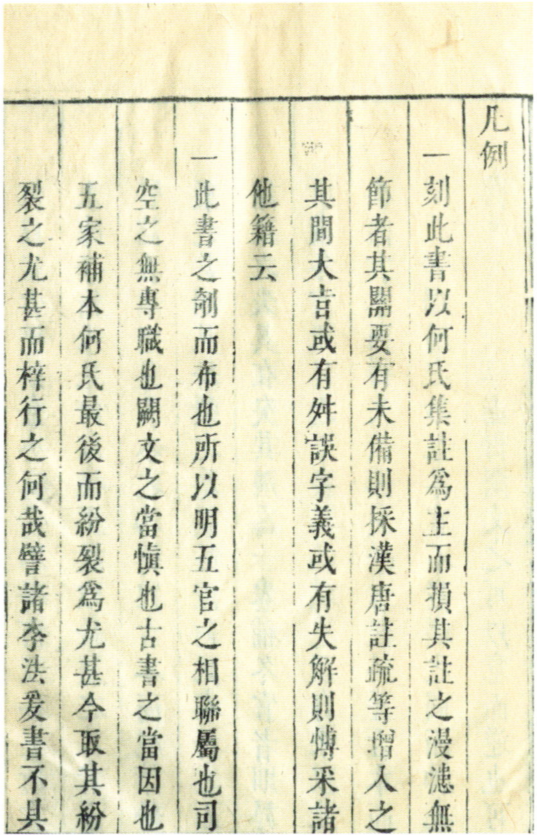
凡例
一刻此書以何氏集註爲主而損其註之漫濾無
節者其關要有未備則採漢唐註疏等增入之
其間大吉或有舛誤字義或有失解則博采諸
他籍云
一此書之剳而布也所以明五官之相聯屬也司
空之無專職也闕文之當慎也古書之當因也
五家補本何氏最後而紛裂爲尤甚今取其紛
裂之尤甚而梓行之何哉譬諸李法爰書不具

凡例

書五家補本

班氏藝文志周官六篇則河間獻王所購五官而附
以考工記也河間獻王篤學好古被服飲食必於仁
義從民得善書必好寫與之留其本其慎如此則五
官爲全經非有闕也乃疑其有闕而補以考工記世
遂以考工記爲器而補之者爲妄不知太上之神明
必於制器得之古文之機緘亦必於古書發之而此
書則天文之昭回神器之發耀晃盪洞射英精互繞
論其世遡自夏殷天使漢人得之而附于五官之後

03　樂書　二百卷

國家名錄號 00197

宋陳旸撰
元至正七年（1347）福州路儒學刻明修本（有補頁）

每半頁十三行，行二十一字，白口，雙魚尾，左右雙邊
開本 26.3×17.2cm，半頁版框 20.8×16cm
十二冊

陳旸（1068—1128），字晉之，福建福州人。精樂律，撰《樂書》二百卷。又有《禮記解義》十卷、《孟子解義》十四卷、《北郊禮典》三十卷。建中靖國初，陳氏進《樂書》，時論頗絀旸議，故此書久而未彰。慶元庚申，鄉人陳歧訪得此書，囑弟子林宇沖刻之。

是書首爲慶元庚申楊萬里序，次建中靖國元年牒文并詔書，次進樂書表，次樂書序，次目錄。題迪公郎建昌軍南豐縣主簿林宇沖校勘。後有至正丁亥福州路儒學教授郡人杜光大禮樂書後序。瞿鏞《鐵琴銅劍樓藏書目錄》、傅增湘《藏園群書經眼錄》著錄。

鈐“暨南大學圖書珍藏”（朱方）、“韓氏藏書”（白方）。（趙太和）

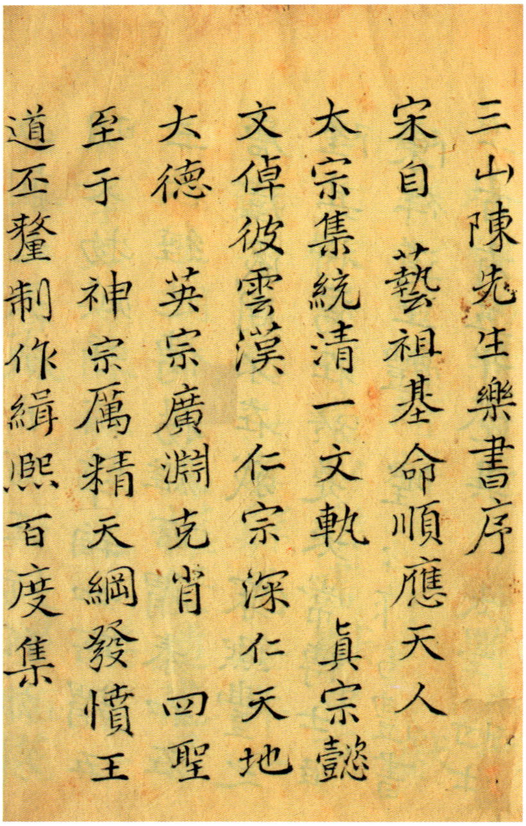
三山陳先生樂書序
宋自 藝祖基命順應天人
太宗集統清一文軌 眞宗懿
文倬彼雲漢 仁宗深仁天地
大德 英宗廣淵克肖 四聖
至于 神宗厲精天綱發憤王
道丕鬯制作緝熙百度集

序

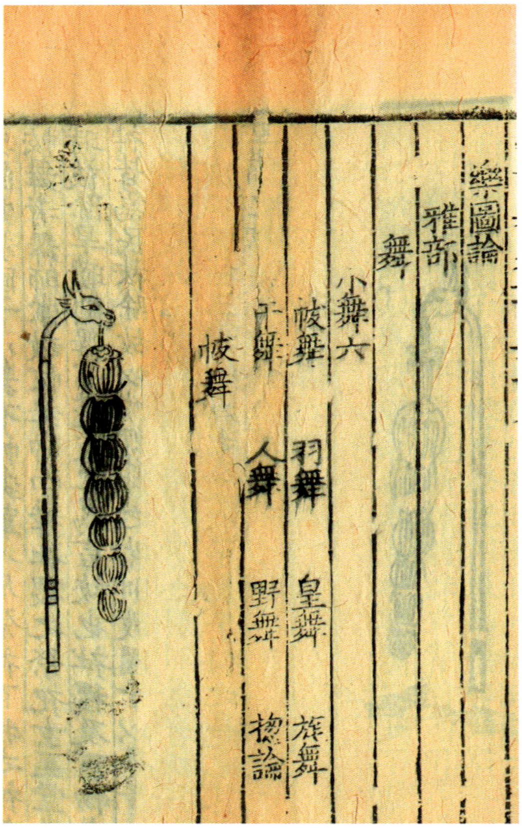

樂圖論

樂書卷第一

禮記訓義

曲禮上　曲禮下　檀弓上

曲禮上

先生書策琴瑟在前坐而遷之戒勿越

道雖不在書策而學道者必始於書策道雖不在琴瑟而樂道者必始於琴瑟古之所謂先生者非爲其長於我也爲其聞道先乎吾而已聞道先乎吾吾從而師之不特見其人而尊敬之也雖見其載道之書策樂道之琴瑟亦必尊而敬之非敬書策琴瑟而已所以敬道也道之所在聖人尊之而況其他乎故先生書策琴瑟在前坐而遷之戒勿越其斯以爲敬之至歟今夫爲人子者於父植之桑梓則必敬於三賜

04 春秋穀梁傳 十二卷考一卷

國家名錄號 03358

明閔齊伋裁注
明天啟元年（1621）三色套印本

每半頁九行，行十九字，小字雙行同，白口，四周單邊
開本 26.8×17 cm，半頁版框 21.5×15cm
四冊

卷首有閔齊伋天啟元年（1621）《春秋穀梁傳考》。閔齊伋（1580—？），字及武，號寓五，浙江烏程（今湖州）人。明代著名刻書家，與凌濛初齊名。每卷天頭有朱、黛、墨三色眉批，文内有朱、黛兩色圈點及夾注，卷末鐫“皇明天啟元年春正月烏程閔齊伋遇五父裁注”。

鈐“薛天瑞印”（白方）、“修篁氏一字漫盦”（朱方）。（李善强）

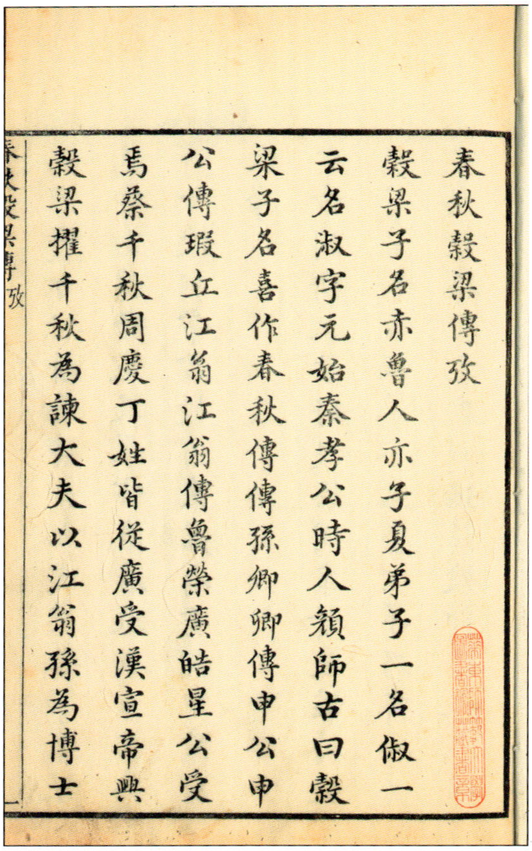

春秋穀梁傳攷
穀梁子名赤魯人亦子夏弟子一名俶一
云名淑字元始秦孝公時人顏師古曰穀
梁子名喜作春秋傳傳孫卿卿傳申公申
公傳瑕丘江翁江翁傳魯榮廣皓星公受
焉蔡千秋周慶丁姓皆從廣受漢宣帝興
穀梁擢千秋爲諫大夫以江翁孫爲博士

春秋穀梁傳攷 一

春秋穀梁傳攷

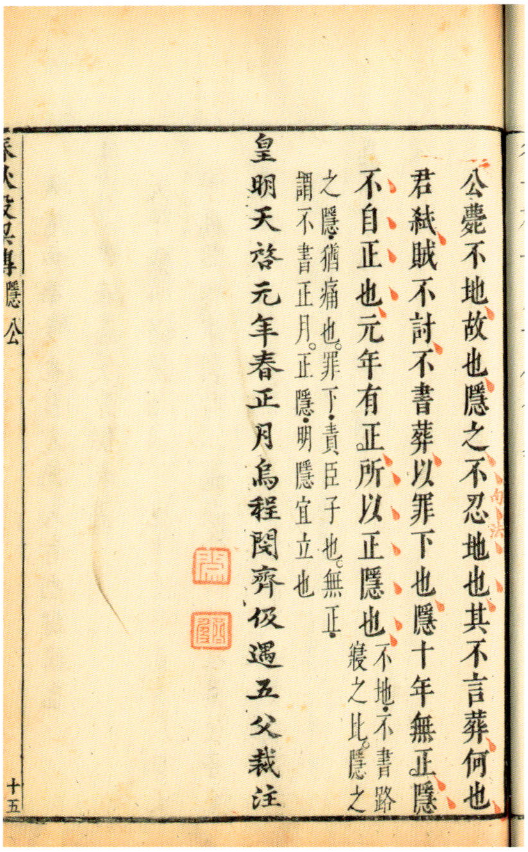

公薨不地故也隱之不忍地也其不言葬何也
君弒賊不討不書葬以罪下也隱十年無正隱
不自正也元年有正所以正隱也不地不書路寢之比隱之之隱猶痛也罪下責臣子也無正謂不書正月正隱明隱宜立也
皇明天啓元年春正月烏程閔齊伋遇五父裁注

春秋穀梁傳 隱公 十五

隱公

正音征又如字後放此

篇法

詞鋒蔚起而氣勁不可當

深惡桓而故責隱高乎

弒申志反又作殺如字後皆同

章法

春秋穀梁傳

隱公

元年春王正月

此傳操縱出沒不可端倪變化旋轉無限姿態鑿鑿正言嬝嬝餘度圓已淩左而轢公矣

雖無事必舉正月謹始也公何以不言卽位成公志也焉成之言君之不取爲公也君之不取爲公何也將以讓桓也讓桓正乎曰不正春秋成人之美不成人之惡隱不正而成之何也將以惡桓也其惡桓何也隱將讓而桓弒之則桓惡矣桓弒而隱讓則隱善矣善則其不正焉何

向法

似與讓桓向對

圓旋

接妙

05　五經集注　一百十五卷　　國家名錄號07254

明嘉靖四十三年（1564）黃希憲、徐節刻本

每半頁九行，行十七字，小字雙行同，雙欄，白口，單魚尾，左右雙邊，上下雙欄，上欄為直音，下欄為正文
開本 29.9×18.8cm，半頁版框 20.4×14.5cm
四十冊

卷前有黃希憲《重刻五經集註引》、瞿景淳《侍御黃公繙刻五經引》。是書乃儒家典籍《周易》、《書經》、《詩經》、《禮記》、《春秋四傳》註解之作，注釋方式有傳、本義等。

鈐“真州吳氏有福讀書堂藏書”（白長）、“九峯舊廬珍藏書畫之記”（朱長）、“綬珊六十以後所得書畫”（朱方）。（回達強）

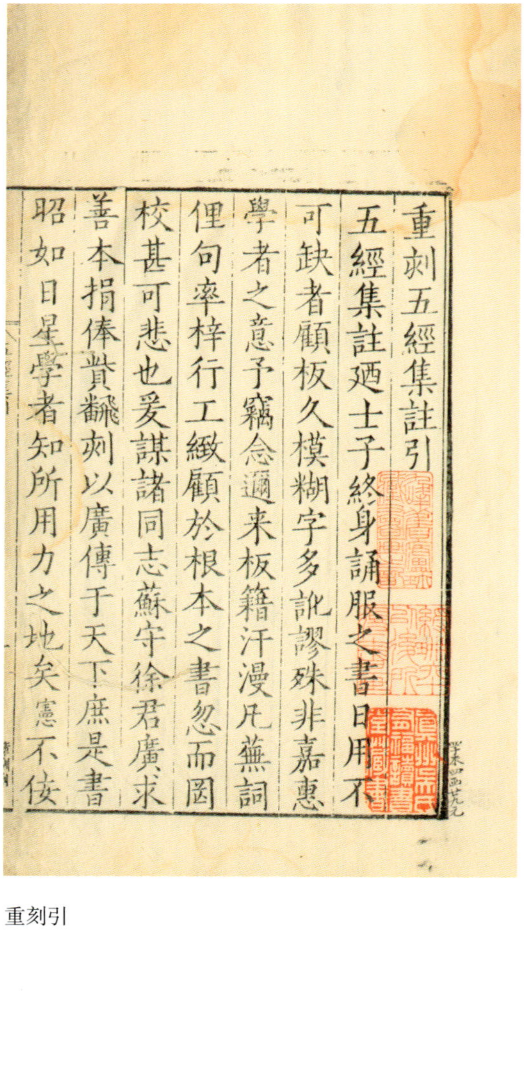
重刻五經集註引
五經集註迺士子終身誦服之書日用不
可缺者顧板久模糊字多訛謬殊非嘉惠
學者之意予竊念邇来板籍汗漫凡蕪詞
俚句率梓行工緻顧於根本之書忽而罔
校甚可悲也爰謀諸同志蘇守徐君廣求
善本捐俸貲鳩刻以廣傳于天下庶是書
昭如日星學者知所用力之地矣憲不佞

重刻引

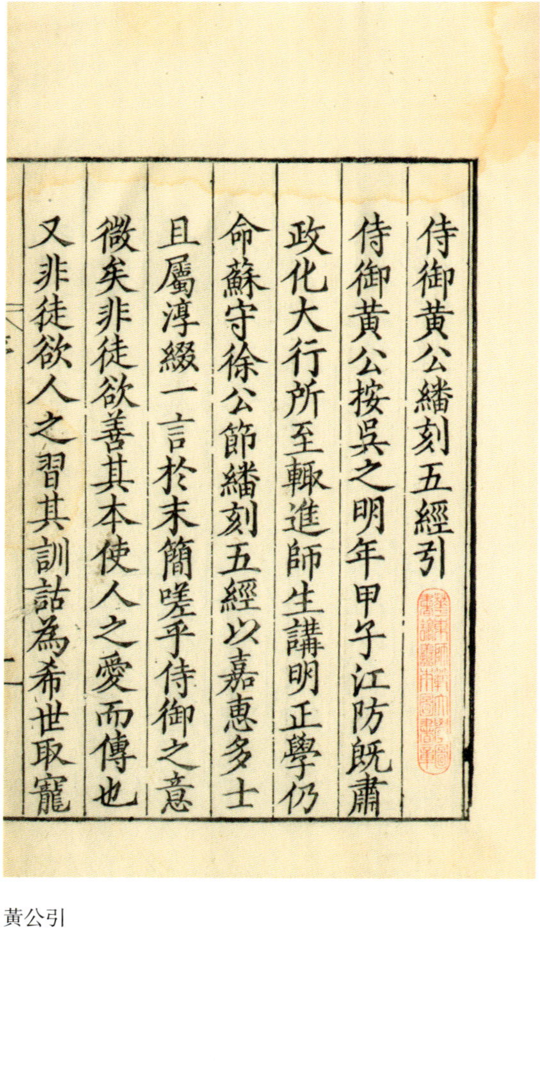
侍御黃公繙刻五經引
侍御黃公按吳之明年甲子江防既肅
政化大行所至輙進師生講明正學仍
命蘇守徐公節繙刻五經以嘉惠多士
且屬淳綴一言於末簡嗟乎侍御之意
微矣非徒欲善其本使人之愛而傳也
又非徒欲人之習其訓詁為希世取寵

黃公引

周易卷之一　程朱傳義

周易上經

【本義】周代名也易書名也其卦本伏羲所畫有文易變易之義故謂之易其辭則文王周公所繫故繫之周以其簡袠重大故分爲上下兩篇經則伏羲之畫文王周公之辭也幷孔子所作之傳〔傳去聲下同〕十篇凡十二篇中間頗爲諸儒所亂近世晁氏始正其失而未能盡合古文呂氏又更〔更平聲〕定著爲經二卷傳十卷乃復孔氏之舊云

䷀　乾下乾上

乾元亨利貞

【傳】上古聖人始畫八卦三才之道備矣因而重〔重平聲〕之以盡天下之變故六畫而成卦

06 字學九辨 存四卷（七至九，十一） 國家名錄號11524

清吳翌鳳編
稿本

每半頁九行，行二十一字，小字同，無格
毛裝，開本27.4×15.5cm
兩冊

卷端署“吳郡吳翌鳳詮次”，此書為文字學著作。吳翌鳳（1742—1819），字伊中，號枚庵、古歡堂主人等。吳縣（今蘇州）人。精藝能，擅書法，“酷嗜異書，往往从人借得，露鈔雪纂，目為之眚”。有《懷舊集》、《吳梅村詩集箋注》等著作三十餘種。

館藏此本存四卷，一卷之間，卷端上下、版心上中往往有四處題名而各不相同：辨通弟壹之一（卷端上方所題），字學九辨卷之壹（卷端下方所題，“卷之壹”原作“卷之九”，與版心所書相吻合，後經改訂），九辨九（版心上方所題），辨通一（版心中間題）；

辨通弟五之二，字學九辨卷之十一，九辨十，辨通二；

辨異弟四之一，字學九辨卷之七，九辨七，辨異一，按此卷第十一、十二頁版心分別題作“辨同三”、“辨同二”；

辨異弟四之二，字學九辨卷之八，九辨八，辨異二。

又有殘頁一紙，為“辨原弟一，字學九辨卷之一”。辨通，辨字之通假。辨異，辨字之細微差別。辨原，辨偏旁部首之本原。吳翌鳳《遜志堂雜鈔》已集有《字學八辨》，中無“辨異”。全書鈔字工整，有吳翌鳳親筆修改增刪多處。（韓進）

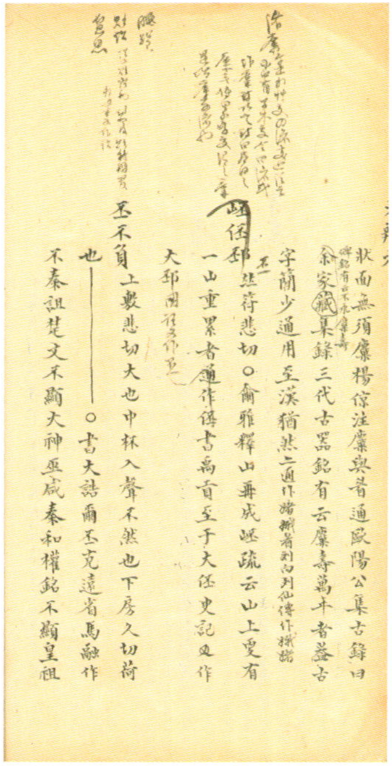

辨通一

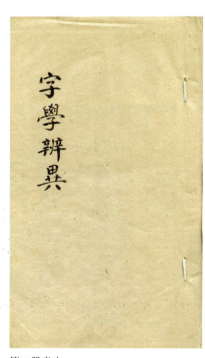

第二冊書皮

字學九辨卷之壹

吳郡吳翌鳳詮次

辨通第壹之一

古書每多通用或以音近而通或以義近而通陸德明經典釋文所云本亦作某者大半皆通字耳通卽借也漢隸尤多不敢盡信取其與四部合者著于篇作辨通

上平聲

同桐 竝徒紅切同合也桐木名○爾雅釋地北戴斗極為空桐注一作空同莊子司馬彪注空同者當北

07　韻略易通　二卷

國家名録號 00175

明蘭茂撰
明嘉靖三十二年（1553）高岐刻本

每半頁九行，行十八字，白口，單魚尾，四周單邊
開本 25.1×15.8cm，半頁版框 18.2×13.2cm
一册

蘭茂（1397—1476），字廷秀，其軒曰止庵，因號止庵，亦號和光道人，明代雲南嵩陽楊林人，祖籍河南洛陽。精音韻，著述頗富，有《玄壺集》、《鑒義折中》、《經史余論》、《安邊策條》、《止庵吟稿》、《山堂雜稾》、《聲律發蒙》及《韻略易通》等。

是書併平聲爲二十部，三聲隨而隸之。以東洪、江陽、真文、山寒、端桓、先全、庚晴、侵尋、緘咸、廉纖有入聲者十部爲上卷，以支辭、西微、居魚、呼模、皆來、蕭豪、戈何、家麻、遮蛇、幽樓無入聲者十部爲下卷。是書盡變古法，把三十六字母歸爲二十母，首創用五言絶句《早梅詩》二十字概括當時聲母系統，爲現代漢語聲母系統的形成奠定了基礎。

是書爲雲南大理人高岐左遷高郵時請張守中校讎刊印，是今所見最早足本，《千頃堂書目》著録，《續修四庫全書》據以影印。鈐"愚齋圖書館藏"（朱方）等印。（趙太和）

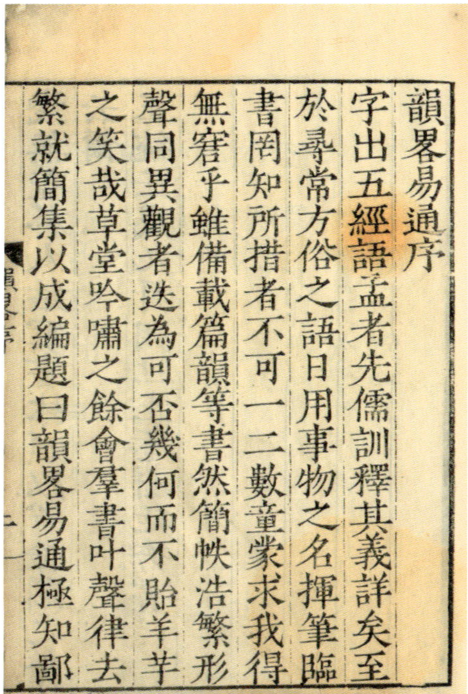
韻畧易通序
字出五經語孟者先儒訓釋其義詳矣至於尋常方俗之語日用事物之名揮筆臨書罔知所措者不可一二數童蒙求我得無窘乎雖備載篇韻等書然簡帙浩繁形聲同異觀者迭為可否幾何而不貽羊芊之笑哉草堂吟嘯之餘會羣書叶聲律去繁就簡集以成編題曰韻畧易通極知鄙

韻略易通序

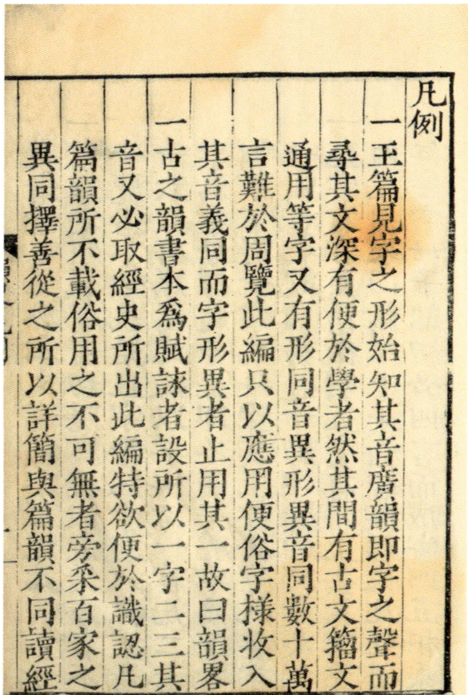
凡例
一玉篇見字之形始知其音廣韻即字之聲而尋其文深有便於學者然其間有古文籀文通用等字又有形同音異形異音同數十萬言難於周覽此編只以應用便俗字樣收入其音義同而字形異者止用其一故曰韻畧
一古之韻書本為賦詠者設所以一字二三其音又必取經史所出此編特欲便於識認凡篇韻所不載俗用之不可無者旁采百家之異同擇善從之所以詳簡與篇韻不同讀經

凡例

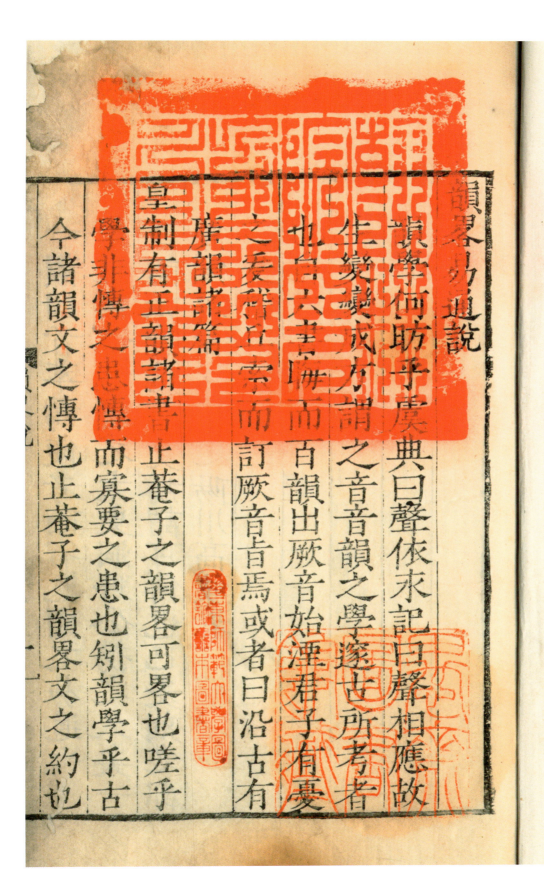

韻畧易通說

韻學何昉乎虞典曰聲依永記曰聲相應故生變變成方謂之音音韻之學邃古所考者也自六書晦而百韻出厥音始渾君子有憂之表戴氏宗而訂厥音旨焉或者曰沿古有廣韻諸篇

皇制有正韻諸書止菴子之韻畧可畧也嗟乎學非傳之患博而寡要之患也矧韻學乎古今諸韻文之博也止菴子之韻畧文之約也

史部

08 漢書 一百卷

國家名錄號 07512

漢班固撰 唐顔師古注
明正統八年至十年（1443—1445）刻本

每半頁十行，行十九字，小字雙行二十五至三十字不等，下黑口，雙黑魚尾，亦有順魚尾三魚尾者，四周雙邊，板心上端鐫大小字數，下端鐫寫刻者名。每卷末亦有大小字數
開本 28.1×18.6cm，半頁版框 20.7×14.9cm
六十冊

此本諸家著錄多作明正統翻刻北宋淳化本。繆荃孫《藝風藏書記》言："《漢書》一百二十卷。明正統翻刻宋淳化本。……黄蕘圃以此本為最善。"而王重民則以為其實"翻刻宋景祐監本"。見《中國善本書提要》。其與宋刻之淵源可見一斑。故清莫友芝《宋元舊本書經眼錄》言有"售者以為北宋本"。是帙亦經坊賈作僞，將板心原有刊刻年剜去，或抹為黑口，或補寫"乾道三年刊"字樣，欄線重描。然《何武傳》頁二、頁五兩處板心有"正統八年刊"字樣，刻工及書手名未見諸《古籍宋元刊工姓名索引》，皆揭示了其真實之刊刻年代。

鈐"思政軒收藏"（朱長）、"清虚玄妙之寶"（朱方）、"沈壽榕字子恭號意文"（白方）等印，原為清沈壽榕舊藏。（鄭曉霞）

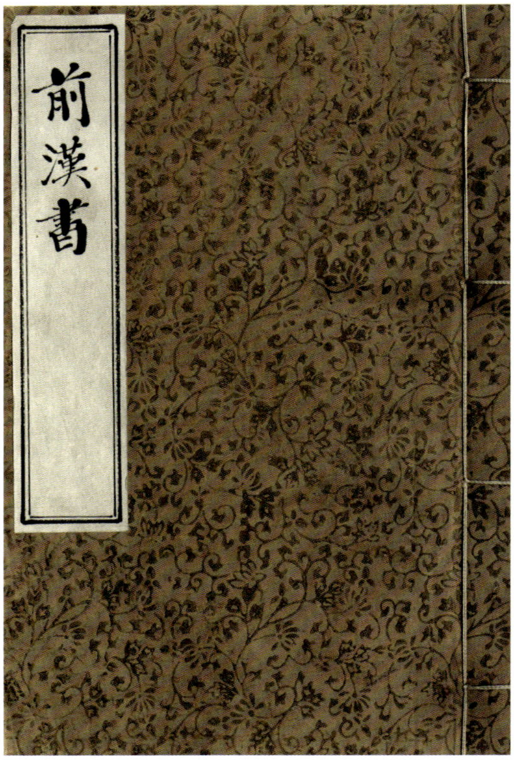

書衣

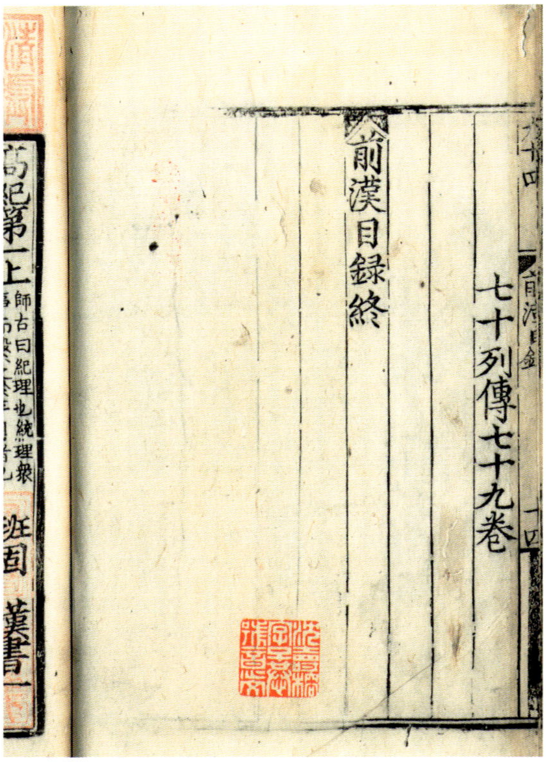

目錄

高紀第一上 師古曰紀理也統理衆事而繫之於年月者也 班固 漢書一

祕書監上護軍琅邪縣開國子顏師古注

高祖 荀悅曰諱邦字季邦之字曰國張晏曰禮諡法無高以爲功最高而爲漢帝之太祖故特起名焉師古曰邦之字曰國者臣下所避以相代也 沛豐邑中陽里人也 應劭曰沛縣也豐其鄉也孟康曰後沛爲郡而豐爲縣師古曰沛者本秦泗水郡之屬縣豐者沛之聚邑耳方言高祖所生故舉其本稱以說之也此下言縣鄉邑告喻之故知邑繫於縣也 姓劉氏 師古曰本出劉累而范氏在秦者又爲劉因以爲姓 母媼 文穎曰幽州及漢中皆謂老嫗爲媼孟康曰媼母別名音烏老反師古曰媼女老稱也孟音是矣史家不詳著高祖母之姓氏無得記之故取當時相呼稱號而言也其下王媼之屬意義皆同至如皇甫謐等妄引讖記好奇騁博強爲高祖父母名字皆非正史所說蓋無取焉寧有劉媼本姓實存史遷肯不詳載即理而言斷可知矣他皆類此 嘗息大澤之陂 師古曰蓄水曰陂蓋於澤陂隄塘之上休息而寢寐也陂音彼皮反 夢與神遇 師古曰遇會也不期而會曰遇 是時雷電晦冥 師古曰晦冥皆謂暗也言天雷電而雲霧晝暗 父太公往

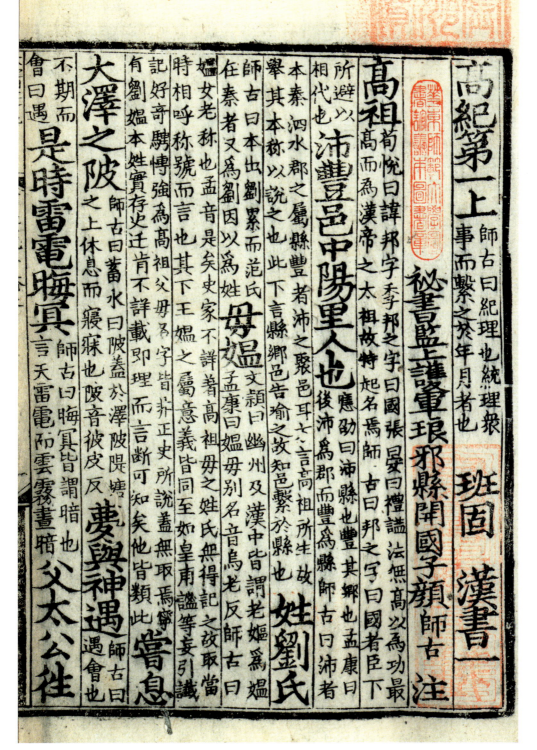

09 後漢書

國家名錄號 07532

本紀列傳九十卷　南朝宋范曄撰 唐李賢注
志三十卷　晉司馬彪撰 梁劉昭注
明嘉靖汪文盛、高瀫、傅汝舟校刻本

每半頁十二行，行二十二字，小字雙行行二十八字，白口，左右雙邊
開本 26.3×16.4cm，半頁版框 18.6×13.5cm
二十二冊

《後漢書》在明代刻本眾多，正統、嘉靖、萬曆、崇禎各朝均有，兩京國子監、毛氏汲古閣刻本位列其中。《稿本中國古籍善本書目》著錄該書八十部，汪文盛等刻本六部，此本為其一。黃裳《來燕榭書跋》言：汪刊范書"自宋湖廣鹽茶司本出，實為精槧。南宋建本之失，此皆不誤。"

此本先為鄧邦述群碧樓所獲（"拜良友之賜"），時在光緒三十三年（1907）。辛亥以後直到抗戰爆發以前，鄧氏藏書陸續出售于舊書店、公藏機構和私人藏書家，王綬珊九峰舊廬購得不少，《後漢書》即其中之一。書首附鄧氏民國十三年（1924）六月所作跋語一頁，略述其得書、配闕及鈔補事。鄧氏跋稱是刻"款識俱全，紙印亦美"，唯初闕十卷，後據友人所藏配足，"僅少七八葉耳"，"欣然取以付裝而自鈔補之，儼然完帙"。卷前有余靖序，首署"宋余靖序明汪文盛高瀫傅汝舟校"。次目錄。卷端署"南宋范曄撰唐章懷太子賢注明汪文盛高瀫傅汝舟校"。內文多處有朱筆圈、點，列傳第三十三第一頁右第三行"有"字朱筆改為"昔"字。

鈐"百靖齋"（朱橢）、"杭州王氏九峰舊盧藏書之章"（朱方）、"綬珊收藏善本"（朱方）、"琅圜秘笈"（朱方）。（周保明）

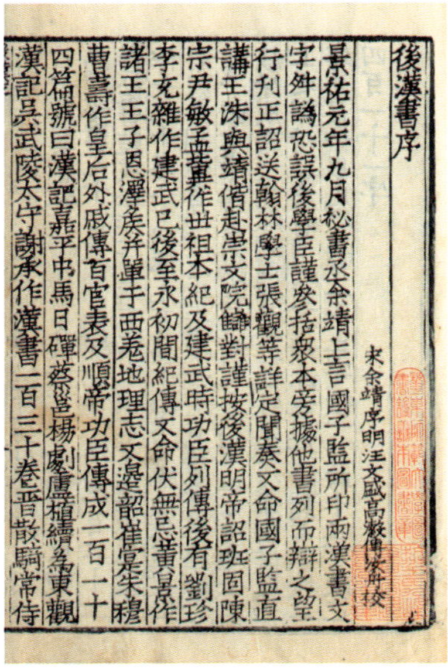
後漢書序
宋余靖序明汪文盛高瀫傅汝舟校
景祐元年九月秘書丞余靖上言國子監所印兩漢書文
字舛譌恐誤後學臣謹參括衆本旁據他書列而辯之望
行刊正詔送翰林學士張觀等詳定聞奏又命國子監直
講王洙與靖偕赴崇文院讎對謹按後漢明帝詔班固陳
宗尹敏孟異作世祖本紀及建武時功臣列傳後有劉珍
李尤雜作建武已後至永初間紀傳又命伏無忌黃景作
諸王王子恩澤侯并單于西羌地理志又邊韶崔寔朱穆
曹壽作皇后外戚傳百官表及順帝功臣傳成一百一十
四篇號曰漢記熹平中馬日磾蔡邕楊彪盧植續為東觀
漢記吳武陵太守謝承作漢書一百三十卷晉散騎常侍

余靖序

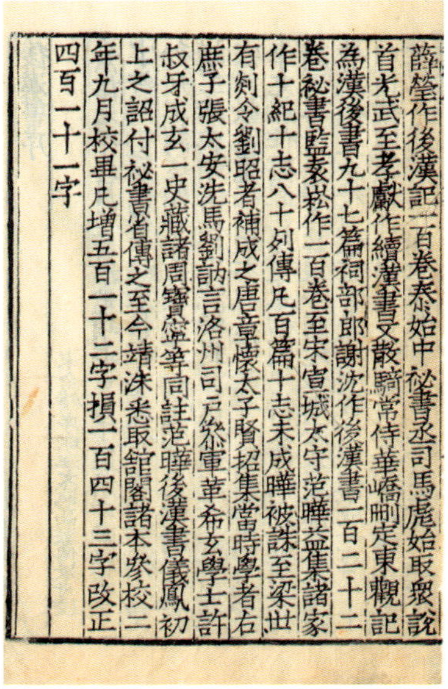
薛瑩作後漢記一百卷泰始中秘書丞司馬彪始取衆說
首光武至孝獻作續漢書又散騎常侍華嶠删定東觀記
為漢後書九十七篇祠部郎謝沈作後漢書一百二十二
卷秘書監袁崧作一百卷至宋宣城太守范曄益集諸家
作十紀十志八十列傳凡百篇十志未成曄被誅至梁世
有剡令劉昭者補成之唐章懷太子賢招集當時學者右
庶子張太安洗馬劉訥言洛州司戶參軍革希玄學士許
叔牙成玄一史藏諸周寶寧等同註范曄後漢書儀鳳初
上之詔付秘書省傳之至今靖洙悉取館閣諸本參校二
年九月校畢凡增五百一十二字損一百四十三字改正
四百一十一字

余靖序

光武帝紀第一上

南宋范曄譔　唐章懷太子賢注　明汪文盛高瀫傅汝舟校

世祖光武皇帝諱秀字文叔（禮祖有功而宗有德光武中興故廟稱世祖謚法能紹前業曰光克定禍亂曰武伏侯古今注曰秀之字曰茂伯仲叔季兄弟之次長兄伯升次仲故字文叔焉）南陽蔡陽人（南陽郡今鄧州縣也蔡陽縣故城在今隨州棗陽縣西南）高祖九世之孫也出自景帝生長沙定王發（長沙郡今潭州縣也）發生春陵節侯買（春陵鄉名本屬零陵泠道縣在今永州唐興縣北元帝時徙南陽仍號春陵故城今在隨州棗陽縣東事具宗室四王傳）買生鬱林太守外（鬱林郡今郴州縣前書曰郡守秦官秩二千石景帝更名太守）外生鉅鹿都尉回（鉅鹿郡今邢州縣也前書曰都尉本郡尉秦官也掌佐守典武職秩比二千石景帝更名都尉）回生南頓令欽（南頓縣屬汝南郡故城在今陳州項城縣西前書曰令長皆秦官也萬戶以上為令秩千石至六百石不滿萬戶為長秩五百石至三百石）欽生光武光武年九歲而孤養於叔父良身長七尺三寸美須眉大口隆準日角（隆高也許負云鼻頭為準鄭玄尚書中候注云日角謂庭中骨起狀如日）性勤於稼穡（種曰稼斂曰穡）而兄伯升好俠養士常

10　南唐書 三十卷

國家名錄號07548

宋馬令撰
明嘉靖二十九年（1550）顧汝達刻本

每半頁十行，行二十字，小字雙行同，白口，雙黑魚尾，左右雙邊
開本 25.9×17cm，半頁版框 18.8×12.4cm
五冊

《南唐書》共有三種，宋胡恢所撰已佚，今存馬令、陸遊二書。馬令繼先祖元康遺志而著是書，史料豐富，敘述詳盡。陸遊以馬著“未盡善”而重加編撰。馬著成書于北宋徽宗崇寧四年，仿《新五代史》筆法，卷首文末多有序、論。明代李清則以陸書為主，補以馬書及諸野史，成《南唐書合訂》二十五卷，後收入《四庫全書》。

此本刊印工整，行格適中，通體一律，米黃色絹書衣盡顯精美（首冊粘條上鐫《舊藏宋板馬氏南唐書》，顯誤）。書前有馬令崇寧乙酉春正月序略述編纂經過，次亦馬令所做《南唐書序》。次目錄。馬著單刻本不易得，明嘉靖二十年姚咨抄本和嘉靖二十九年顧汝達刻本為現存最早者。《稿本中國古籍善本書目》著錄馬令《南唐書》七部（陸遊《南唐書》九部），此本為其一。

鈐“萬玉樓”（白方）、“鴛水徐氏收藏”（朱長）、“吳越王孫”（白方）、“錢淵曾觀”（朱長）、“國立暨南大學圖書珍藏”等。（周保明）

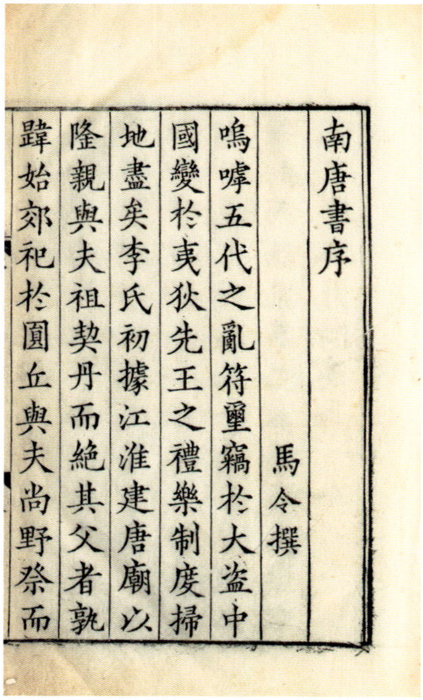
南唐書序
馬令撰
嗚嘑五代之亂符璽竊扵大盜中
國變扵夷狄先王之禮樂制度掃
地盡矣李氏初據江淮建唐廟以
隆親與夫祖契丹而絕其父者孰
肆始郊祀扵圜丘與夫尚野祭而

馬令序

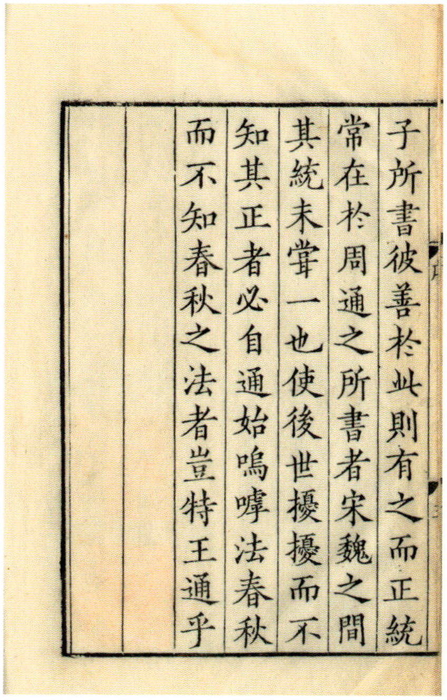
子所書彼善扵此則有之而正統
常在扵周通之所書者宋魏之間
其統未甞一也使後世擾擾而不
知其正者必自通始嗚嘑法春秋
而不知春秋之法者豈特王通乎

馬令序

南唐書卷之一

先主

土運中圮諸侯跋扈基搆自吳紹于唐祚作先主書

先主姓李唐宗室裔也小字彭奴其父榮榮之父志志之父超超蚤卒志爲徐州判司因家焉榮性謹厚適丁世亂晦迹民間號李道者彭奴以光啓四年生於彭城（未名故書小字）流寓濠泗吳武王楊行密克濠州得之奇其狀貌養以爲子而楊氏諸子不能容行密以乞徐温乃姓徐名知誥温甞夢水中黃龍十數温獲一龍而寤翌日得知誥知誥奉温以孝聞從温出不

11　兩漢紀 六十卷

國家名錄號 07688

東漢荀悅撰
明嘉靖二十七年（1548）黃姬水刻本

每半頁十一行，行二十字，白口，白魚尾，左右雙邊
開本 26.5×17.5cm，半頁版框 19.1×14.6cm
九冊

此本前漢紀三十卷止存前二十四卷，後漢紀三十卷則為完帙。首有嘉靖戊申四月士雅山人黃姬水《刻兩漢紀序》，序云重金購得雲間朱氏宋刻本者“將序刻未暇而先子已矣”，“輒復梓行，以永流播”。次為漢秘書監侍中荀悅《前漢紀序》。無目錄。《後漢紀》首晉東陽太守袁宏序。無目錄。該本偶有斷板，墨筆眉批粘條甚多。

存世《兩漢紀》之最早者，當為明嘉靖二十七年黃姬水本。萬曆二十六年問世之南監本，乃據黃姬水本為底本，正如馮夢禎序所言：“喜其與班、范二書并傳，又恐其傳之不廣也，乃索吳中舊本，參校再三，鏤版南太學。”康熙間蔣國祥刊《兩漢紀》、光緒間學海堂刻《兩漢紀》以及《四部叢刊》影印本，均以黃氏所刻為底本。此外，黃氏以後各家，又多以《史記》、《漢書》、《後漢書》為據進行校勘，故而黃氏刊本更顯珍貴，王士禛《重輯漁洋書跋》有“嘉靖間吳郡雕版甚精，流傳于世，當是有神物護持之耳”之感慨。

《稿本中國古籍善本書目》著錄該書十二部，其中九部為黃姬水刻本基礎上的校注本，或有名家題識，如南京圖書館所藏之丁丙跋本即是。

鈐“幽閒惟命”（白長）、“約齋珍賞”（白方）、“伯群藏”（朱方）、“陳氏芸閣”（朱方）。（周保明）

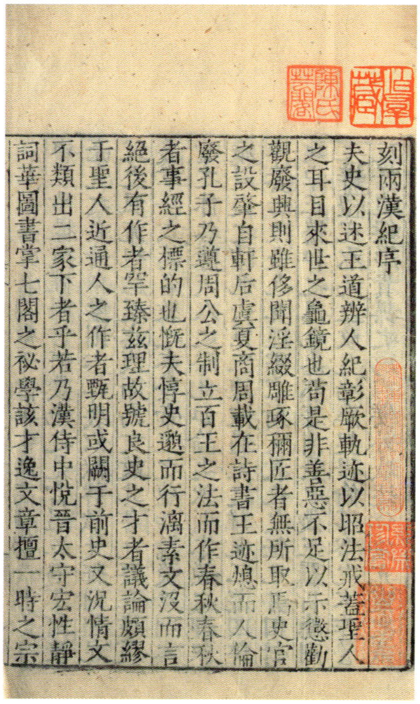

刻兩漢紀序
夫史以述王道辨人紀彰厥軌迹以昭法戒著理人之耳目來世之龜鏡也苟是非善惡不足以示懲勸觀廢興則雖侈閎淫綴雕琢彌匠者無所取焉史官之設肇自軒后虞夏商周載在詩書王迹熄而人倫廢孔子乃遵周公之制立百王之法而作春秋春秋者事經之標的也慨夫惇史邈而行濫率文没而言絕後有作者罕臻玆理故號良史之才者識論頗繆于聖人近通人之作者甄明或闕于前史又況情文不類出二家下者乎若乃漢侍中悅晉太守宏性靜詞華圖書掌七閣之秘學該才逸文章擅一時之宗

黃姬水序

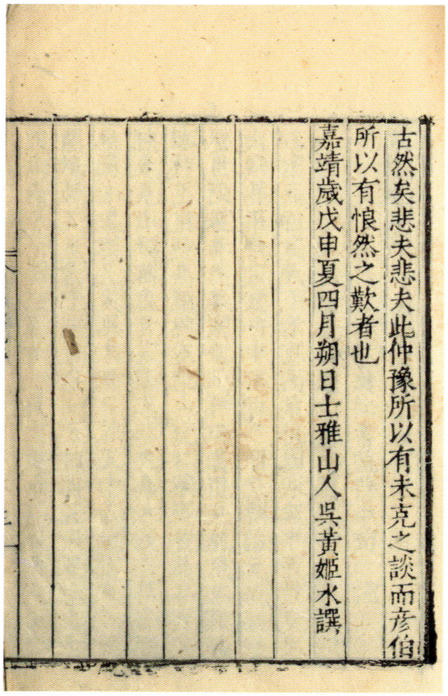

古然矣悲夫悲夫此仲豫所以有未克之談而彥伯所以有悵然之歎者也
嘉靖歲戊申夏四月朔日士雅山人吳黃姬水譔

黃姬水序

前漢高祖皇帝紀卷第一　荀悦

昔在上聖唯建皇極經緯天地觀象立法乃作書契以通宇宙揚于王庭厥用大焉先王以光演大業肆於時夏亦惟翼翼以監厥後永世作典夫立典有五志焉一曰達道義二曰彰法式三曰通古今四曰著功勲五曰表賢能於是天人之際事物之宜粲然顯著罔不能備矣世濟其軌不殞其業損益盈虛與時消息雖臧否不同其揆一也是以聖上穆然惟文之卹瞻前顧後是紹是維臣悦職監秘書攝官承乏祇奉明詔竊惟其宜謹約撰舊書通而叙之揔爲帝紀列其年月比其時事撮要舉凡存其大體旨少所缺

12　國語　二十一卷

國家名録號 00364

三國吳韋昭注
明嘉靖十五年（1536）葉邦荣刻本

每半頁十行，行二十字，小字雙行行二十字，黑口，雙魚尾，四周雙邊
開本 27.1×16.1cm，半頁版框 19.5×14.4cm
四冊

是書卷端署“韋氏解閩中葉邦榮校刊”，卷首有韋昭《國語解敘》，卷末有“嘉靖拾伍年丙申仲冬望日閩中葉邦榮書于安吉退思軒”兩行。鈐“愚齋圖書館藏”。（趙太和）

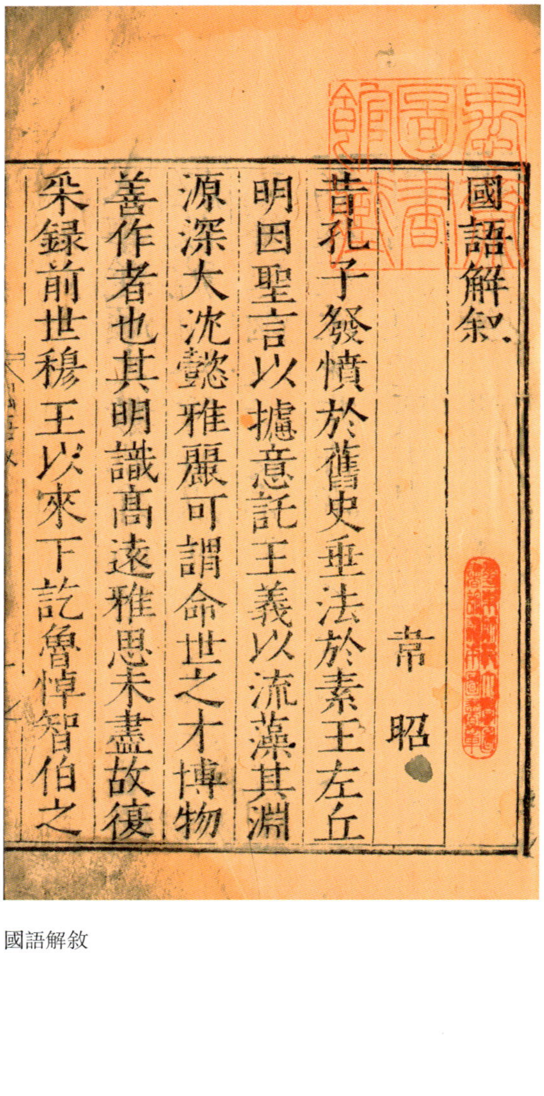
國語解敘
韋昭
昔孔子發憤於舊史垂法於素王左丘明因聖言以攄意託王義以流藻其淵源深大沈懿雅麗可謂命世之才博物善作者也其明識高遠雅思未盡故復采録前世穆王以來下訖魯悼智伯之

國語解敘

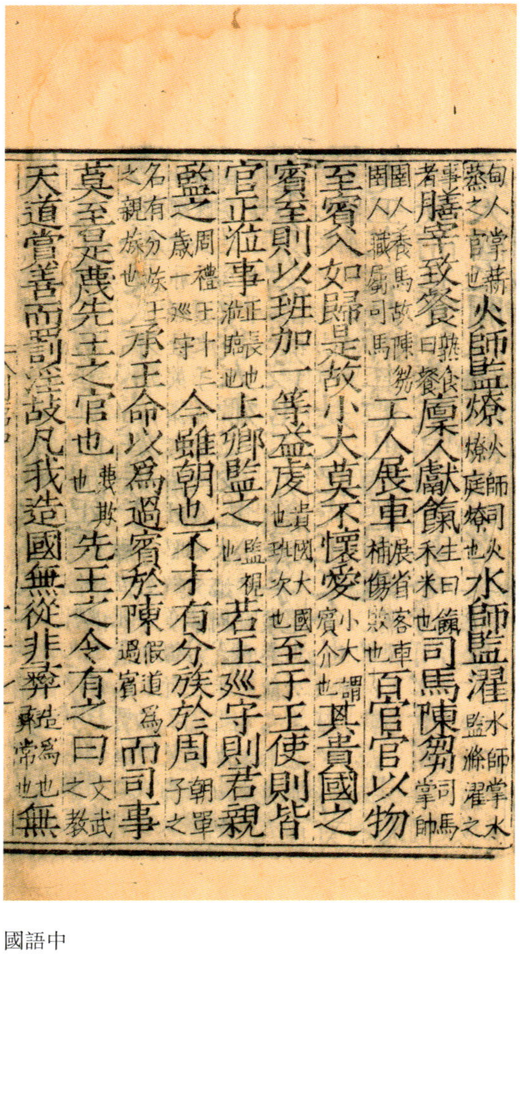

國語中

周語上第一　　韋氏解　　閩中葉邦榮校刊

穆王將征犬戎 穆王周康王之孫昭王之子穆王滿也征正也上討下之稱犬戎西戎之別名在荒服 祭公謀父諫曰不可 祭畿內之國周公之後為王卿士謀父字也傳曰凡蔣邢茅胙祭周公之胤也 先王耀德不觀兵 耀明也觀示也明德尚道化也不示兵者有大罪惡然後致誅不以小小而示威武 夫兵戢而時動動則威 戢聚也威畏也時動謂三時務農一時講武守則有財征則有威 觀則玩玩則無震 玩黷也震懼也 是故周文公之頌曰 文公周公旦之謚也頌時邁之詩武王既伐紂周公為作此詩巡守告祭之樂歌 載戢干戈載櫜弓矢 載則也干盾也戈戟也櫜韜也言天下已定聚斂其干戈韜藏其弓矢示不復用 我求懿德肆于時夏 懿美也肆陳也于於也時是也夏大也言武王常求美德故陳其功於是夏而歌之樂章大者曰夏 允王保之

13 國語 二十一卷

國家名錄號 07734

三國吴韋昭注
明嘉靖七年（1528）金李澤遠堂刻本

每半頁十行，行二十字，小字雙行行二十字，白口，單魚尾，左右雙邊
開本 30.9×19cm，半頁版框 22.2×15.9cm
八册

是書翻刻《國語》公序本，世稱覆宋佳槧。潘景鄭《著硯樓讀書記》云“《國語》以天聖明道本爲最善，其次則推明嘉靖時金李覆宋本”。又云“《國語》以士禮居仿宋明道本爲最善，次則明嘉靖戊子金李覆宋本譌字較少，嘉靖以下，等之自鄶，不足重矣”。卷首有韋昭《國語解敘》，《敘》后有“嘉靖戊子吴郡後學金李校刻于澤遠堂”一行。《四部叢刊》初編本《國語》據該本影印。

鈐“四明盧氏抱經樓藏書印”（白方）。（趙太和）

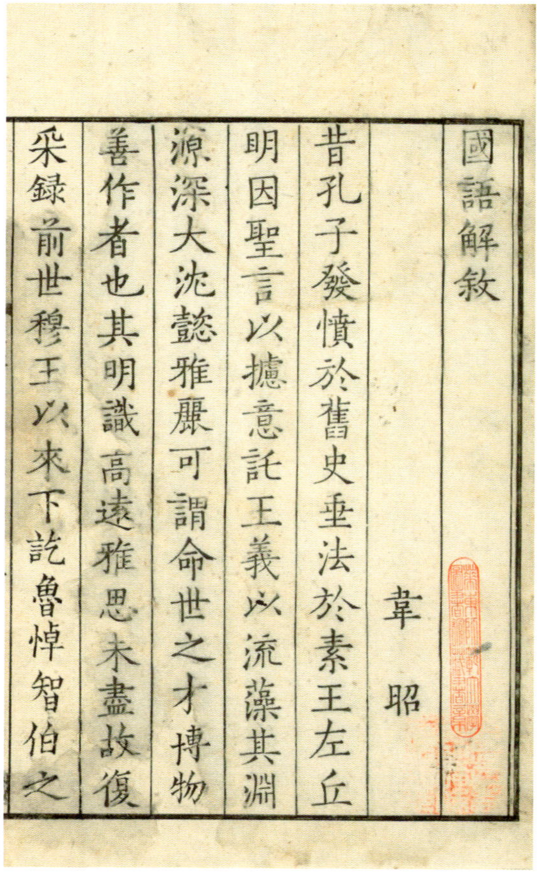
國語解敘
韋昭
昔孔子發憤於舊史垂法於素王左丘
明因聖言以攄意託王義以流藻其淵
源深大沈懿雅麗可謂命世之才博物
善作者也其明識高遠雅思未盡故復
采録前世穆王以來下訖魯悼智伯之

國語解敘

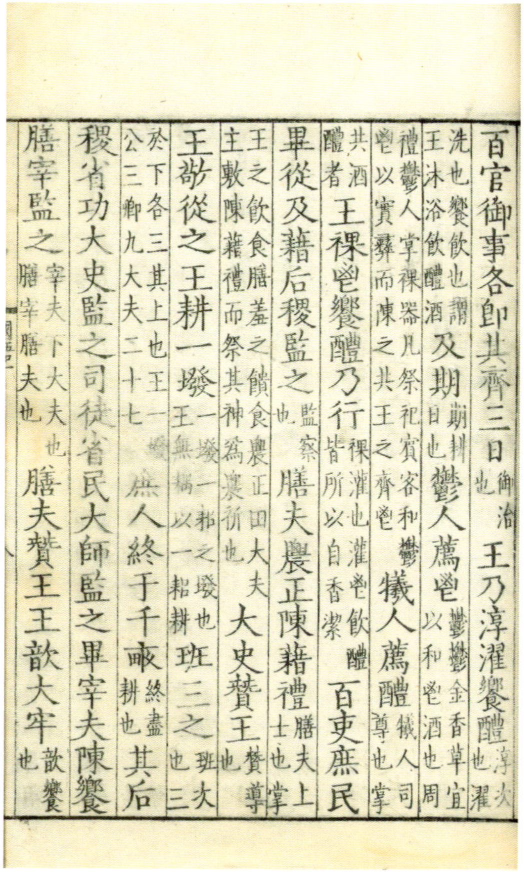
百官御事各即其齊三日（御治也）王乃淳濯饗醴（淳沃也濯
洗也饗飲也謂王沐浴飲醴酒）及期（期耕日也）鬱人薦鬯（鬱鬱金香草宜以和鬯酒也周
禮鬱人掌祼器凡祭祀賓客和鬱鬯以實彝而陳之共王之齊鬯）犧人薦醴（犧人司尊也掌
共酒醴者）王祼鬯饗醴乃行（祼灌也灌鬯飲醴皆所以自香潔）百吏庶民
畢從及藉后稷監之（監察也）膳夫農正陳藉禮（膳夫上士也掌
王之飲食膳羞之饋食農正田大夫主敷陳藉禮而祭其神爲農祈也）大史贊王（贊導也）
王敬從之王耕一墢（一墢一耜之墢也王無耦以一耜耕）班三之（班次也三
於下各三其上也王一墢公三卿九大夫二十七）庶人終于千畝（終盡耕也）其后
稷省功大史監之司徒省民大師監之畢宰夫陳饗
膳宰監之（宰夫下大夫也膳宰膳夫也）膳夫贊王王歆大牢（歆饗也）

國語一

周語上第一　國語　韋氏解

穆王將征犬戎穆王周康王之孫昭王之子穆王滿也征正也上討下之稱犬戎西戎之别名在荒服祭公謀父諫曰不可祭畿内之國周公之後爲王卿士謀父字也傳曰凡蔣邢茅胙祭周公之胤也先王耀德不觀兵耀明也觀示也明德尚道化也不示兵者有大罪惡然後致誅不以小小而示威武夫兵戢而時動動則威戢聚也威畏也時動謂三時務農一時講武守則有財征則有威觀則玩玩則無震玩黷也震懼也是故周文公之頌曰文公周公旦之謚也頌時邁之詩武王既伐紂周公爲作此詩巡守告祭之樂歌載戢干戈載櫜弓矢載則也干盾也戈戟也櫜韜也言天下已定聚斂其干戈韜藏其弓矢示不復用我求懿德肆于時夏懿美也肆陳也于於也時是也夏大也言武王常求美德故陳其功於是夏而歌之樂章大者曰夏允王保之

14 通志 二百卷

國家目錄號 07022

宋郑樵撰
元大德三山郡庠刻元明递修本

每半頁九行，行二十一字，白口，雙魚尾，左右雙邊，版心上鐫字數
開本 34.3×22.9cm，半頁版框 30×20cm
一冊

此本爲元大德三山郡庠刻元明递修本，存《梁列傳》第五十四。黎恩、包恩梨認爲《通志》元代只有至大二年（己酉）初刻本一種刻本，但有至大與至治兩次印本，吳繹摹印本系就至大原版印刷，此後明代用此版重印。瞿鏞《鐵琴銅劍樓藏書目錄》著錄。（趙太和）

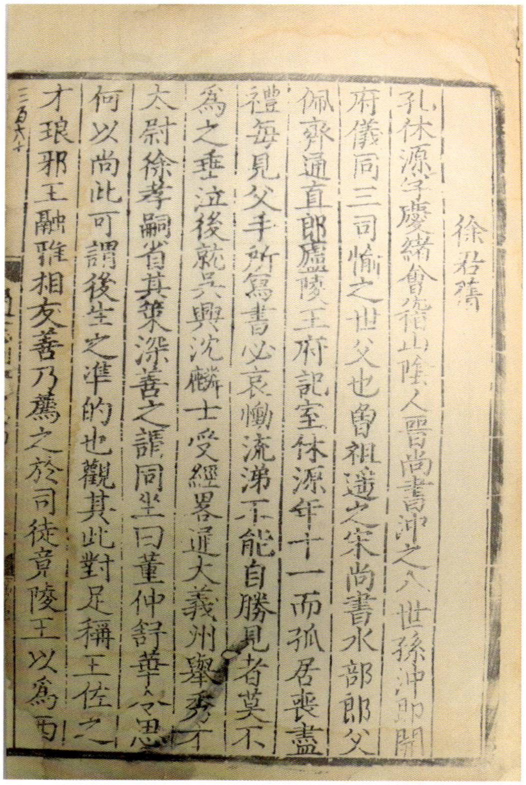

徐君蒨
孔休源字慶緒會稽山陰人晉尚書沖之八世孫沖即開
府儀同三司愉之世父也曾祖遙之宋尚書水部郎父
珮齊通直郎廬陵王府記室休源年十一而孤居喪盡
禮每見父手所寫書必哀慟流涕不能自勝見者莫不
爲之垂泣後就吳興沈麟士受經畧通大義州舉秀才
太尉徐孝嗣省其策深善之謂同坐曰董仲舒華令思
何以尚此可謂後生之準的也觀其此對足稱王佐之
才琅邪王融雅相友善乃薦之於司徒竟陵王以爲西

列傳第五十四

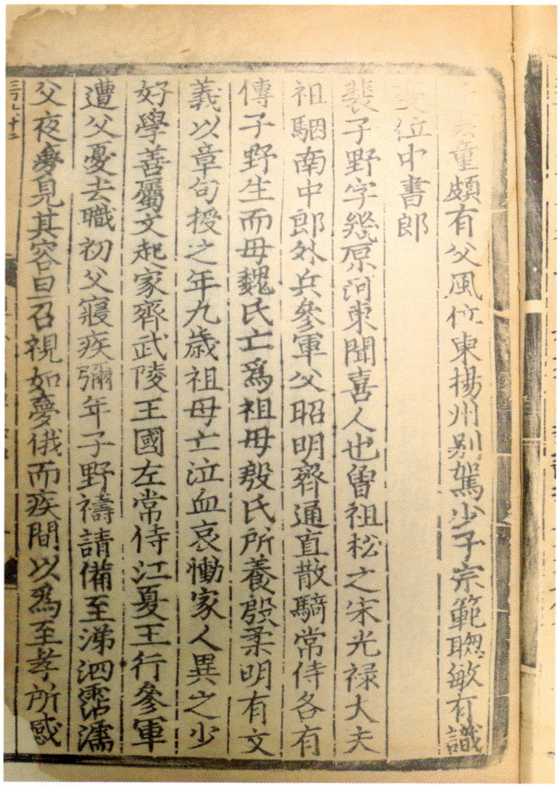

童頗有父風位東揚州别駕少子宗範聰敏有識
度位中書郎
裴子野字幾原河東聞喜人也曾祖松之宋光禄大夫
祖駰南中郎外兵參軍父昭明齊通直散騎常侍各有
傳子野生而母魏氏亡爲祖母殷氏所養殷柔明有文
義以章句授之年九歲祖母亡泣血哀慟家人異之少
好學善屬文起家齊武陵王國左常侍江夏王行參軍
遭父憂去職初父寢疾彌年子野禱請備至涕泗霑濡
父夜夢見其容曰召視如夢俄而疾間以爲至孝所感

列傳第五十四

列傳第五十四　　通志一百四十一

梁

孔休源　裴子野

劉孝綽 子諒 孝綽弟潛 潛弟孝勝 孝勝弟孝威 孝威弟孝先 孝綽從弟孺 孺弟覽 覽弟遵 遵從弟苞

劉峻 兄孝慶 峻從孫杳　劉沼　何遜

劉顯 從弟㲄　劉之遴 子三達 弟之亨 從叔坦

明山賓 弟少遐　張充 從叔瓌 瓌子 率 弟盾 瓌弟 稷

褚翔 族父球　宗夬

15　歷代名臣奏議 三百五十卷

國家名錄號00381

明黃淮 杨士奇等辑
明永樂內府刻本

每半頁十二行，行二十六字，細黑口，雙黑魚尾，四周雙邊
開本 33.3×18.1cm，半頁版框 25.6×16.1cm
七十四冊

明永樂間，黃淮、杨士奇奉敕編纂古名臣奏疏以備皇帝觀覽，十四年書成，張溥為之序，命刊印，頒賜皇室成員及諸大臣。所錄自商周迄於宋元，取材廣泛，搜羅宏富，總64门，“凡歷代典制沿革之由，政治得失之故，實可與《通鑒》、三通互相考證”，（《四庫提要》卷五十五）尤其南宋後期至元時期奏議多有佚失，史料更顯珍貴。此本缺末六卷（一冊），板片損壞、斷裂已比較嚴重，字跡漫漶、模糊不清者隨處可見。序跋已付闕如，僅存目次。如卷第三百三十八之第四至十頁行之首空兩字，通觀全書不多見。

該書有明經廠（內府）刻本、崇禎八年張溥刪節本和四庫全書本，內府本質量最佳，但印數有限，流傳不廣（上海古籍出版社已於1989年影印出版）。中國書店、南京圖書館各藏內府刻本一部，後者有丁丙跋文。另有編於隆慶三年之《歷代名臣奏議集略》四十卷，有似刪節本，難以替代原書。《稿本中國古籍善本書目》著錄該書四部，是書為其一。

鈐“安樂堂藏書記”（朱長）、“明善堂珍藏書畫印記”（朱長）、“賜福堂主人珍藏經籍碑帖書畫記”（朱方）、“愚齋圖書館藏”（朱方）。（周保明）

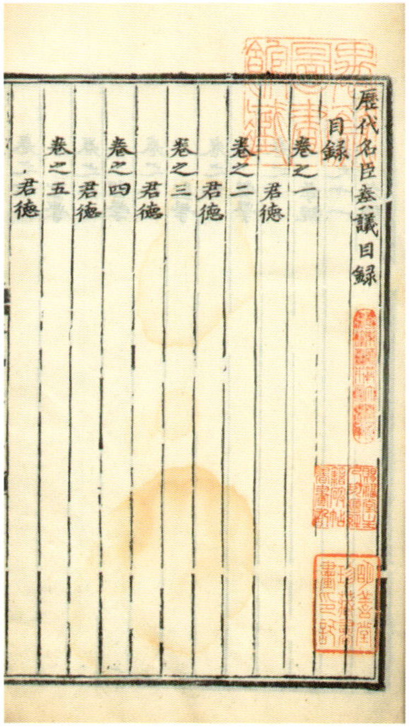

歷代名臣奏議目錄
目錄
卷之一　君德
卷之二　君德
卷之三　君德
卷之四　君德
卷之五　君德

目錄

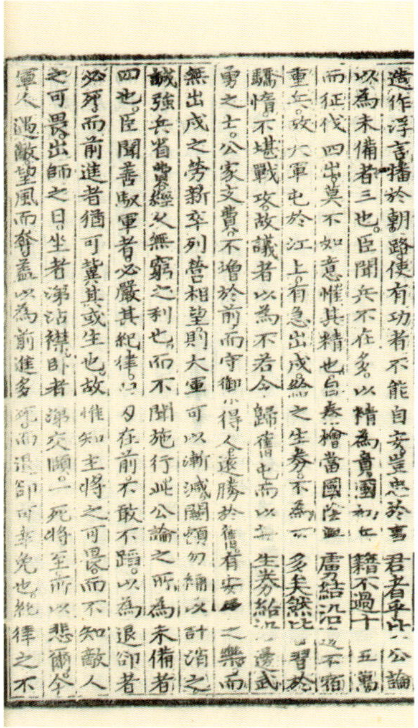

斷殘配補圖示

歷代名臣奏議卷之一

君德

周武王踐阼三日。召師尚父而問焉曰。黄帝顓帝之道存乎。口在丹書。王欲聞之。則齋矣。齋三日。王端冕。師尚父亦端冕奉書而入。王東面而立。師尚父西面道書之言曰。敬勝怠者吉。怠勝敬者滅。義勝欲者從。欲勝義者凶。凡事不強則枉。弗敬則不正。枉者滅廢。敬者萬世。王聞書之言惕若恐懼。

魯哀公問於孔子曰。吾聞君子不博有之乎。孔子對曰有之。哀公曰。何為其不博也。孔子對曰。為其有二乘。哀公曰。有二乘。則何為不博也。孔子對曰。為行惡道也。哀公懼焉。有間曰。若是乎君子之惡惡道之甚也。孔子對曰。惡惡道不能甚。則其好善道亦不能甚。好善道不能甚。則百姓之親之也亦不能甚。詩云。未見君子。憂心惙惙。亦既見

16　關中奏議全集　十八卷

國家名錄號 07811

明楊一清撰
明嘉靖二十九年（1550）劉崙刻本

每半頁十一行，行二十二字，白口，白魚尾，四周雙邊
開本 31.4×17.6cm，半頁版框 22.2×14cm
十冊

楊一清有《關中題奏稿》十卷，明嘉靖初刊於南京，即楊博《關中奏議全集序》所言"（《關中題奏稿》）蚤已刻之江南，海內之人，爭相傳誦久矣"（後收入《四庫全書》）。劉崙將其與刊於嘉靖五年（由唐龍序可知）之《督府奏議》若干卷合刻，總曰《關中奏議全集》。嘉慶時雲南刻書，"一以省梓費，一以期帙少，故合原刻十八卷，訂為十二卷"，則又有《關中奏議抄》問世。

書首依次有王以旂、傅鳳翱、楊守謙、楊博、韓邦奇、劉崙等嘉靖庚戌（二十九年）序，以及唐龍嘉靖五年序。傅序、楊博序、韓序等均涉刊刻經過。次目錄。書尾有齊宗道、劉世用嘉靖庚戌跋。傅序云：劉崙巡按陝西，屬當地官員劉世用、齊宗道校刊所得楊一清奏疏，"余繼得公奏疏四卷，并屬刊之"。齊宗道跋交代刊刻事甚詳，并稱"兩閱月而集刊告成"。此本天地開闊，字體方正，行格適中，紙白潔淨。行首一般空兩字，遇朝廷、聖旨、敕諭、陛下等頂格，遇王府、奏聞等或上頂一格，偶有空四五字者。

鈐"出將入相"（朱方）、"邃菴"（朱長）、"忠孝為寶經史為田"（白方）等。（周保明）

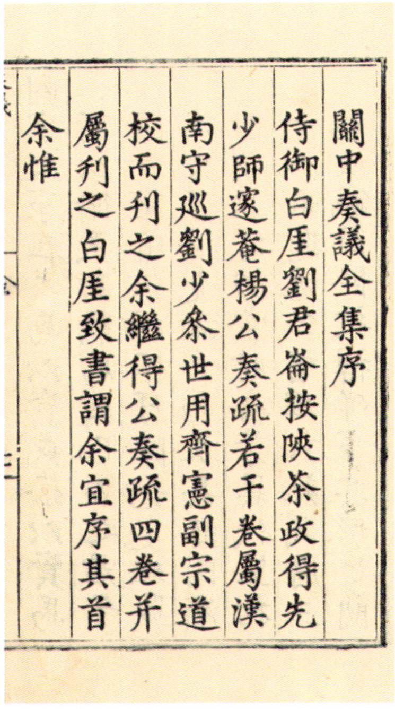

關中奏議全集序
侍御白厓劉君崙按陜茶政得先
少師邃菴楊公奏疏若干卷屬漢
南守巡劉少叅世用齊憲副宗道
校而刊之余繼得公奏疏四卷并
屬刊之白厓致書謂余宜序其首
余惟

傅鳳翱序

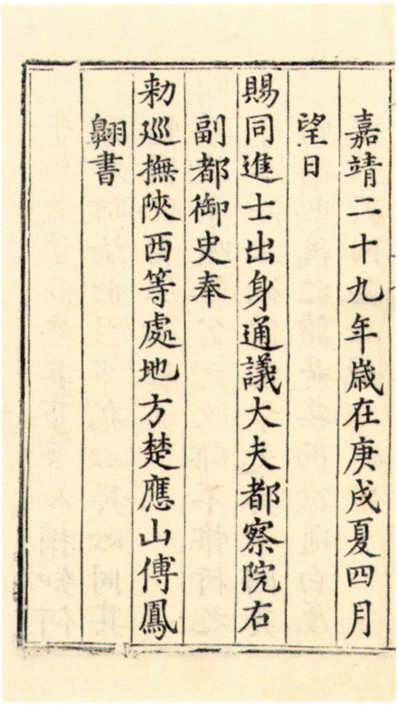

嘉靖二十九年歲在庚戌夏四月
望日
賜同進士出身通議大夫都察院右
副都御史奉
勅巡撫陜西等處地方楚應山傅鳳
翱書

傅鳳翱序

關中奏議全集卷之一

馬政類

一爲修舉馬政事

兵部覆該督理馬政都察院左副都御史楊一清題

節該欽奉

勑諭陝西設立寺監衙門職專牧馬先年邊方所用馬匹全藉於此近來官不得人馬政廢弛殆盡今特命爾前去彼處督同行太僕寺苑馬寺官專理馬政爾須查照

兵部奏准事理考究國初成法親歷各該監苑督委都布按三司能幹官員踏勘牧馬草場果有侵占者即令退還查點養馬軍人果有逃亡者即令撥補見在種兒

17 新刊名臣碑傳琬琰之集 上集二十七卷中集五十五卷下集二十五卷

國家名錄號 00509

宋杜大珪輯
宋刻元明遞修本

每半頁十五行，行二十五字，白口，雙魚尾，左右雙邊
開本 23.5×15.3cm，半頁版框 19.2×13.8cm
十冊

《名臣碑傳琬琰集》乃碑傳體類之代表作，主旨在於囊括朝章，網羅國典，為蘇天爵、焦竑等史家所效仿。《新刊名臣碑傳琬琰之集》初刊于宋代，元明兩朝迭經修版重印，成為明清藏書家插架珍品，然傳本甚稀。潘景鄭《著硯樓藏書記》稱：“天壤間僅存三五，已如景星慶雲，光耀宇宙，能不以寶玉大弓並視耶？” 館藏此本缺《上集》卷十一和卷十二的第一、二兩頁。藍色絹書衣，黃綾簽條上題寫書名“琬琰之集卷幾至幾”，右方有正方形黃綾簽條寫錄傳主姓名，如潘武惠王、范魯公等。卷首有宋佚名紹熙五年（1194）序言，公認為杜大珪自序。次為“新刊名臣碑傳琬琰之集目錄”。以低十、十一格題署“眉州進士杜大珪編”。卷端題“新刊名臣碑傳琬琰之集”。宋室字上空一格，諱“桓”等字，但不甚嚴格。密行細字，刊印工整。核之《中華再造善本》影印宋刻元明遞修本，其行款字數、版式字體均一致。又經比對斷版殘字，可知此本為較早印本，且補版較少，殊可珍貴。版心依次鐫大小字數、“琬琰幾”、頁數及刻工。其中“琬琰”，亦作“琬炎”、“宛炎”，或簡作“琬”、“炎”等，“幾”為卷數。刻工姓名有何、王、立、川等。

鈐“寒雲鑑賞之跡”（朱橢）、“寒雲秘笈珍藏之印”（朱長）、“佞宋”（朱方），袁克文舊藏。袁寒雲為民國時期重要古籍收藏家。其所獲宋元佳槧，部分經潘明訓父子，捐贈聖約翰大學，後撥歸華東師範大學圖書館。此書入袁寒雲秘篋（1915），《丁卯日記》八月二十日有記。（韓進）

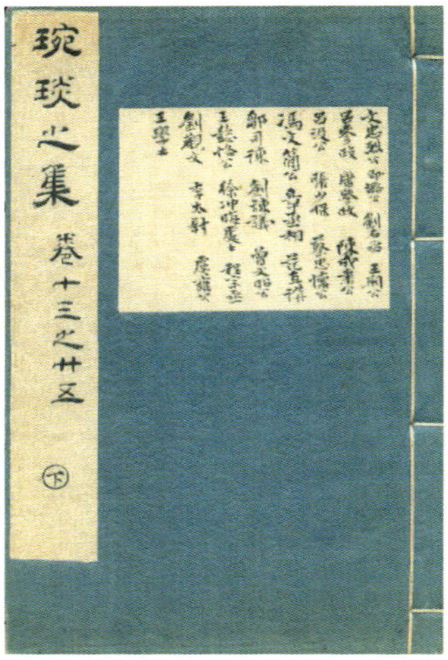

書衣

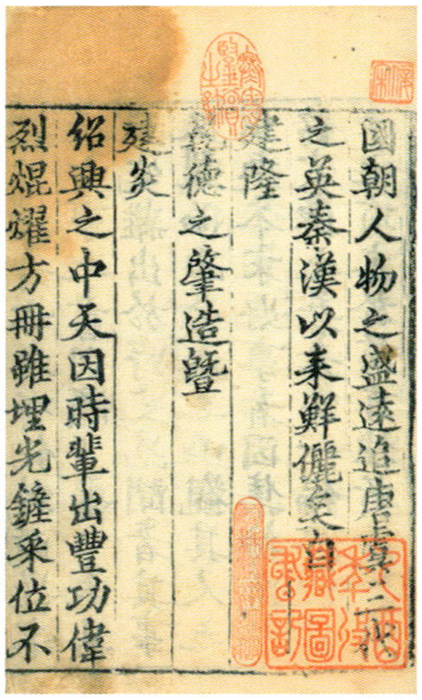

袁寒雲印

新刊名臣碑傳琬琰之集卷第一

太宗皇帝御製

趙中令公普神道碑

唐堯在位聖賢謂之叶符虞舜得人天地以之開泰八方理定千載會昌必旌柱石之林以觀其壯節鹽梅之寄以濟其和平是故應運握圖明王聖帝受天寶命開國成家無不用忠確間世之臣先輔其業股肱心膂之士共同甘辛萬代遹規一時遭遇保全令德克荷洪勳者其故真定王普之謂矣王姓趙氏字則平其先顓頊之裔佐禹平水土是謂伯翳帝堯賜姓白嬴氏造父其後也有功於周穆王受封於趙周德下衰叔帶去周適晉六卿取晉遂開國焉今爲常山人也王藴人倫之風稟山嶽之儀形晦而不彰寬而無撓端其誠志有始有終無善不臧非義勿取頃自我 太祖從周世宗南平淮甸水陸兼行龍虎震威號令始發捷如響應冥契人神是時擒其僞將皇甫暉於滁上王時爲郡之參佐斷事明敏獄無寃者 太祖聞名召見與語深器之洎後 太祖伏鉞

18 伊洛淵源續錄 六卷

國家名錄號03937

明謝鐸撰
明嘉靖八年（1529）高賁亨刻本

每半頁十行，行二十字，白口，單魚尾，左右雙邊
開本25.5×17.3cm，半頁版框19.2×14.4cm
四冊

是書乃續朱熹《伊洛淵源錄》之作，故曰“續錄”。謝鐸（1435—1510），字鳴治，號方石，浙江太平人。明英宗天順八年（1464）進士，授編修，進侍講。弘治間擢南京國子祭酒，終禮部右侍郎，謚文肅，《明史》有傳。力學慕古，曾奉詔修英宗、憲宗諸朝實錄，校勘《通鑒綱目》；有《桃溪淨稿》、《桃溪類稿》、《赤城論諫錄》、《伊洛淵源續錄》等。

謝鐸素慕朱熹，故依朱子《伊洛淵源錄》所創之學案體形式，並上承《淵源錄》中二程等人伊洛之學統緒，以朱子為中心，錄其師、友、門人後學等二十一人，辨其道統之源流承續，以見朱子“繼往開來之功”。前有謝鐸寫於成化庚子春之前序，後有謝鐸寫於弘治丙辰秋之後序以及高賁亨於嘉靖己丑重刊《伊洛淵源錄》與《續錄》之跋。

鈐“研理樓劉氏藏”（白長）、“陸大成”（白方）、“集齋”（朱方）、“香樹齋”（朱方）、“國立暨南大學圖書珍藏”（朱方）諸印，可知館藏此本曾為津門劉明揚等人收藏。（曾慶雨）

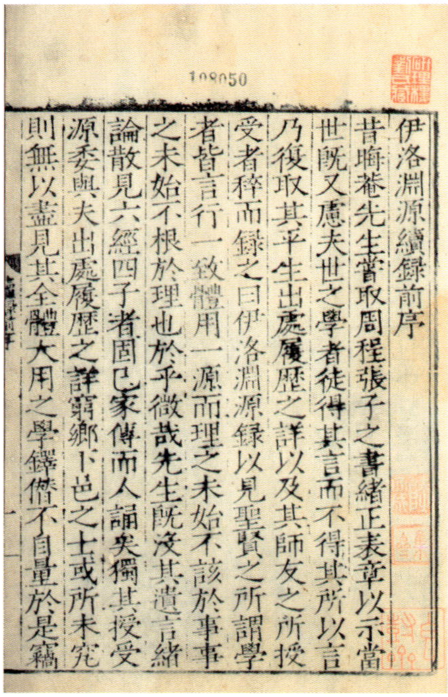

伊洛淵源續錄前序
昔晦菴先生嘗取周程張子之書緒正表章以示當
世既又慮夫世之學者徒得其言而不得其所以言
乃復取其平生出處履歷之詳以及其師友之所授
受者粹而錄之曰伊洛淵源錄以見聖賢之所謂學
者皆言行一致體用一源而理之未始不該於事事
之未始不根於理也於乎微哉先生既沒其遺言緒
論散見六經四子者固已家傳而人誦矣獨其授受
源委與夫出處履歷之詳窮鄉下邑之士或所未究
則無以盡見其全體大用之學鐸僭不自量於是竊

謝鐸序

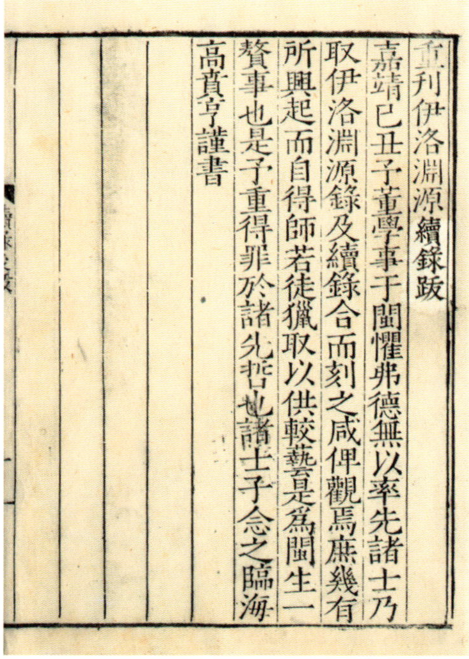

重刊伊洛淵源續錄跋
嘉靖己丑予董學事于閩懼弗德無以率先諸士乃
取伊洛淵源錄及續錄合而刻之咸俾觀焉庶幾有
所興起而自得師若徒獵取以供較藝是為閩生一
贅事也是予重得罪於諸先哲也諸士子念之臨海
高賁亨謹書

高賁亨刻書跋

伊洛淵源續録卷第一

豫章羅先生

事實畧

先生諱從彦字仲素劍浦之羅源人曾祖文弼祖世南父神纖皆隱身不仕先生自幼頴悟不爲言語文字之學及長堅苦刻厲篤志求道初從吳國華游已而聞龜山先生得伊洛之學遂徃學焉廼知舊日之學非也三日驚汗浹背曰幾枉過了一生龜山倡道東南從游者千餘人然語其潛思力行任重詣極如先生一人而已嘗講易至乾九四一爻龜山云曩聞

19 鄂國金佗稡編 二十八卷續編三十卷

國家名錄號 07857

宋岳珂輯
明嘉靖二十一年（1542）洪富刻三十七年（1558）黄日敬重修本

每半頁九行，行十七字，大黑口，雙黑魚尾，左右雙邊
開本 27.7×18.2cm，半頁版框 20.7×16.2cm
十二册

書首有岳珂自序及元至正二十三年陳基序。次稡編總目。卷二十八末附作者後序。續編前有作者序，後有作者跋。稡編二十八卷成書于南宋寧宗嘉定十一年，續編三十卷成書于理宗紹定元年。此書宋本已不傳，傅增湘曾寓目續編三十卷宋刊本（半頁九行，行十七字，黑口，左右雙闌，版心上記字數，下記刊工姓名），稱後印、補板、斷損甚多。（《藏園群書經眼録》）

元至正間，江浙行中書平章政事兼同知行樞密院事吳陵張公命斷事官經歷吳郡朱元佑重刻該書於西湖書院，今有元刻明修本傳世（南京圖書館所藏止存十九卷）。嘉靖二十一年洪富刊本亦本於朱元佑所刻，三十七年復經黄日敬校補重修。傅增湘清倪氏經堂寫本“續編”跋曰：“按嘉靖本黄日敬重刊，内多殘剜，佚頁甚多。”（《藏園群書經眼録》）此本則不同，並無殘剜、佚頁情況。版心下鐫刻工姓名，如初編全、子、世、陶、旺、卿等，續編上、青、明、正、本、洪等。《稿本中國古籍善本書目》著録該書九部，此本為其一。

鈐“平陽季子收藏圖書”（朱方）、“摛藻堂藏書印”（白方）、“休寧汪季青家藏書籍”（朱方）、“古香樓”（朱圓）。（周保明）

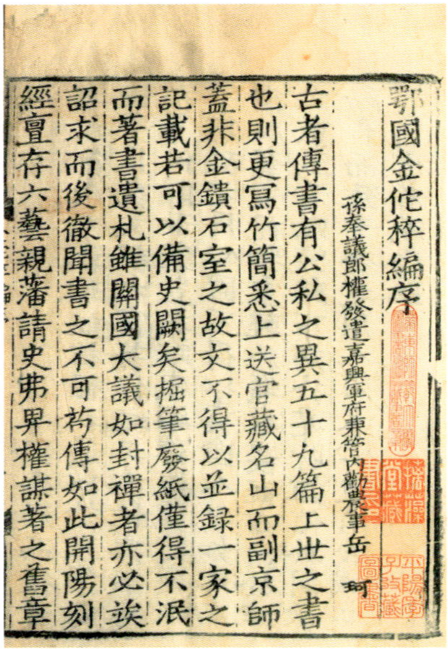
鄂國金佗稡編序
孫奉議郎權發遣嘉興軍府兼管內勸農事岳 珂
古者傳書有公私之異五十九篇上世之書
也則更寫竹簡悉上送官藏名山而副京師
蓋非金鐀石室之故文不得以並録一家之
記載若可以備史闕矣握筆廢紙僅得不泯
而著書遺札雖關國大議如封禪者亦必竢
詔求而後徹聞書之不可苟傳如此開陽刻
經亶存六藝親藩請史弗畀權謀著之舊章

岳珂原序

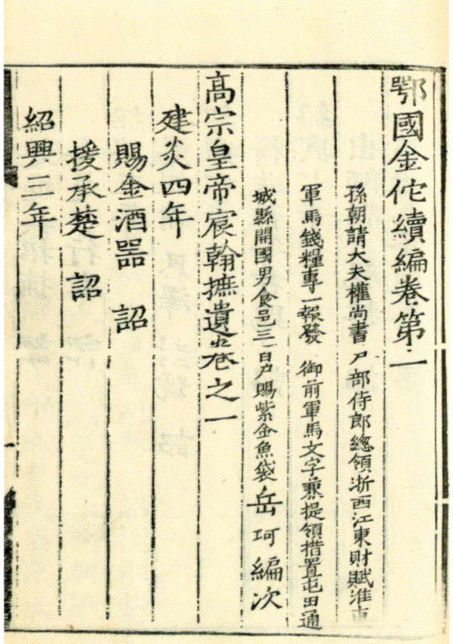
鄂國金佗續編卷第一
孫朝請大夫權尚書戶部侍郎總領浙西江東財賦淮東
軍馬錢糧專一報發 御前軍馬文字兼提領措置屯田通
城縣開國男食邑三百戶賜紫金魚袋岳 珂編次
高宗皇帝宸翰摭遺卷之一
建炎四年
賜金酒器 詔
援承楚 詔
紹興三年

續編卷端

鄂國金佗稡編卷第一

岳珂編注

高宗皇帝宸翰卷上

紹興四年

復襄陽四詔

援淮西二詔

紹興五年

平楊幺二詔

還屯武昌一詔

20 寶祐四年登科錄 一卷

國家名錄號 11651

明刻本

白口，四周單邊
開本 31.2×18.5cm，半頁版框 22.9×15.7cm
一册

此本為宋寶祐四年文天祥榜登科録，刻印精工，紙質潔白，為一厚冊。首狀元文天祥小像，次頁粘一紙，上朱鈐“文天祥印”白文方印，下墨拓印款。印款署：“光緒戊戌襄陽王萬芳敬題。”襄陽人王萬芳是光緒十五年己丑科進士，授翰林院編修，擢監察御史。善書。正文分上下兩欄，上欄録姓名、名次，對應下欄録其姓字、家世、籍貫。正文後附文天祥《廷對策》、《恭謝詩》、《門謝表》等。（韓進）

文天祥印

文天祥小像

第一甲　二十一人

第一名

文天祥

字宋瑞小名雲孫　小字從龍　第千一編詩下

年二十五月二日子時生　外氏曾

治賦一舉　兄弟璧霖奏名天麟　娶

曾祖安世　祖時用　父儀

本貫吉州廬陵縣父爲户

第二人

陳賞

字景申小名正孫　小字

年三十[illegible]生

曾祖仰[illegible]

本貫福州懷安[illegible]

上舍

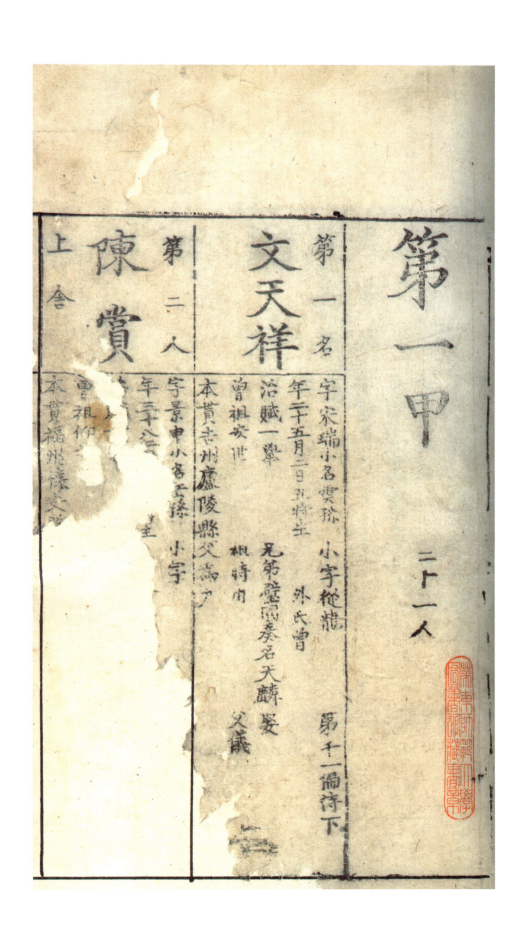

21　通鑑總類　二十卷存卷三

國家名錄號 07108

宋沈樞輯
元至正二十三年（1363）吳郡庠刻本

每半頁十一行，行二十三字，細黑口，單魚尾，左右雙邊。版心刊有書名、卷次、門類及刻工姓氏
開本 29.1×20.1cm，半頁版框 24.6×17.3cm
一冊

《通鑑總類》取司馬光《資治通鑑》之事蹟，仿《冊府元龜》之體例，分門羅列歷史事件，每一門擬一標題，門內史實大體遵循時代先後之次序。元至正二十三年吳郡庠刻本存世極罕，此殘本亦彌足珍貴。（回達強）

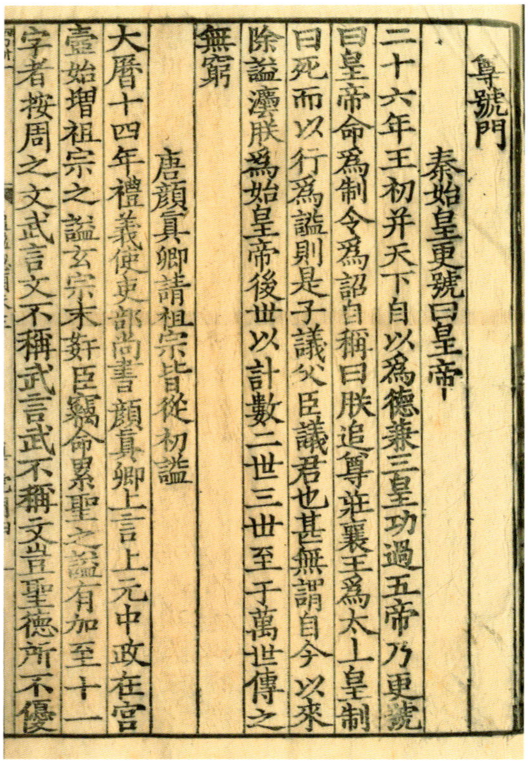
尊號門
秦始皇更號曰皇帝
二十六年王初并天下自以為德兼三皇功過五帝乃更號
曰皇帝命為制令為詔自稱曰朕追尊莊襄王為太上皇制
曰死而以行為謚則是子議父臣議君也甚無謂自今以來
除謚法朕為始皇帝後世以計數二世三世至于萬世傳之
無窮
唐顏真卿請祖宗皆從初謚
大曆十四年禮儀使吏部尚書顏真卿上言上元中政在宮
壼始增祖宗之謚玄宗末姦臣竊命累聖之謚有加至十一
字者按周之文武言文不稱武言武不稱文豈聖德所不優

三尊號門

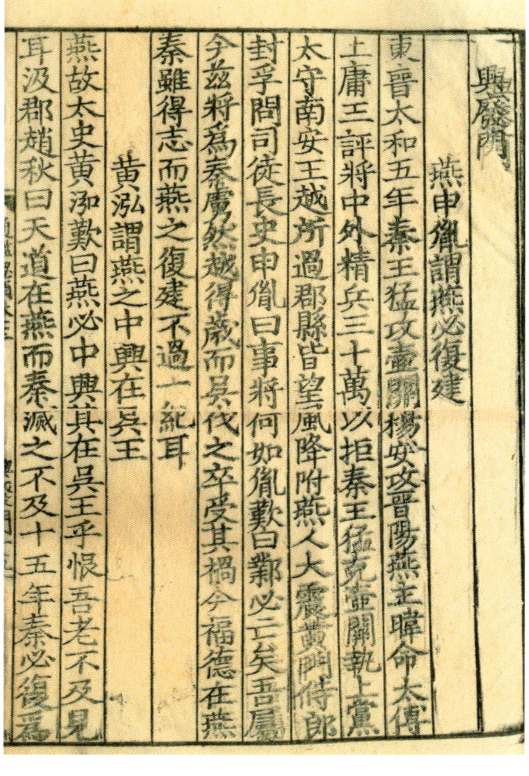
興廢門
燕申胤謂燕必復建
東晉太和五年秦王猛攻壺關楊安攻晉陽燕主暐命太傅
上庸王評將中外精兵三十萬以拒秦王猛克壺關執上黨
太守南安王越所過郡縣皆望風降附燕人大震黃門侍郎
封孚問司徒長史申胤曰事將何如胤歎曰鄴必亡矣吾屬
今茲將為秦虜然越得歲而吳伐之卒受其禍今福德在燕
秦雖得志而燕之復建不過一紀耳
黃泓謂燕之中興在吳王
燕故太史黃泓歎曰燕必中興其在吳王乎恨吾老不及見
耳汲郡趙秋曰天道在燕而秦滅之不及十五年秦必復為

三興廢門

通鑑總類卷第三

贈謚門

晉明帝贈周札衛尉

太寧三年贈故譙王丞甘卓戴淵周顗虞望郭璞王澄等官周札故吏爲札訟冤尚書卞壼議以爲札守石頭開門延寇不當贈謚司徒導以爲往年之事敦姦逆未彰自臣等有識以上皆所未悟與札無異既悟其姦札便以身許國尋取梟夷臣謂宜與周戴同例郗鑒以爲周戴死節周札延寇事異賞均何以勸沮如司徒議謂往年有識以上皆與札無異則譙王周戴皆應受責何贈謚之有今三臣既褒則札宜受貶明矣導曰札與譙王周戴雖所見有異同皆人臣之節也鑒

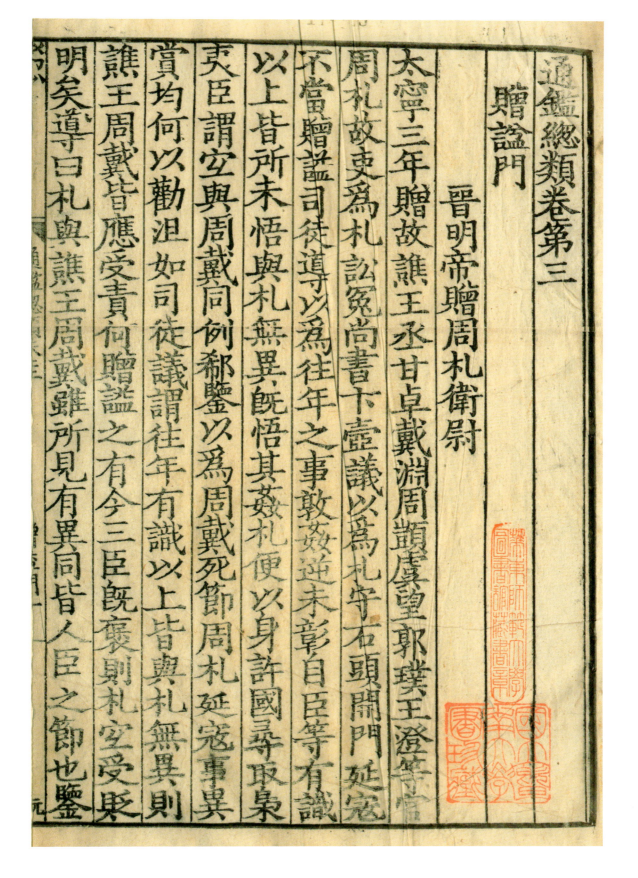

22 諸儒校正西漢詳節 三十卷存二十八卷（一至二十三、二十六至三十）

國家名錄號 00488

宋呂祖謙輯 民國羅振常跋
宋刻本

每半頁十四行，行二十四字，小字雙行同，細黑口，雙魚尾，左右雙邊
開本 23.5×14cm，半頁版框 16.1×10.8cm
二十冊

是書本為清內府之物，光緒間庚子之亂，自內廷流出，為潤州劉鶚所得。羅振常評價甚高："刻印之精，在傳世宋本書中當推第一。"清彭元瑞等所撰《天祿琳琅書目後編》著錄。

卷端署"班固漢書"、"顔師古註"。卷首有羅振常民國九年跋，次《參校古今諸家兩漢書本》。

鈐"五福五代堂寶"（朱方）、"八徵耄念之寶"（朱方）、"太上皇帝之寶"（朱方）、"乾隆御覽之寶"（朱圓）、"天祿繼鑒"（白方）、"天祿琳琅"（朱方）、"平陽藏書"（朱方）、"鐵雲所藏"（朱方）、"敬翼堂印"（白方）。（李善强）

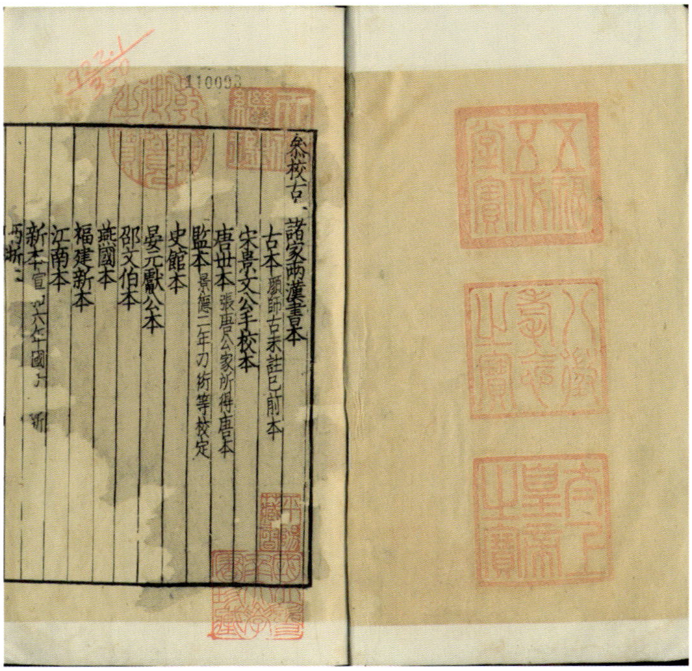
參校古今諸家兩漢書本
古本 顔師古未註已前本
宋景文公手校本
唐世本 張唐公家所得唐本
監本 景德二年刁衎等校定
史館本
晏元獻公本
邵文伯本
燕國本
福建新本
江南本

參校古今諸家兩漢書本

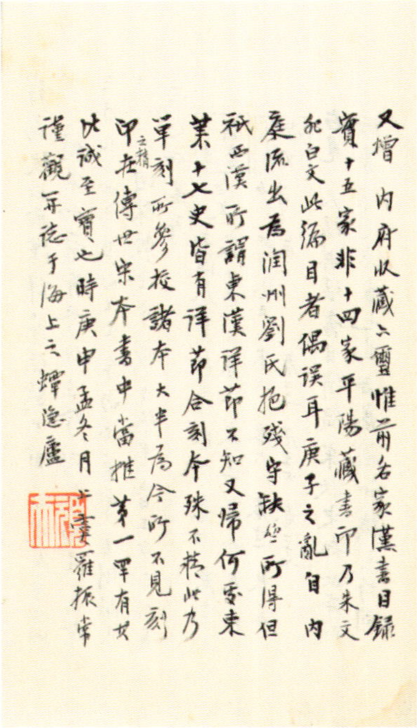
又增 内府收藏之璽惟前名家漢書目錄
實十五家非十四家平陽藏書印乃朱文
非白文此編目者偶誤耳庚子之亂自内
庭流出為潤州劉氏抱殘守缺齋所得但
祇西漢所謂東漢詳節不知又歸何處東
萊十七史皆有詳節合刻今殊不恭此乃
單刻所參校諸本大半為今所不見刻
印之精在傳世宋本書中當推第一罕有其
比誠至寶也時庚申孟冬月上虞羅振常
謹觀并記于海上之蟫隱廬

羅振常序

夢与神遇
隆準龍顔
寬仁愛人

諸儒校正西漢詳節卷之一

班固漢書（固字孟堅東漢顯宗時典校秘書乃探撰前記以爲漢書）

顔師古註（師古字籀唐太宗時任秘書監爲太子承乾註班固漢書）

帝紀（紀理也統理衆事而繫之於年月者也）

高祖

高祖（荀悅曰諱邦字季邦之字曰國諡法无高以爲功最高而爲漢帝之太祖故特起名）沛豐邑中陽里人（沛者本秦泗水郡之屬縣豐者沛之聚邑耳）姓劉氏母媪（媪烏老反媪女老稱也史記云母曰劉媪）嘗息大澤之陂（蓄水曰陂於澤陂隄唐之上休息而寢寐國彼皮反）夢與神遇是時雷電晦冥父太公往視則見交龍於上（史記交作蛟司馬貞索隱曰案詩含神霧云赤龍感女媪劉季興又廣雅云有鱗曰蛟龍）已而有娠（娠音身漢史身多作娠史記娠作身）遂產高祖高祖爲人隆準而龍顔（隆高也準鼻也）美須髯（髯人占反）左股有七十二黑子寬仁愛人（史記作仁而愛人喜施）意豁如也常有大度不事家人生產作業及壯試吏（試用補吏）爲泗上亭長（秦法十里一亭亭長者主亭之吏亭謂停留行旅宿食之館）常繇咸陽（繇役也咸陽秦所都繇讀曰傜劉攽刊誤曰常當作嘗）縱觀秦皇帝（觀工喚反）喟然太息

23　兩漢博聞　十二卷

國家名錄號 07931

宋杨侃辑
明嘉靖三十七年（1558）黄鲁曾刻本

每半頁八行，行十六字，小字雙行同，白口，單白魚尾，左右雙邊
開本 26.1×17.9cm，半頁版框 17.7×11.9cm
十二冊

據晁公武《郡齋讀書志》，《兩漢博聞》為宋人楊侃輯。是編摘錄前後《漢書》，不依篇第，不分門類，惟簡擇其字句故事列為標目，而節取顏師古及章懷太子注列於其下，凡《前漢書》七卷、《後漢書》五卷，“雖與史學無關，然較他類書採摭雜說者，究為雅馴”，（《四庫全書總目提要》卷六五）但亦有引注粗疏、篇目訛舛處。

該書自宋代鐫板以來，元代未見刊行。黃氏家有文始堂，多藏異書善本，魯曾“鉛槧日操，多所校輯”，所刻《兩漢博聞》至為珍貴，《四庫全書》據以為底本。此本首嘉靖戊午元日黃魯曾“刻兩漢博聞序”。無總目，各卷首有細目。各卷正文首頁未注明前後漢，卷一至五、七目錄卷次后有“前漢”字樣（卷六闕此二字），卷八至十二目錄卷次后有“後漢”字樣。卷端以書名“聞”字為“文”字，如“兩漢博文卷第一（前漢）”。偶有墨筆眉批。

《藏園群書經眼錄》著錄宋乾道八年壬辰胡元質姑孰郡齋刊本、明寫本各一，後者“審其行格似影宋刻本”。首都圖書館、南京博物館、南京圖書館（卷三配清抄本，丁丙跋）等均有黃魯曾刻本收藏。《稿本中國古籍善本書目》著錄該書四部，此本為其一。

鈐“濟南王士禎印”（白方）、“阮亭”（朱方）、“李天駒印”（白方）、“國立暨南大學圖書珍藏”（朱方）。（周保明）

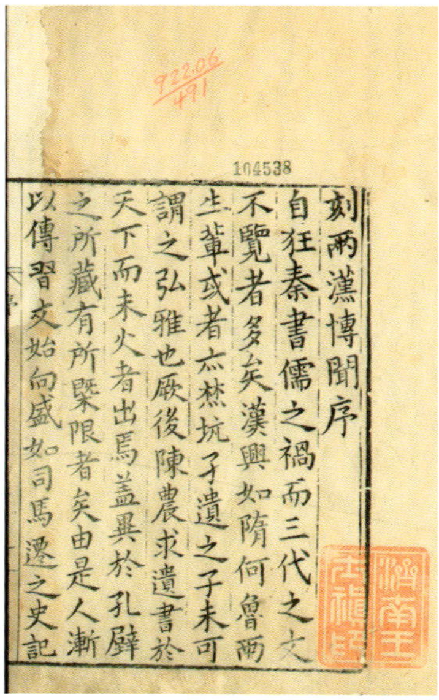
刻兩漢博聞序
自狂秦書儒之禍而三代之文
不覽者多矣漢興如隋何曾兩
生輩或者亦焚坑孑遺之子未可
謂之弘雅也厥後陳農求遺書於
天下而未火者出焉蓋異於孔壁
之所藏有所緊限者矣由是人漸
以傳習文始向盛如司馬遷之史記

黃魯曾序

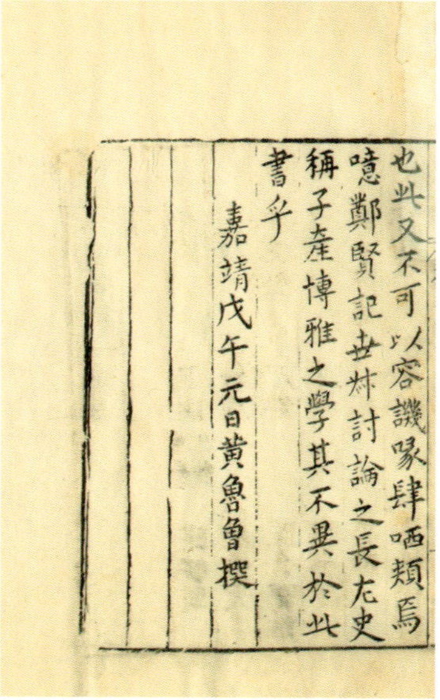
也此又不可以容識彖肆哂類焉
噫鄭賢記女林討論之長左史
稱子產博雅之學其不異於此
書乎
嘉靖戊午元日黃魯曾撰

黃魯曾序

兩漢博文卷第一

北闕 高帝紀

七年上至長安蕭何治未央宮立東闕北闕前殿武庫太倉

師古曰未央宮雖南嚮而尚書奏事謁見之徒皆詣北闕公車司馬亦在此焉是則以北闕爲正門而又有東門東闕至於西南兩面無門闕矣蓋

24 ［弘治］徽州府志 十二卷 國家名錄號 07987

明彭澤 汪舜民纂修
明弘治十五年（1502）刻本

每半頁九行，行二十三字，小字雙行同，上下大黑口，雙黑魚尾，四周雙邊
開本 29.2×16.9cm，半頁版框 22.1×14.7cm
八册

是書首有弘治十五年林瀚序、汪舜民序。次凡例十條，云“今之纂脩雖祖舊志，而易新安之名為徽州府，遵時制也”，可證為徽州府首志（永樂大典本《徽州府志》實為明洪武九年朱同所修《新安志》）。次目錄，又次為府治山阜水源、城垣、公廨及所屬六縣諸圖。內容包括地理、食貨、封爵、職官、公署、學校、祀典、恤政、選舉、人物、宮室、寺觀、祥異、詞翰、拾遺等。此志倉促成篇，採擇未精，明方信謂“舛錯牽俗，所謂抄取計簿者是也”。

纂修者彭澤，字濟物，號幸庵，長沙人，寓居金陵，進士出身，弘治十三年任徽州府。汪舜民，字從仁，江西婺源人（時屬徽州府），成化十四年進士。志成於弘治十五年，而後至嘉靖四十五年始有續修，其間有增訂本，人物、紀事有迄於嘉靖三十二年者。對照《天一閣藏明代方志選刊》所收弘治十五年刻《徽州府志》，與此本相同，唯此本殘缺林、汪兩序及目次。版心下鐫刻工姓名，如文浚、文迪、仕、炅、齊等。

《稿本中國古籍善本書目》著錄該書五部，其中兩部題“弘治十五年刻本”，行款版式與此本同。另，安徽省博物館藏有弘治、嘉靖兩本。（周保明）

徽州府山阜水源總圖（局部）

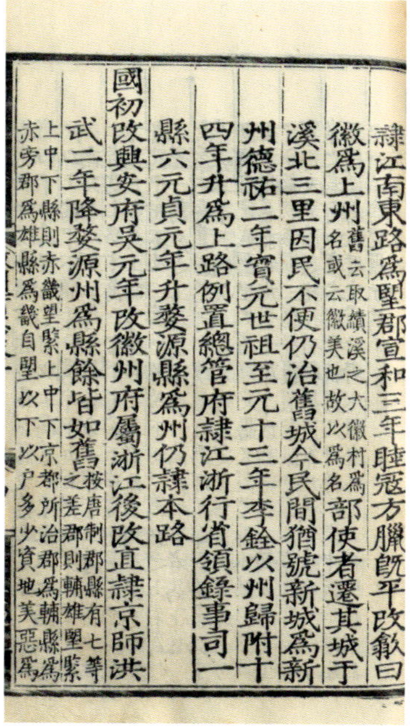
隷江南東路爲望郡宣和三年睦寇方臘既平改歙曰
徽爲上州舊云取績溪之大徽村爲名或云徽美也故以爲名部使者還其城于
溪北三里因民不便仍治舊城今民間猶號新城爲新
州德祐二年實元世祖至元十三年李銓以州歸附十
四年升爲上路例置總管府隷江浙行省領錄事司一
縣六元貞元年升婺源縣爲州仍隷本路
國初改興安府吴元年改徽州府屬浙江後改直隷京師洪
武二年降婺源州爲縣餘皆如舊按唐制郡縣有七等之差郡則輔雄望緊上中下縣則赤畿望緊上中下京都所治郡爲輔縣爲赤旁郡爲雄縣爲畿自望以下以戶多少資地美惡爲

大黑口、刻工圖示

兩漢博文卷第一

北闕 高帝紀

七年上至長安蕭何治未央宮立東闕

北闕前殿武庫太倉

師古曰未央宮雖南嚮而尚書奏事

謁見之徒皆詣北闕公車司馬亦在

此焉是則以北闕爲正門而又有東

門東闕至於西南兩面無門闕矣蓋

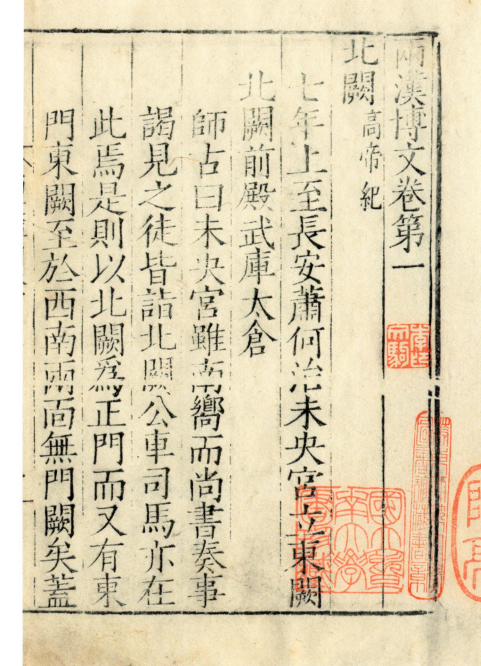

25 ［嘉靖］陝西通志 四十卷

國家名錄號 07996

明趙廷瑞 馬理等纂修
明嘉靖刻本

每半頁十行，行二十一字，小字雙行同，白口，四周單邊
開本 28.2×19cm，半頁版框 22.5×15.6cm
十七冊

據《明史 · 藝文志》及《千頃堂書目》，首部《陝西通志》成書於明成化十一年，依《大明一統志》體例，以府、州、縣、衛、所、寺、監為綱，下有細目，惜未見傳世。嘉靖《陝西通志》的編修趙廷瑞於嘉靖十八年官陝西巡撫，三年後書成，廣征博引，搜羅宏富，分目清晰，詳略得當，凡星夜、山川、封建、疆域、建制沿革、古跡、經籍、名宦鄉賢、藝文、戶口、田賦、物產、仙釋、職官、水利、兵防馬政、風俗、災祥等。該志參考書籍達一百三十餘種。此本首趙廷瑞、周南、王邦瑞、馬理、王九思序。趙序云“嘉靖壬寅十月陝西布政司刻通志冬杪告成”，周、王、馬等序間云該志修撰之事。次義例，又次目錄。版心上鐫相應卷次內容。

《陝西通志》在明萬曆（三十五卷首一卷）、清康熙（三十二卷）、雍正（一百卷首一卷）、乾隆（《志稿》）間，均有纂修、刊刻，今國家圖書館多有收藏。道光七年賜書堂刻《陝西志輯要》，源出《陝西通志》，臺灣成文版《中國方志叢書》已影印發行。《稿本中國古籍善本書目》著錄該書嘉靖、萬曆、雍正本三部，嘉靖本題“明嘉靖二十一年刻二十六年增修本”。天津圖書館、臺灣“中央圖書館”藏嘉靖本各一。

鈐“愚齋圖書館藏”（朱方）。（周保明）

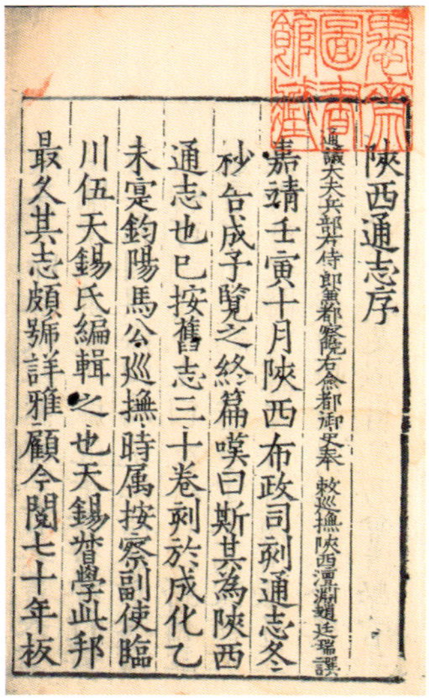
陝西通志序
通議大夫兵部右侍郎兼都察院右僉都御史奉 敕巡撫陝西潼關趙廷瑞譔
嘉靖壬寅十月陝西布政司刻通志冬
杪告成予覽之終篇嘆曰斯其為陝西
通志也已按舊志三十卷刻於成化乙
未寔鈞陽馬公巡撫時屬按察副使臨
川伍天錫氏編輯之也天錫晢學亟邦
最久其志頗號詳雅顧今閱七十年板

趙廷瑞序

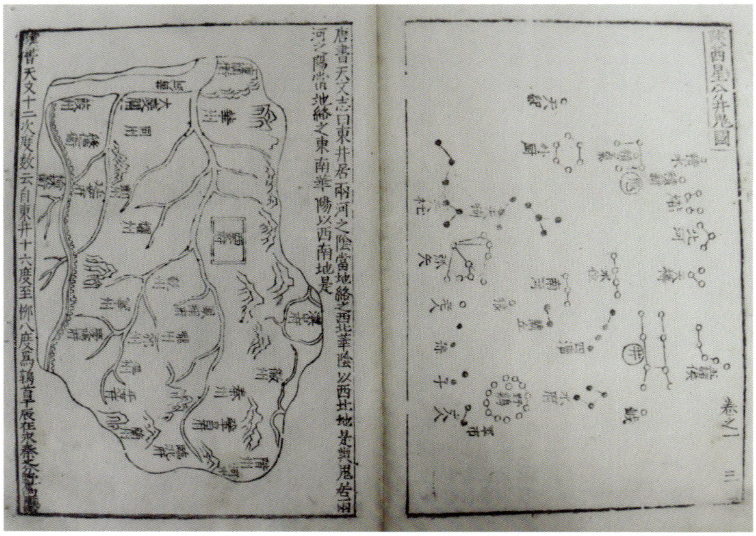

星野图示之一

陝西通志卷之一

土地一

星野

觀察氏曰予讀保障氏知星野之說有稽也以陝西言之天下山川有二紀其首其會在是而又廣且豪焉唐天文志云天下山河之象存乎兩界北界自三危積石負終南地絡之陰東及太華逾河並雷首至太行北抵常山東循塞垣至朝鮮是謂北紀所以限戎狄也南界自岷山嶓冢負終南地絡之陽東及太華連商山熊耳自洛南逾江漢至于衡陽東循嶺徼達東甌閩中是謂南紀所以限蠻夷也三危積石爲北紀之首岷山嶓冢爲南紀之首皆在陝西河源自北紀之首循雍州北徼達華陰而與地絡相會並行而至太行之曲分而東流與涇渭濟瀆相爲表裏是謂北河江源自南紀之首循梁州南徼達華陽而

26 ［隆慶］華州志 二十四卷

國家名錄號 07998

（明）李可久裁正 張光孝撰次
明隆慶刻萬曆增修本

每半頁十行，行二十字，小字雙行同，白口，四周雙邊
開本 27×17.5cm，半頁版框 19.4×14.6cm
六冊

是書首為時任華州知州李可久隆慶六年序，有云成化年間州訓導钮莹中所修舊志“甚闕略”（已佚），該志則“著一方之事，收百世之遺”，“遂命梓之”。次凡例十六條，交代各目下人事之去取原則較詳。次諸圖考。無目錄。內容前十一卷包括沿革、疆域、建置、官師、祠祀、風俗、田賦、省鑒、藝文等 9 目，後十三卷为各類人物列傳細 29 目。末附王寵、孫咸跋，王庭詩、張光孝後序，中有言該志得失者。

该志之編纂耗費張光孝近三十年心力，但倉促付梓，兩月而成（編者張光孝子張士遇亦参與其事），體例編排有失嚴謹，但此志据经稽史，博及子集图说，兼考志詢耆，不足以述事者，乃阙而不书，頗為世人稱述，史料價值極高。此本後附張光孝萬曆元年序及人物事跡下限至萬曆二十五年，可確證萬曆間增修事。板片毀損嚴重，多處漫漶不清，有整頁不能識辨者，且偶有裝訂錯亂現象。卷五之五至九頁、卷十八之第六頁為配補，卷六第一頁則缺。每行首空一格，明、大明、皇明、御製、盛世等頂格。

《太平寰宇記》曾引用華州《圖經》兩種，不知編於何時，詳情無考。有隆庆六年刻本、万历八年增补本。其後又有康熙《续华州志》、乾隆《再续华州志》和光绪《三续华州志》。《稿本中國古籍善本書目》著錄該書一部。

鈐“吳瑛之印”（白方）、“杭州王氏九峰舊盧藏書之章”（朱方）。（周保明）

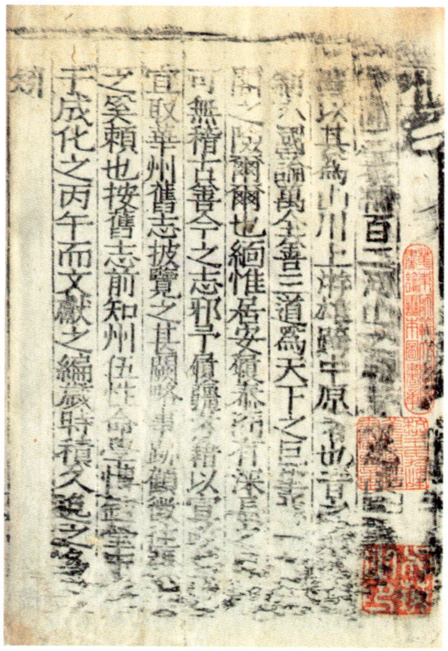

李可久序

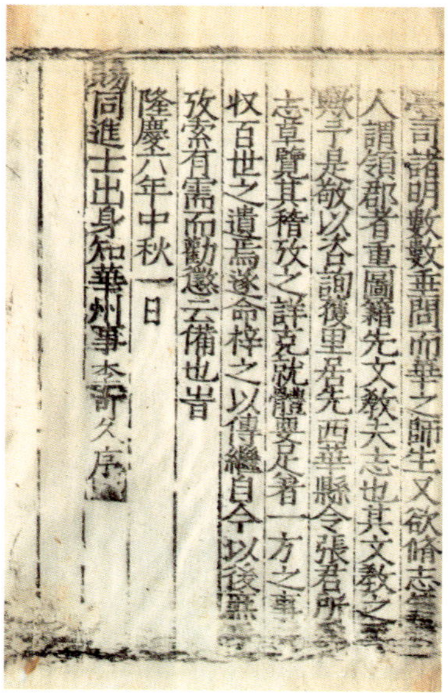

言諸明數數垂問而華之師生又欲脩志
人謂領郡者重圖籍先文教夫志也其文教之
與予是敬以咨詢獲里居先西華縣令張君所
志草覽其稽考之詳克就體要足著一方之事
收百世之遺焉遂命梓之以傳繼自今以後無
考索有需而勸懲云備也
隆慶六年中秋一日
賜同進士出身知華州事李可久序

李可久序

華州志卷之四

賜進士第奉政大夫知華州事前吏部稽勳司員外郎陽城李可久甄正

在華山人張光孝撰次

建置志

華州州治在南門內洪武二年知州胡公惟俊建東西三百步南北四百步有門有儀門有鍾鼓樓有堂（堂名節愛）堂之甬道南有誠石亭堂右有幕廳又有六曹卷房又有儀仗庫正堂後有後堂後堂後有退思堂退思堂後爲知州之宅宅左爲魚塘亭知州宅墻後又開拓阜之麓爲菜園以爲退息處

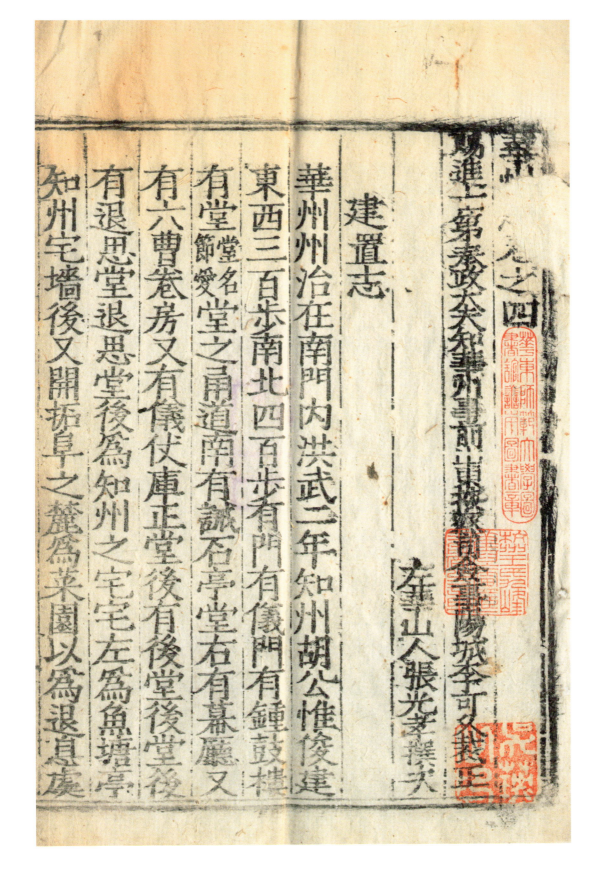

27　今古輿地圖 三卷　　國家名錄號07962

明吳國輔 沈定之撰
明崇禎十六年（1643）刻朱墨套印本

每半頁十行，行二十四字，小字雙行同，白口，單魚尾，四周單邊
開本 29.5×19.2cm，半頁版框 25.1×16.4cm
三冊

《今古輿地圖》是明崇禎十一年十月沈鳳舉進呈之書。首《恭進〈今古輿地圖〉表》，次張懋忠序，次沈鳳舉自序。沈鳳舉，明州人，明季副榜貢生。錢遵王《讀書敏求記》有《古今輿地圖》二卷，注云《述古目》作“歷代輿地圖”，卷數同。又云《也是園目》作三卷，即此本，分上中下三卷是也。題與今本不同。《四庫存目》有“今古輿地圖”，但云此起元末羣雄至帝嚳九州，與此本又有不同。此本起自《今古華夷區域總要圖》，次以《大明肇造圖》，次《大明萬世一統圖》，再次《九邊圖》《帝嚳九州圖》。張壽鏞認為清時因忌諱而埋沒作者之姓名。葛昌楣評價該書：“明鄞沈鳳舉《今古輿地圖》三卷，凡五十九圖，製繢踈濶而立言茂暢。今圖四章，寔為全書英華，餘圖猶泛泛襲前人膚廓耳。吾華輿圖之學，自明以前，因測繢未精，向無善本，是圖未足為寶，而其圖說見明季邊患盜氛之迫切，有識之士莫不憂憤填膺，作者殆寄攖冠擊楫之思，俊謀碩畫，良可珍也。”

書尾有庚辰孟秋張壽鏞墨書跋文，後有“張壽鏞印”（白方）。次庚辰十月金北蕃書跋，鈐“金北蕃印”（白方）。次甲申仲冬當湖江楓散人葛昌楪識語，鈐“楪印”（朱方）、“芃吉”（白方）。（韓進）

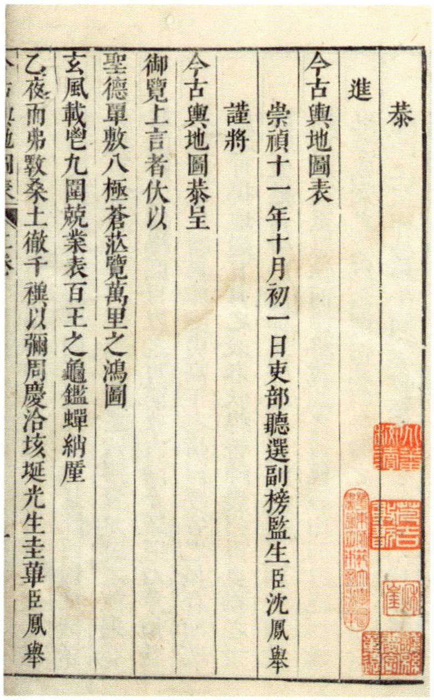
恭
進
今古輿地圖表
崇禎十一年十月初一日吏部聽選副榜監生臣沈鳳舉
謹將
今古輿地圖恭呈
御覽上言者伏以
聖德覃敷八極蒼茫覽萬里之鴻圖
玄風載砲九圍兢業表百王之龜鑑蟬納屢
乙夜而弗斁桑土徹千禩以彌周慶洽垓埏光生圭蓽臣鳳舉

今古進書表

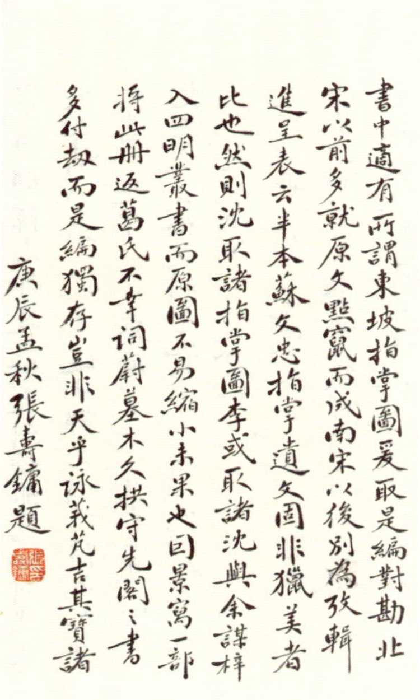
書中適有所謂東坡指掌圖爰取是編對勘北
宋以前多就原文點竄而成南宋以後別為孜輯
進呈表云半本蘇文忠指掌遺文固非獵美者
比也然則沈取諸指掌圖李或取諸沈與余諱梓
入四明叢書而原圖不易縮小未果也曰景寫一部
將此册返葛氏不幸詞蔚墓木久拱守先閣之書
多付劫而是編獨存豈非天乎詠莪芃吉其寶諸
庚辰孟秋張壽鏞題

張壽鏞題識

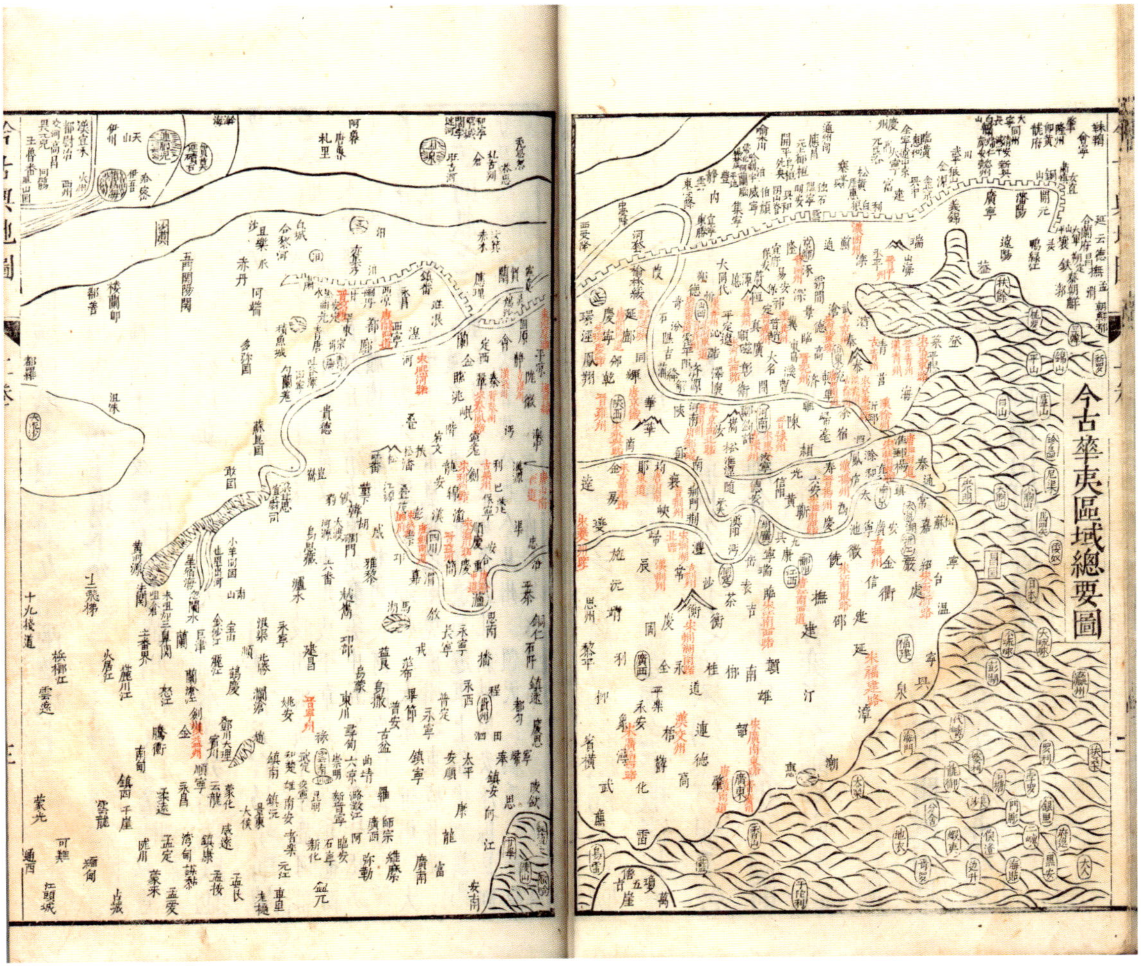
今古華夷區域總要圖

28　經國雄略　四十五卷

國家名錄號 01620

明鄭大郁編訂
南明弘光元年（1645）觀社刻本

每半頁八行，行二十字，白口，無鱼尾，四周單邊
開本 25.1x15.3cm，半頁版框 20.3 x 13.2cm
十八冊

板心下端鎸“觀社”。《畿甸考》内封書“三槐堂較梓”。鄭大郁，字孟周，温陵（今福建泉州）人，生平不見諸史傳，其傳世之作有《經國雄略》四十八卷、《篆林肆考》十五卷。另有《羣玉海篇》十五卷，仅見徐乾學《傳是樓書目》。黎光堂本《水滸傳》有大郁序。則大郁乃明末建陽書林所知名。

是書刊於明亡之際，入清後，其《邊塞考》六卷又列《清代禁毀書目》《違礙書目》，故傳世極少，少見諸各家書目。（乾隆）《泉州府志》、（民國）《福建通志》僅著錄書名。《四庫全書總目》未收。傳世有南明潭陽王介爵觀社刊本，南明三槐堂刊本，王重民《中國善本書提要》言“較梓人或署王介蕃，或署王登百，其書坊名三槐堂”，則二者實為同一版本。

全書分天經考三卷、畿甸考五卷、省藩考四卷、河防考四卷、海防考三卷、江防考三卷、賦徭考二卷、賦稅考二卷、屯政考二卷、邊塞考六卷、四夷考二卷、奇門考三卷、武備考九卷，总四十八卷。明季時務之論，藉此得以保存一二。此佚《天經考》三卷。

鈐“天橋文庫”（朱方）、“禮讓館圖書印”（朱長）、“愚齋圖書館藏”（朱方）印，原係清末盛宣懷藏書。（鄭曉霞）

畿甸攷内封

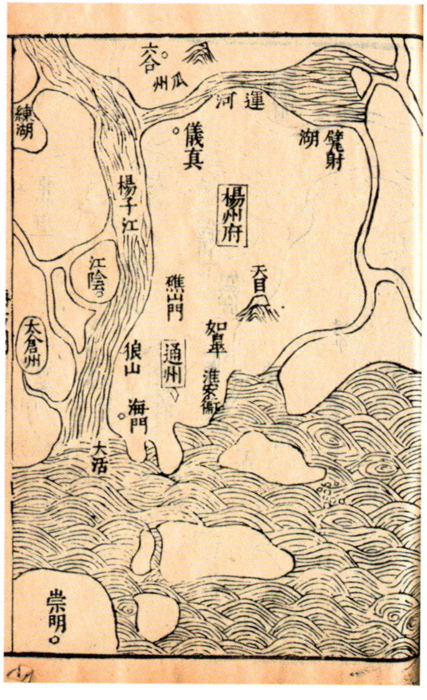

海防攷卷二海防圖

畿甸攷經國雄略卷之一

清漳　鄭崑貞十師
南安伯鄭芝龍飛虹　仝鑒定
武榮　鄭鴻逵羽公
温陵　鄭大郁孟周　編訂
潭陽　王登丹量百　叅閱

畿甸攷

粵稽自三皇五帝建都以來、伏羲都陳、今開封府陳州神

畿甸攷　一卷　南都　一

31　石鼓考　六卷附文一卷

國家名錄號 08168

清翁方綱撰
清稿本

每半頁十行，行二十字，每格一字，白口，單魚尾，左右雙邊
開本 27.1×17.9cm，半頁版框 21.5×15.3cm
四冊

此本紅格稿紙寫成，版心題書名、卷次及頁碼。行格疏闊，書寫工整，內文有翁氏朱、墨筆校改多處，甚或於各冊書衣批注。翁氏親量石鼓尺寸，借鑒天一閣藏宋拓本等摹寫石鼓文字，考辨考釋，博採眾長，見解多出別裁，書成數易其稿。體例與朱彝尊《石鼓考》等不同，卷一摹寫文字，卷二至六詳加考訂，附文《石鼓時代辨》等六篇。

《稿本中國古籍善本書目》著錄翁方綱《石鼓考》稿本兩種，一為八卷本，一為六卷附文二卷本。

鈐“蘇齋私淑”（白方）、“此生緣分”（朱方）。（周保明）

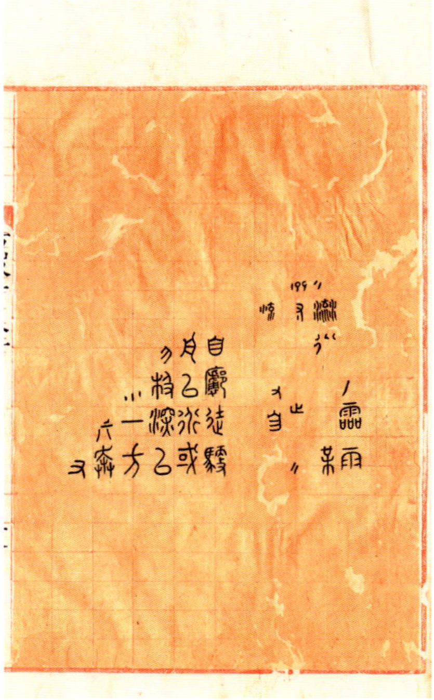

第五鼓（臨摹）

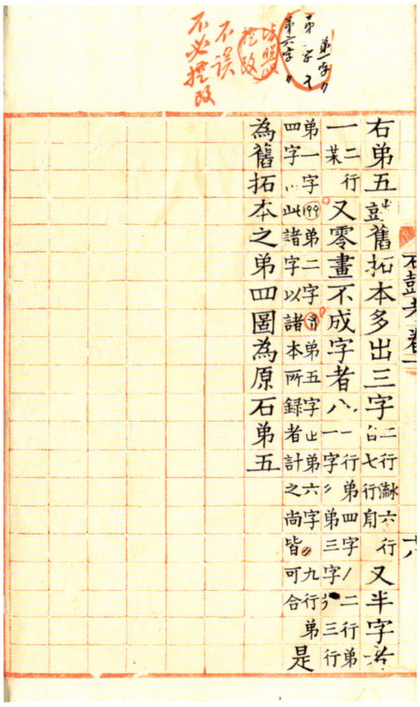

第五鼓考釋（含校改）

石鼓考卷第一

圖式

乾隆四十六年夏四月廿四日國子監司業翁方綱於戟門下用見今衣工尺手量十鼓謹記於此

甲鼓高尺有六寸圍六尺三寸三分在門之東側西向

乙鼓高尺有七寸圍五尺九寸六分東側西向

丙鼓高尺有六寸六分圍六尺一寸二分東側北向

丁鼓方形高尺有六寸五分圍七尺二寸三分東側北向

子部

32 六子書 六十卷

國家名錄號 08198

明顧春編
明嘉靖間世德堂刻本

每半頁八行，行十七字，小字雙行同。白口，四周雙邊，單魚尾。
開本 29.9×19.0cm，半頁版框 19.3×14.3cm
三十二册

顧春，字元卿，號東滄居士，明嘉靖吳郡人，官懷遠將軍，堂號“世德堂”，以刻書聞。館藏是書版心上方有“世德堂刊”四字，書後有嘉靖十二年（1533）秋八月顧春《刻六子書跋》，可知為世德堂原刻本。

明中期後六子之學成為顯學，六子分別為老子、莊子、列子、荀子、揚子、文中子。是書包括漢河上公註《老子道德經》二卷；晉郭象註、唐陸德明音義《南華真經》十卷；晉張湛註《沖虛至德真經》八卷；唐楊倞註《荀子》二十卷；晉李軌，唐柳宗元，宋宋咸、吳祕、司馬光註《新纂門目五臣音註揚子法言》十卷；宋阮逸註《中說》十卷。

據書後顧春跋可知，此書為顧春廬墓銅井山期間所校。顧氏有感於六子書之舊本“脫謬不可考定”，於是“参文群籍，考義多方”，自嘉靖庚寅（1530）冬到癸巳（1533）夏，以數年心力完成校刻。該書字體方正，校刻精良，葉德輝《書林清話》中將其列入“明人刻書之精品”。

鈐“長沙龍氏”（朱方）、“龍紱祺印”（白方）、“馮雲驤印”（朱方）、“字吶生”（白方）、“南陵徐氏”（朱方）、“南陵徐乃昌校勘經籍記”（朱長）、“積學齋徐乃昌藏書”（朱長）諸印，可知該書曾為代州馮雲驤、長沙龍紱祺、南陵徐乃昌等人收藏。（曾慶雨）

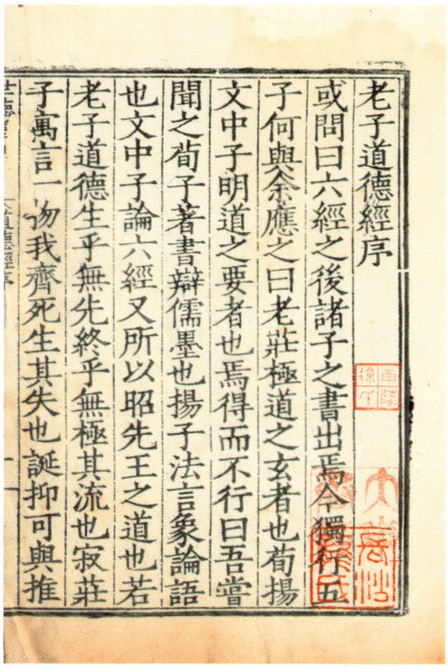
老子道德經序
或問曰六經之後諸子之書出焉今獨梓五
子何與余應之曰老莊極道之玄者也荀揚
文中子明道之要者也焉得而不行曰吾嘗
聞之荀子著書辯儒墨也揚子法言象論語
也文中子論六經又所以昭先王之道也若
老子道德生乎無先終乎無極其流也寂莊
子寓言一物我齊死生其失也誕抑可與推

龔士卨序

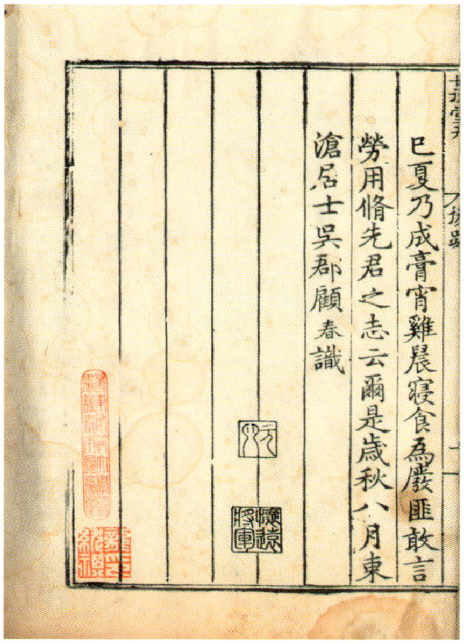
巳夏乃成膏宵雞晨寢食爲屢匪敢言
勞用脩先君之志云爾是歲秋八月東
滄居士吳郡顧春識

顧春跋

老子道經卷上

河上公章句第一

體道第一

道可道謂經術政教之道也非常道非自然長生之道也常道當以無爲養神無事安民含光藏暉滅迹匿端不可稱道名可名謂富貴尊榮高世之名也非常名非自然常在之名也常名愛如嬰兒之未言雞子之未分明珠在蚌中美玉處石間內雖昭昭外如愚頑無名天地之始無名者謂道道無形故不可名也始者道本也吐氣布化出於虛無爲天地本始也有名萬物之母

33　纂圖互註揚子法言　十卷

國家名錄號 10385

漢揚雄撰　晉李軌　唐柳宗元　宋宋咸、吳祕、司馬光註
明初刻本

每半頁十二行，行二十六字，註小字雙行同，黑口，雙魚尾，四周雙邊
開本 28.5×16.8cm，半頁版框 20.2×13.3cm
二冊

揚雄《法言》舊有治平監本，系李軌單註。宋末建陽書坊以治平監本之翻刻本為底本，增柳宗元、宋咸、吳祕、司馬光四家之註，是為纂圖互註之集註本。因曾與《老子道德經》《莊子南華真經》及《荀子》合刻，故原有纂圖互註四子本。

是書前次第為景祐三年宋咸《重廣註揚子法言序》、景祐四年宋咸《進重廣註揚子法言表》、元豐四年《司馬溫公註揚子序》，繼之為篇目、渾儀圖、五聲十二律圖。宋咸序後有記云：“本宅今將（下空二字）監本（下空二字）四子纂圖互註，附入重言重意，精加校正，竝無訛謬，謄作大字刊行，務令學者得以參考，互相發明，誠為益之大也，建安（下空五字）謹咨。”可知為宋末建坊四子本之《纂圖互註揚子法言》一部在明初翻刻之本。

首卷卷端題“纂圖互註揚子法言卷第一”，次行低三格題“晉李軌、唐柳宗元註”，三行低三格題“聖宋宋咸、吳祕、司馬光重添註”。

鈐“書帶草堂祝君藏書章”（白方）、“大將軍揖客”（朱長）、“誠夫珍賞”（朱方）、“思園居士”（白方）、“吳江楓冷”（白長）、“程維岳印”（白方）、“宮保世家”（白方）等印。（曾慶雨）

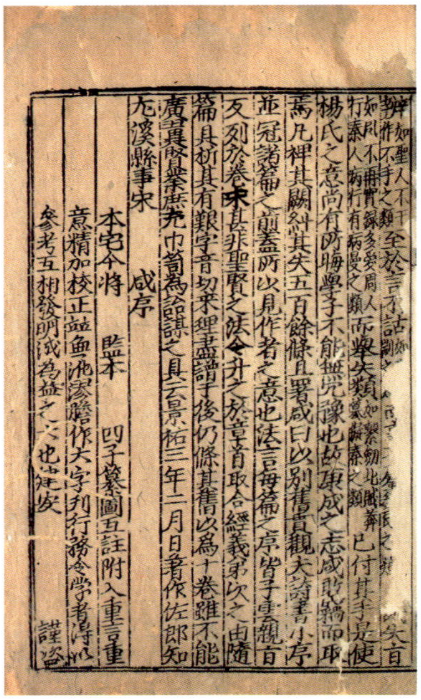
咸序
本宅今將　監本　四子纂圖互註附入重言重意精加校正並無訛謬謄作大字刊行務令學者得以參考互相發明誠為益之大也建安
謹咨

刻書記

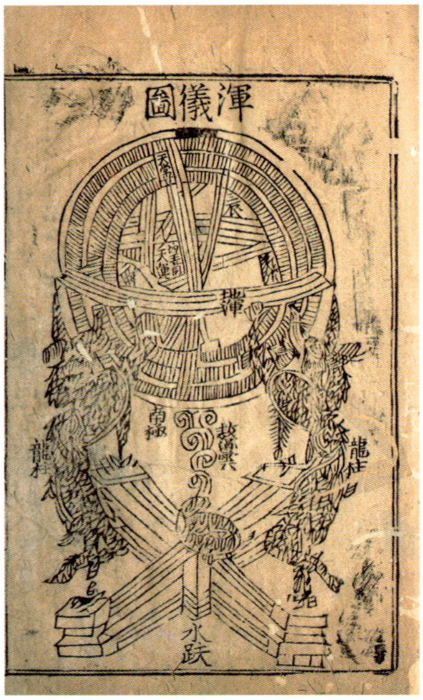

渾儀圖

纂圖互註揚子法言卷第一

晉李軌　唐柳宗元註

聖宋宋咸　吳祕　司馬光重添註

學行篇咸曰自誠而明聖人而已明誠以降何嘗不由乎學故此所以首衆篇　光曰行讀如字凡書中好惡表少難易將使令說衆焉邪之類兩音易辨若非於始見音之後可以意求不復再出或可疑則更音之

天降生民倥侗顓蒙倥侗無知也顓蒙愚也祕曰倥侗未有所成顓固而蒙昧也光曰倥音空侗音同又音通顓與專同恣于情性縱意用事聰明不開闇塞之謂性其情則聰明有祕曰不能所識訓諸理咸曰訓導理謂道也言天民蠢蠢闇故教諸道以開明之也曰於是聖人貴學乃訓以仁義禮智信之正理祕曰言譔學行祕曰譔述也古或撰通用夫人自有聰明天命非學則不能修發故謀道常以學為先學行之上也祕曰夫學者所以為道者也率性行道表則後世學之上也言之次也祕曰此辨謂從發成讓訓學之次也光曰言者能言而不行教人又其次也咸曰行性而言誠可以為師矣故又居其次寬後見學之又其次也光曰古之學者為己今之學者為人祕曰教廣其業以為人教又為其次咸無焉為衆人為下矣此二者教之大倫也皆無此三者民斯祕曰三者無一斯衆人矣或曰

34 大學衍義 四十三卷

國家名錄號08275

宋真德秀撰
明初刻本

每半頁十一行，行二十字，黑口，雙魚尾，四周雙邊
開本為 23.5×14.9cm，半頁版框 16.7×11.2cm
二十四冊

卷前有真德秀《大學衍義序》、《進大學衍義表》、《尚書省劄子》、《中書門下省時政記房申狀》。是書乃作者以《大學》之義而推衍議論之作，寄意倡明君主為治之道，以暗切於時弊。

鈐有"恭邸藏書"（朱方）、"宝沙堂陳氏收藏印"（朱長）、"永肩"（朱方）、"安石"（朱方）等印。（回達強）

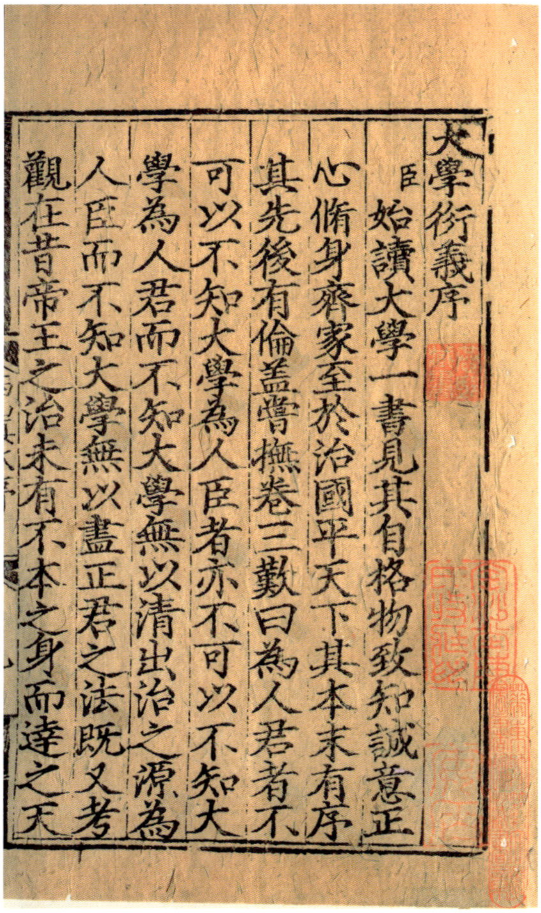
大學衍義序
臣始讀大學一書見其自格物致知誠意正
心脩身齊家至於治國平天下其本末有序
其先後有倫蓋嘗撫卷三歎曰為人君者不
可以不知大學為人臣者亦不可以不知大
學為人君而不知大學無以清出治之源為
人臣而不知大學無以盡正君之法既又考
觀在昔帝王之治未有不本之身而達之天

真德秀序

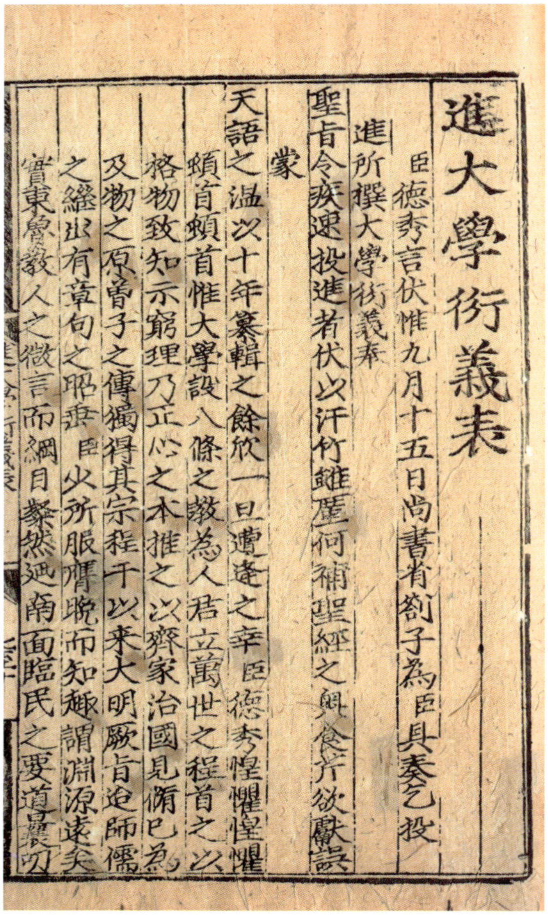
進大學衍義表
臣德秀言伏惟九月十五日尚書省劄子為臣具奏乞投
進所撰大學衍義奉
聖旨令疾速投進者伏以汗竹雖厖何補聖經之奧食芹欲獻誤
蒙
天語之溫以十年纂輯之餘於一旦遭逢之幸臣德秀惶懼惶懼
頓首頓首惟大學設八條之教為人君立萬世之程首之以
格物致知示窮理乃正心之本推之以齊家治國見脩己為
及物之原曾子之傳獨得其宗程子以來大明厥旨迨師儒
之繼出有章句之昭垂臣少所服膺晚而知趣謂淵源遠矣
實東魯教人之微言而綱目粲然迺南面臨民之要道曩叨

真德秀進大學衍義表

大學衍義卷第一

帝王爲治之序

堯典虞書篇名典者常也曰若稽古帝堯曰若發語辭曰字與粵越通稽考也言考古之帝堯其事云云也曰放勳放至也亦廣大之意如放乎四海之放勳功也欽明文思安安欽敬也思去聲允恭克讓允信也克能也光被四表格于上下被及也四表四外也格至也上天下地也克明俊德以親九族明明之也俊大也以用也九族高祖至玄孫之親九族既睦平章百姓既已也睦和揖也平均也章明也百姓畿內之民也百姓昭明協和萬邦黎民於變時雍昭亦明也協合也於美也變化也時是也雍和也

臣

按此章紀堯之功德與其爲治之次序也自鴻荒以來羲農黃帝數聖人作皆有功於生民而堯

35 大學衍義補摘要 四卷

國家名錄號 04445

明嘉靖劉氏安正書堂刻本

每半頁十行，行二十字，白口，雙魚尾，四周雙邊
開本 25×15cm，半頁版框 18.3×12.4cm
四冊

卷前有孫應奎《大學衍義補摘要序》。書末有《大學衍義補摘要後敘》，“劉氏安正書堂新刊”。《大學衍義補摘要》乃對明丘濬《大學衍義》之節要。是書遴選《大學衍義》之實例，論述“治國平天下之道”，雖未及原書周詳，然取足於用。

鈐有“國立暨南大學圖書館珍藏”（朱方）等印。（回達強）

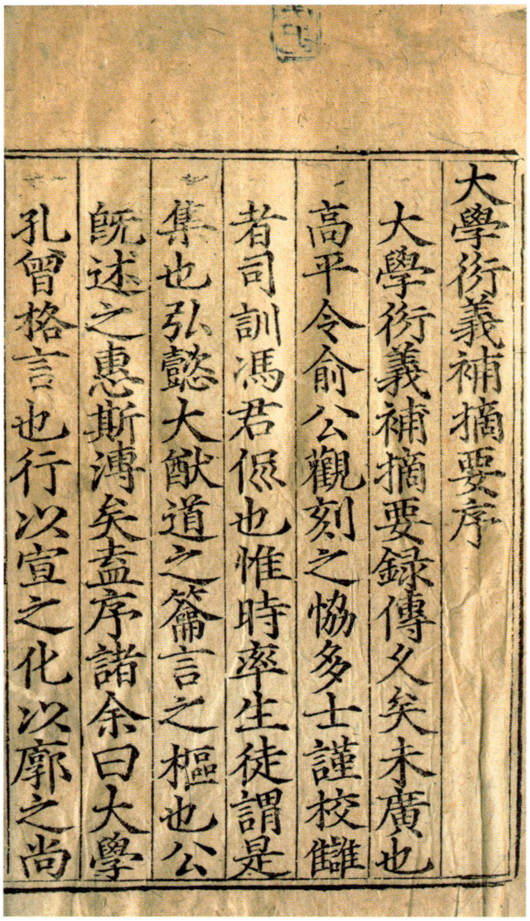
大學衍義補摘要序
大學衍義補摘要録傳久矣未廣也
高平令俞公觀刻之恊多士謹校讎
有司訓馮君偲也惟時率生徒謂是
集也弘懿大猷道之籥言之樞也公
既述之恵斯溥矣盍序諸余曰大學
孔曾格言也行以宣之化以廓之尚

孫應奎序

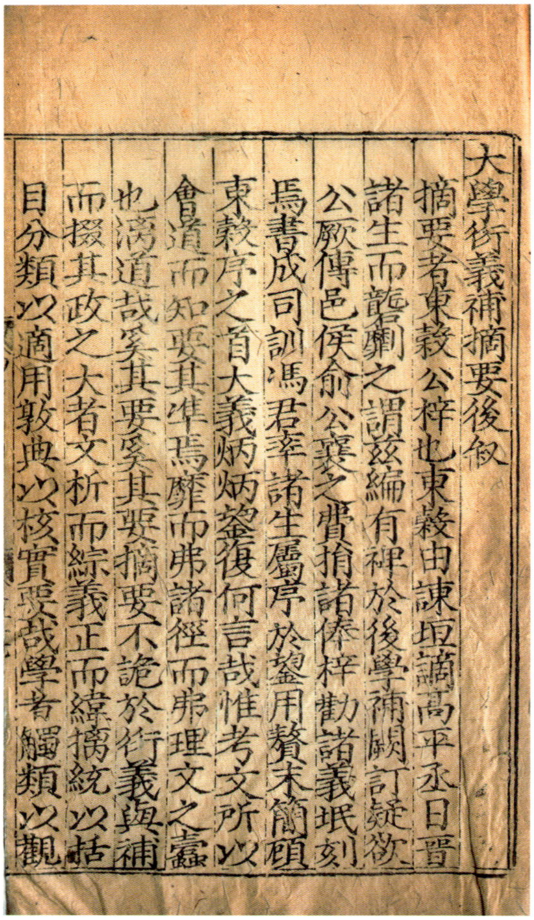
大學衍義補摘要後敘
摘要者東穀公梓也東穀由諫垣謫高平丞日習
諸生而藹劘之謂茲編有裨於後學補闕訂疑欲
公厥傳邑侯俞公襄之費捐諸俸梓勸諸義坻刻
焉書成司訓馮君率諸生屬序於鎏用贅末簡頑
東穀序之首大義炳炳鑒復何言哉惟考文所以
會道而知要其準焉醒而弗諸徑而弗理文之蠹
也漓道哉奚其要奚其要摘要不詭於衍義與補
而掇其政之大者文析而綜義正而綽摘統以括
目分類以適用敦典以核實要哉學者觸類以觀

後敘

大學衍義補摘要卷之一

誠意正心之要

審幾微

謹理欲之初分

易曰幾者動之微吉凶之先見者也此萬世訓幾字之始大學所謂誠意中庸所謂慎獨孟子所謂擴充皆所以致力乎此幾之萌動也盖事理之在人心有動有靜靜則未形也動則已形也幾則動而未形有無之間也此是人心理欲初分之處吉[illegible][illegible]之兆先儒謂萬事根源日用第一親切工夫[illegible]

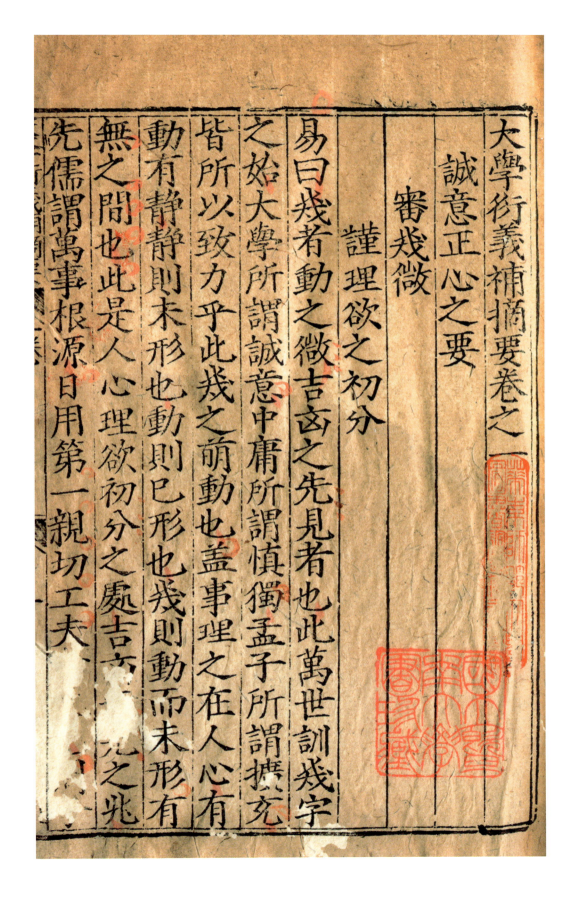

36 五倫書 六十二卷

國家名錄號 02091

明宣宗朱瞻基撰
明正德元年（1506）刻本（卷五至十二配明景泰五年劉氏翠岩精舍刻本）

每半頁十二行，行二十二字，黑口，雙魚尾，四周雙邊
開本 24.2×14.4cm，半頁版框 21.1×13.1cm
八冊

朱瞻基（1398—1435），明代第五位皇帝，廟號宣宗。編纂《帝訓》二十五篇、《歷代臣鑒》三十七卷、《御製官箴》一卷。擅詩文，有《大明宣宗皇帝御製集》四十四卷存世。精繪畫，今存《武侯高臥圖》，藏故宮博物院。

是書爲道德教育讀物，明宣宗宣德中敕編，正統八年，英宗朱祁鎮命翰林儒臣續編。正統十二年五月書成，英宗御制序言梓行。是書采經傳子史、嘉言善行而成，共六十二卷，計有《五倫綜論》一篇、《君道》二十二篇、《臣道》三十篇、《父道》二篇、《子道》三篇、《夫婦之道》一篇、《兄弟之道》一篇、《朋友之道》二篇，共計六十二篇。

鈐“國立暨南大學圖書珍藏”（朱方），《明史 · 藝文志》著錄。（趙太和）

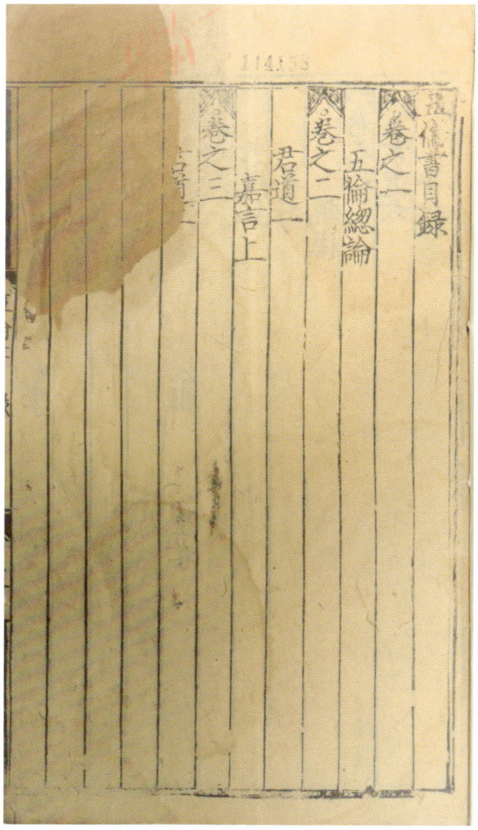
五倫書目錄
卷之一
五倫總論
卷之二
君道一
嘉言上
卷之三

五倫書目錄

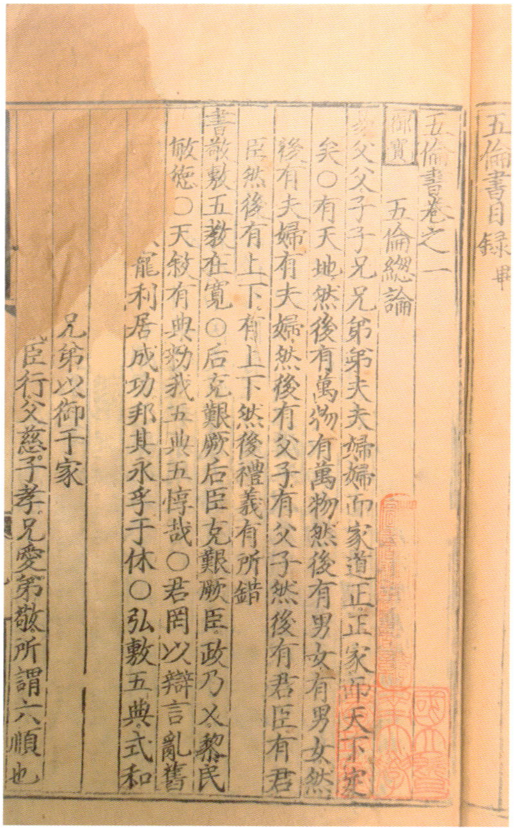
五倫書卷之一
五倫總論
父父子子兄兄弟弟夫夫婦婦而家道正正家而天下定
矣○有天地然後有萬物有萬物然後有男女有男女然
後有夫婦有夫婦然後有父子有父子然後有君臣有君
臣然後有上下有上下然後禮義有所錯
書敬敷五教在寬○后克艱厥后臣克艱厥臣政乃乂黎民
敏德○天敘有典勑我五典五惇哉○君罔以辯言亂舊
龍利居成功邦其永孚于休○弘敷五典式和
兄弟以御于家
臣行父慈子孝兄愛弟敬所謂六順也

卷五首頁

五倫書卷之五

君道

御製善行

敬天

唐堯命羲和。欽若昊天。曆象日月星辰。敬授人時。分命羲仲。宅嵎夷。曰暘谷。寅賓出日。平秩東作。日中星鳥。以殷仲春。厥民析。鳥獸孳尾。申命羲叔。宅南交。平秩南訛。敬致。日永星火。以正仲夏。厥民因。鳥獸希革。分命和仲。宅西。曰昧谷。寅餞納日。平秩西成。宵中星虛。以殷仲秋。厥民夷。鳥獸毛毨。申命和叔。宅朔方。曰幽都。平在朔易。日短星昴。以正仲冬。厥民隩。鳥獸氄毛

37　重廣補註黄帝内經素問　二十四卷

國家名録號 02162

唐王冰注 宋林億等校正 宋孫兆改誤
明嘉靖二十九年（1550）顧从德影宋刻本

每半頁十行，行二十字，小字雙行行三十字，白口，單魚尾，左右雙邊
開本 28.1×17.6cm，半頁版框 22×15.2cm
八册

卷首有王冰唐寶應元年歲次壬寅《重廣補註黄帝内經素問序》，署“啓玄子王冰撰”，雙行小字注云“新校正云按唐《人物志》，冰仕唐爲太僕令，年八十餘，以壽終”。序後有“將仕郎守殿中丞孫兆重改誤”一行，次爲“朝奉郎守國子博士同校正醫書上騎都尉賜緋魚袋高保衡”一行，次爲“朝奉郎守尚書屯田郎中同校正醫書騎都尉賜緋魚袋孫奇”一行，次爲“朝散大夫守光禄卿直秘閣判登聞檢院上護軍林億”一行。序後爲目録，目録後爲“武陵顧從德嘉靖庚戌秋八月既望”識語。

鈐“惺齋”等印，《藏园群书经眼录》著録，此本收入《四部叢刊》。（趙太和）

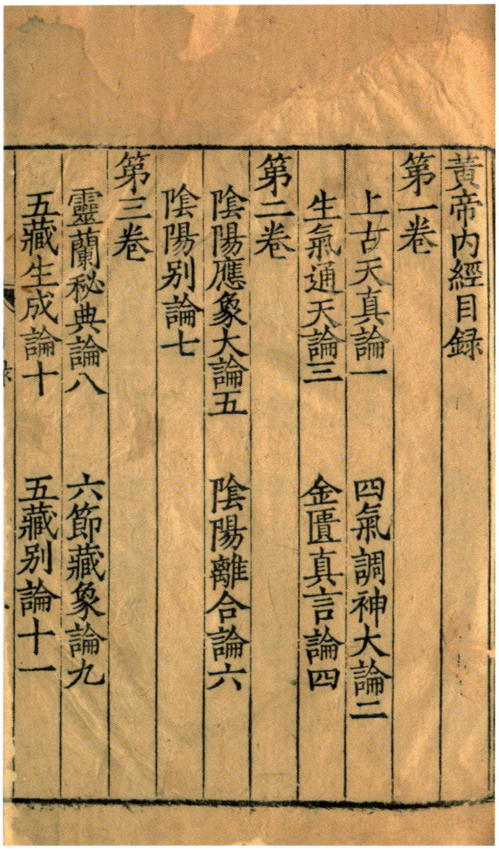

黄帝内經目録
第一卷
上古天真論一　四氣調神大論二
生氣通天論三　金匱真言論四
第二卷
陰陽應象大論五　陰陽離合論六
陰陽別論七
第三卷
靈蘭秘典論八　六節藏象論九
五藏生成論十　五藏別論十一

目録

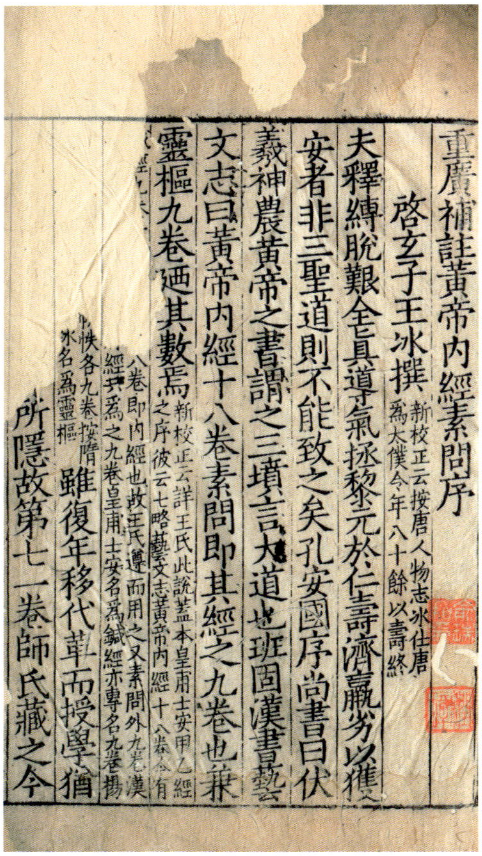

重廣補註黄帝内經素問序
啓玄子王冰撰 新校正云按唐人物志冰仕唐爲太僕令年八十餘以壽終
夫釋縛脫艱全真導氣拯黎元於仁壽濟羸劣以獲
安者非三聖道則不能致之矣孔安國序尚書曰伏
羲神農黄帝之書謂之三墳言大道也班固漢書藝
文志曰黄帝内經十八卷素問即其經之九卷也兼
靈樞九卷廼其數焉 新校正云詳王氏此説蓋本皇甫士安甲乙經之序彼云七略藝文志黄帝内經十八卷今有 八卷即内經也故王氏遵而用之又素問外九卷漢 經共爲之九卷皇甫士安名爲鍼經亦專名九卷楊 帙各九卷按隋 冰名爲靈樞 雖復年移代革而授學猶
所隱故第七一卷師氏藏之今

序

重廣補註黃帝內經素問卷第一

新校正云按王氏不解所以名素問之義及素問之名起於何代按隋書經籍志始有素問之名甲乙經序晉皇甫謐之文已云素問論病精辨王叔和西晉人撰脉經云出素問鍼經漢張仲景撰傷寒卒病論集云撰用素問是則素問之名著於隋志上見於漢代也自仲景已前無文可見莫得而知據今世所存之書則素問之名起漢世也所以名素問之義全元起有說云素者本也問者黃帝問岐伯也方陳性情之源五行之本故曰素問元起雖有此解義未甚明按乾鑿度云夫有形者生於無形故有太易有太初有太始有太素太易者未見氣也太初者氣之始也太始者形之始也太素者質之始也氣形質具而痾瘵由是萌生故黃帝問此太素質之始也素問之名義或由此

啓玄子次註林億孫奇高保衡等奉敕校正孫兆重改誤

上古天眞論　四氣調神大論

生氣通天論　金匱眞言論

上古天眞論篇第一

新校正云按全元起注本在第九卷王氏重次篇第移冠篇首今注逐篇必具全元起本之卷

38　新刊八十一難經 四卷　　國家名錄號 04549

明熊宗立解　明張世賢圖註
明隆慶元年（1567）四仁堂刻本

每半頁八行，行十七字，小字雙行同，黑口，單魚尾，四周單邊
開本 27.3×16.8cm，半頁版框 19.2×12.2cm
四册

《難經》原名《黃帝八十一難經》，相傳為戰國時期秦越人(扁鵲)所作醫書。全書以八十一問答形式解難釋疑,涉及脉學、經絡、臟腑、疾病、俞穴、針法諸多中醫學命題。《難經》多種刊本圖解中，以明代熊宗立之俗解及張世賢之圖註流傳較廣。熊宗立，字道軒，號勿聽子，明代建陽人。成化時從劉剡學，兼通陰陽醫卜諸術，曾註《難經》及《脉訣》，另有醫書多種梓行於世。張世賢，字天成，號靜齋，寧波人，正德中名醫。曾“患《難經》之解未悉而圖未全”，於是“折衷羣言，侑以己意”，圖註《難經》與《脉訣》而並刊之。

該書首卷終後小字題曰：盧國秦越人著、勿軒熊宗立詳解、靜齋張世賢圖註、春亭林魁校正、永川黃鳴韶校閱、信齋吳世良校刊。首卷為“纂圖㮚栝”，二、三、四卷為詳解。每卷卷端所題文字不同：首卷為“新刊八十一難經纂圖㮚栝”；第二、三卷均為“刻京本八十一難經”，第四卷為“新刻勿聽子俗解八十一難經”，故此書有不同題名。（曾慶雨）

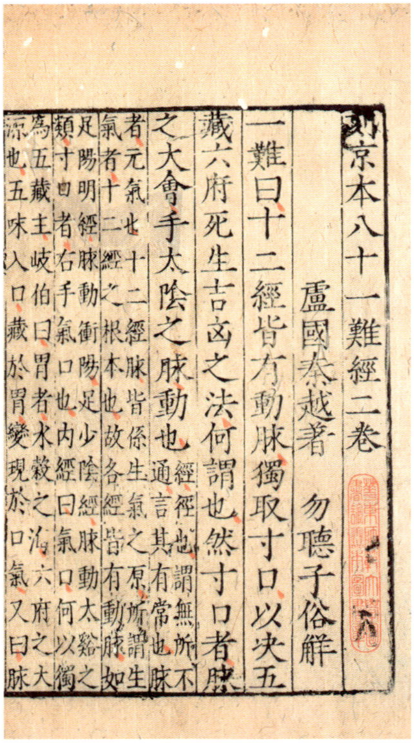

卷二首頁

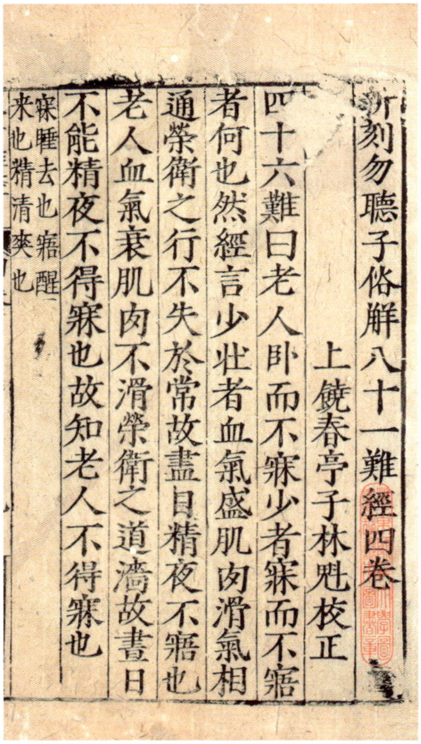

卷四首頁

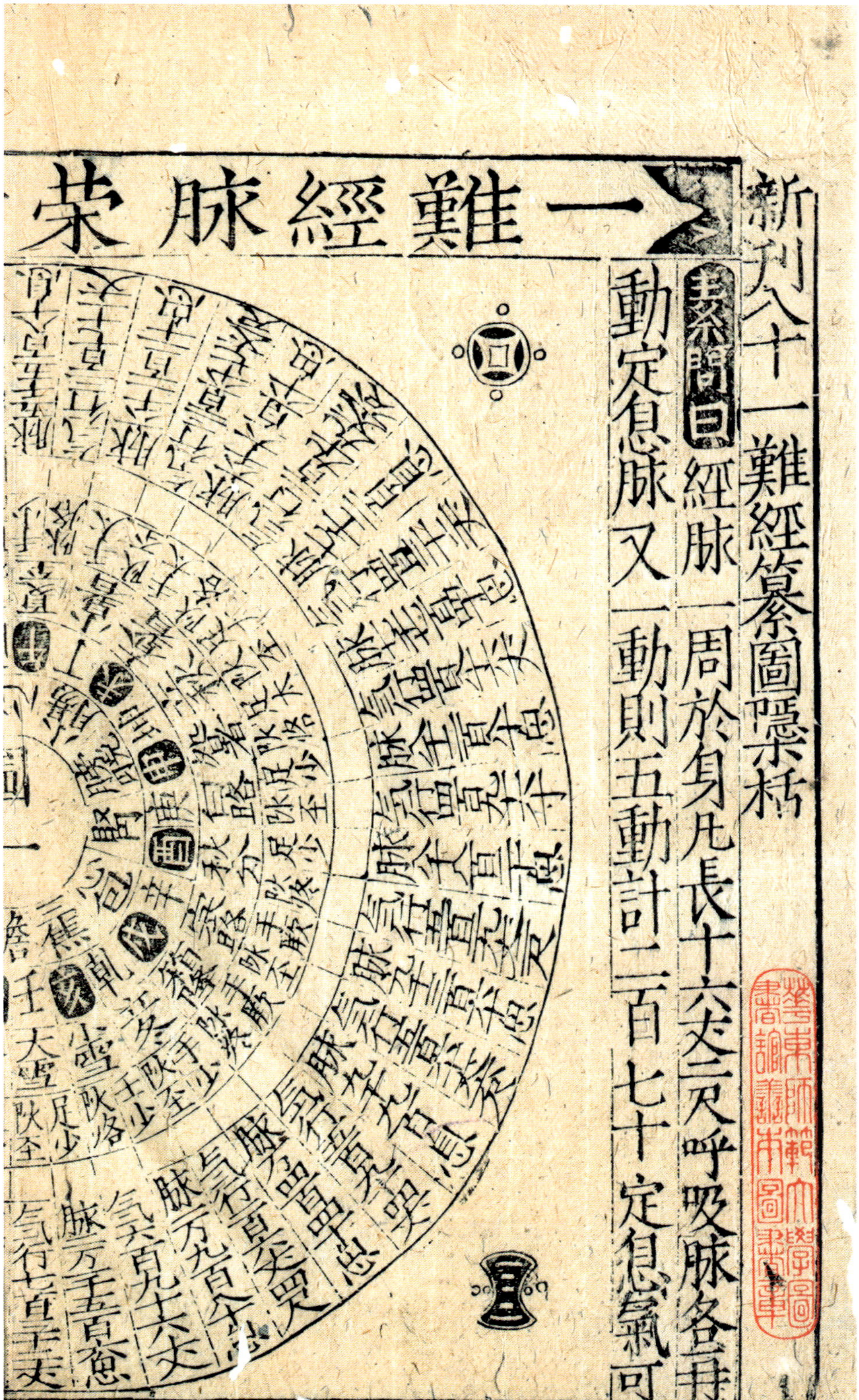

一難經脉栄

新刊八十一難經纂圖隱栝

素問曰經脉一周於身凡長十六丈二尺呼吸脉各再動定息脉又一動則五動計二百七十定息氣可

39　新刊校正王叔和脉訣 四卷

國家名錄號 04566

晉王叔和撰 明熊宗立註解
明隆慶元年（1567）四仁堂刻本

每半頁八行，行十七字，小字雙行同，黑口，單魚尾，四周單邊
開本 27.3×16.8cm，半頁版框 19.2×12.2cm
四冊

王叔和，高平人。名熙，以字行。曾為西晉太醫令，整理張仲景《傷寒論》三十六卷，又著《脉經》十卷，並傳於世。

《脉訣》一書，舊題晉王叔和撰，然論者多疑該書為他人僞託王氏之作。王重民《中國善本書提要》引孫星衍《脉經》跋曰："泰定時謝縉序稱《脉訣》不知起於何時，惟陳無擇《三因方》序脉云：六朝時有高陽生作歌訣，劉元賓增而和之，則知今以《脉訣》屬之王叔和者誤也。"劉元賓為北宋醫家，江西安福人。乾隆《安福縣誌》載其"通陰陽醫藥術數，真宗試之屢驗，賜名通真子。"曾註解《脉訣》。

該書前有嘉靖乙丑（1565）周一朋《新刊王叔和脉訣序》，據該序可知，《脉訣》一書屢經翻刻，訛誤甚多。於是貴溪吳世良托劉廷珮校正該書，劉氏"出所藏古本，一一改其舛而辨其非"，"又於前註未明之下間以己見補入"。因末卷熊宗立未註，吳、劉二人恐去日久，初學讀者或連原著歌訣而並遺之，遂以通真子原註補入以備忘。是以該書第四卷卷端題為"新刊補入王叔和脉訣歌"，並附補入通真子原註之說明。前三卷卷端首行後並列五行低七格依次題為"西晉太醫令王叔和譔著、鰲峰勿聽子熊宗立註解、貴溪樸齋子劉廷珮校正、貴溪蹇全子周一朋編錄、四仁堂信齋吳世良刊行（第一卷此處為"吳世良重校"），末卷將"鰲峰勿聽子熊宗立註解"易為"大金通真子劉元賓註解"，該卷後有"隆慶丁卯歲四仁堂刊"牌記。按，註解《脉訣》之劉元賓本為宋人，此曰"大金"，考金代號通真子者，有陵川人秦志安，亦道家人物，歿後，元好問曾為寫《通真子墓碣銘》，或誤以此"通真子"為彼"通真子"耶？待考。

鈐"九峰舊廬珍藏書畫之章"（朱方），知館藏此本曾為近人王綬珊收藏。（曾慶雨）

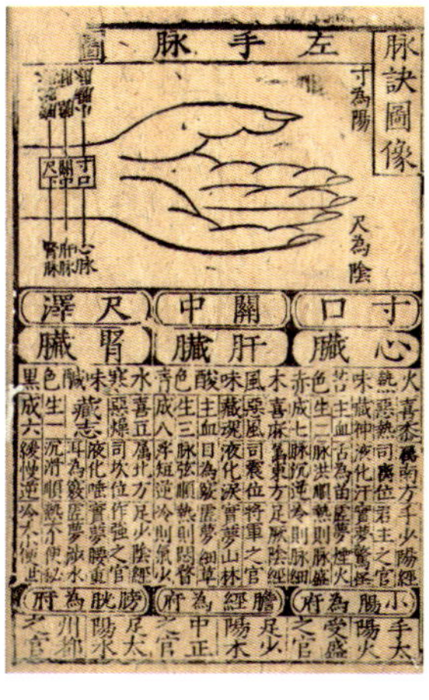

左手脉圖

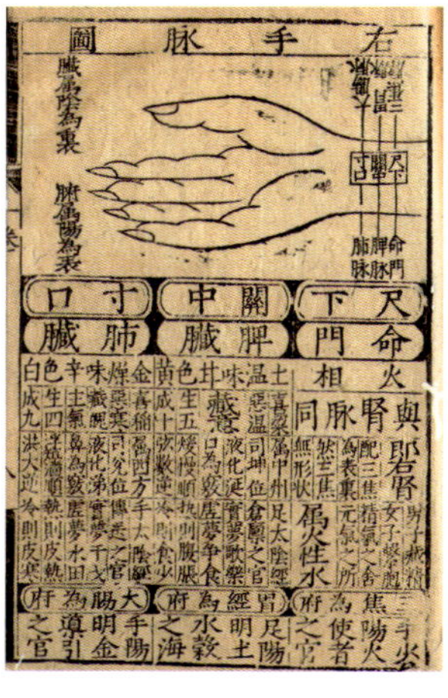

右手脉圖

新刊校正王叔和脉訣提要卷之一

西晋太醫令王叔和譔著

鰲峯勿聽子熊宗立註解

貴溪朴齋子劉廷珮校正

貴溪蹇全子周一朋編錄

四仁堂信齋吴世良重校

〇脉賦

欲測疾兮死生須詳脉兮有靈脉理通乎神明可推測疾

40 野客叢書 三十卷附錄野老記聞一卷

國家名錄號 04766

宋王楙撰
明嘉靖四十一年（1562）王穀祥刻本

每半頁十行，行二十字，白口，單魚尾，左右雙邊
開本 25×16.4cm，半頁版框 18.4×13.8cm
十六冊

卷端署“長洲王楙”。書前有王楙宋慶元元年序、嘉泰二年序。次總目。卷末有郭绍彭撰《宋王先生壙銘》，又有《臨終詩》一篇，又陳造唐卿嘉泰壬戌年跋。未見王穀祥刻書跋。版心下方鐫刻工姓名，有黃周賢、嚴椿、袁宸、何祥、章訓、章掖、章意、吳中、唐其、章權、姚舜卿、顧倖、唐麒等。各卷末多小字雙行書刻工姓名，卷各不同，如目錄末頁為“長洲吳曜書、黃周賢等刻”，卷二十三末為“長洲吳曜書、姚舜卿等刻”。全帙出於吳曜一手寫様，字體秀勁。又兼雕刻精雅。卷二十二、二十九有數頁鈔補，亦著意模仿原刻字體風格。卷末附錄王楙父親的撰述《野老記聞》，其體例為《四庫提要》、傳增湘《藏園群書題記》所譏議。

鈐“先賢審定”（白方）、“石田”（白方）印。（韓進）

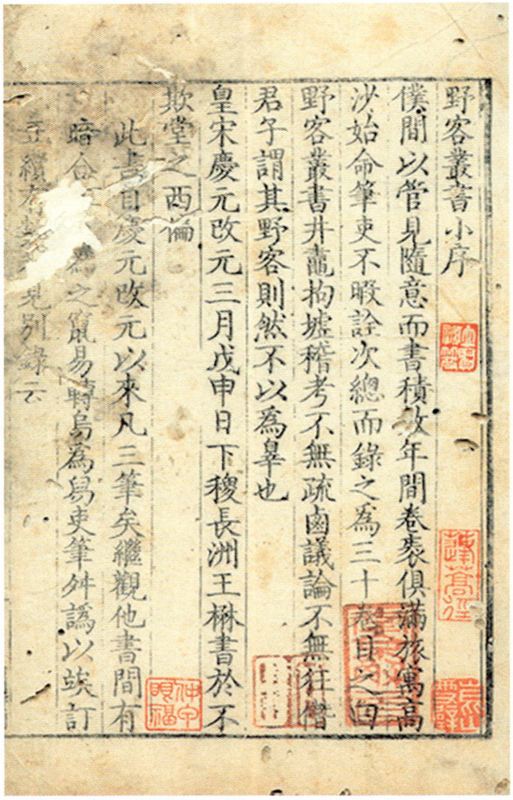
野客叢書小序
僕聞以管見隨意而書積數年間卷袠俱滿旅寓高
沙始命筆吏不暇詮次總而錄之為三十卷目之曰
野客叢書并[illegible]拘據稽考不無疏鹵議論不無狂僭
君子謂其野客則然不以為辠也
皇宋慶元改元三月戊申日下稷長洲王楙書於不
欺堂之西偏
此書自慶元改元以來凡三筆矣繼觀他書間有
暗合[illegible]之[illegible]易[illegible]為[illegible]吏筆舛譌以竢訂
[illegible]見別錄云

序言

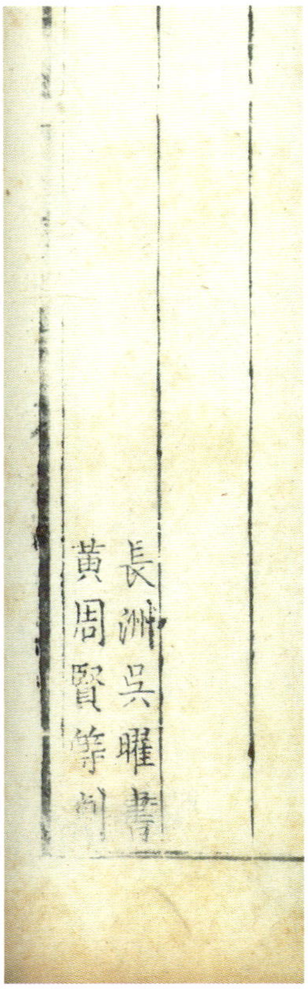
長洲吳曜書
黃周賢等刻

刻工

野客叢書卷第一

長洲　王楙

漢再受命之兆

元城先生夏至日與門人論陰陽消長之理以謂物禁太盛者衰之始也門人因曰漢宣帝甘露三年呼韓邪單于稽侯狦來朝此漢極盛時也是年王政君得幸於皇太子生帝驁於甲觀畫室為世適皇孫此新室代漢之兆此正夏至生一陰之時先生曰然漢再受命已兆朕於景帝生長沙定王發之際矣蓋謂光武長沙定王之後故也僕謂生長沙定王之時已

41 丹鉛總錄 二十七卷

國家名錄號 01873

明楊慎撰
明嘉靖三十三年（1554）梁佐刻藍印本

每半頁十一行，行二十五字，白口，單魚尾，四周雙邊
開本 30.5×18.9cm，半頁版框 21.8×16.6cm
五冊

卷端署“博南山人升庵楊慎用脩著集，滇南心泉梁佐應台校刊”。書前有嘉靖三十三年五月梁佐序。梁佐為楊慎門人。序中述及楊慎“著《丹鉛馀錄》、《摘錄》，流有刻本……迺盡出《丹鉛三錄》、《四錄》、《別錄》、《附錄》、《閏錄》諸稿授之佐……佐乃刪同校異，析之以數，合而名之曰‘總錄’。”次總目。卷末有嘉靖甲寅三月豫章郡靖安趙文同跋語。此本刻於福建汀州府上杭縣，開本闊大，但訛誤頗多，被四庫館臣譏為“書帕之本，校讎草率，譌字如林”。楊慎雖以博學著聞，但謫戍雲南，資料匱乏，也是此書文字多誤原因之一。後來版片遭損毀。

書前有民國三十二年俞熾卿手書識語，下鈐“古堇俞熾卿珍藏書畫”（白方）。（韓進）

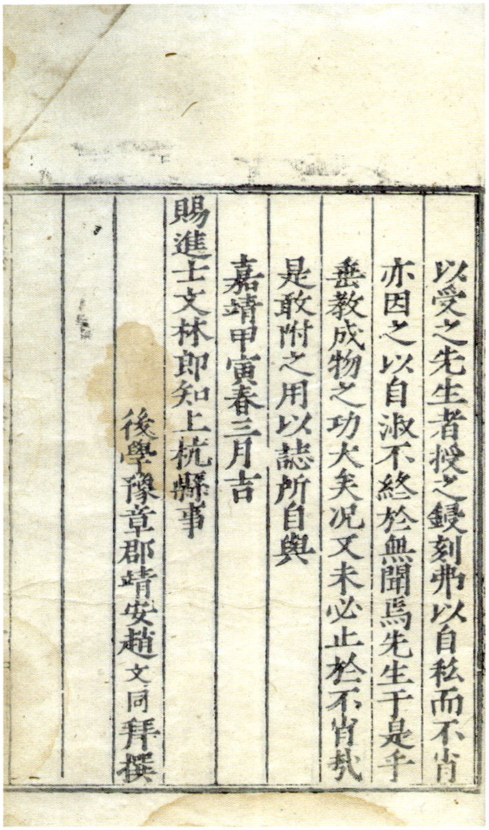
以受之先生者授之録刻弗以自私而不肖
亦因之以自淑不終於無聞焉先生于是乎
垂教成物之功大矣況又未必止於不肖哉
是敢附之用以誌所自與
嘉靖甲寅春三月吉
賜進士文林郎知上杭縣事
後學豫章郡靖安趙文同拜撰

趙文同跋

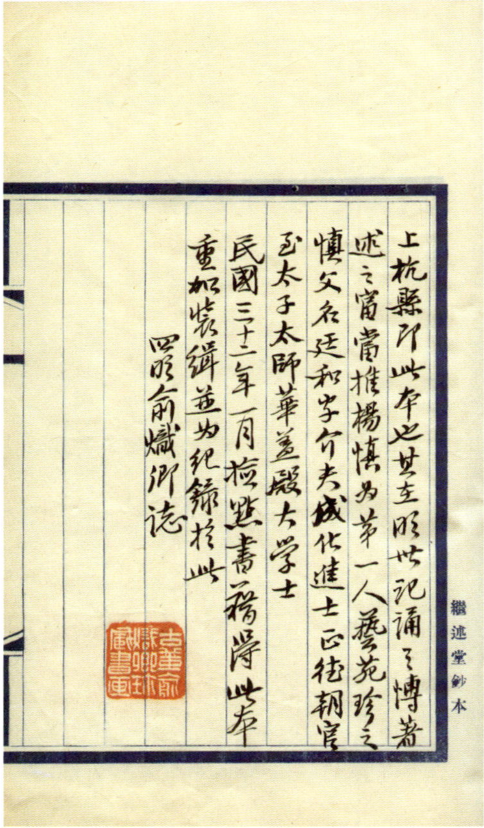
上杭縣刊此本也其在明世記誦之博著
述之富當推楊慎為第一人藝苑珍之
慎父名廷和字介夫成化進士正德朝官
至太子太師華蓋殿大學士
民國三十二年一月檢點書籍得此本
重加裝綁並為紀錄於此
四明俞熾卿誌

俞熾卿手書識語

丹鉛總録卷之一

博南山人升菴楊慎用脩著集
滇南心泉梁佐應台校刊

天文類

密雲不雨

易曰密雲不雨自我西郊天地之氣東北陽也西南陰也雲起東北陽倡陰必和故有雨雲起西南陰倡陽不和故無雨俗諺云雲往東一塲空雲往西馬濺泥雲往南水潭潭雲往北好晒麥是其驗也風雹亦然或問東爲陽方西爲陰方是矣南本陽而屬陰北幽陰而屬陽何也曰一陽生于子仲天之氣所始也卦又當坎北非陽而何一陰生于午仲地之氣所始也卦又當離南非陰而何

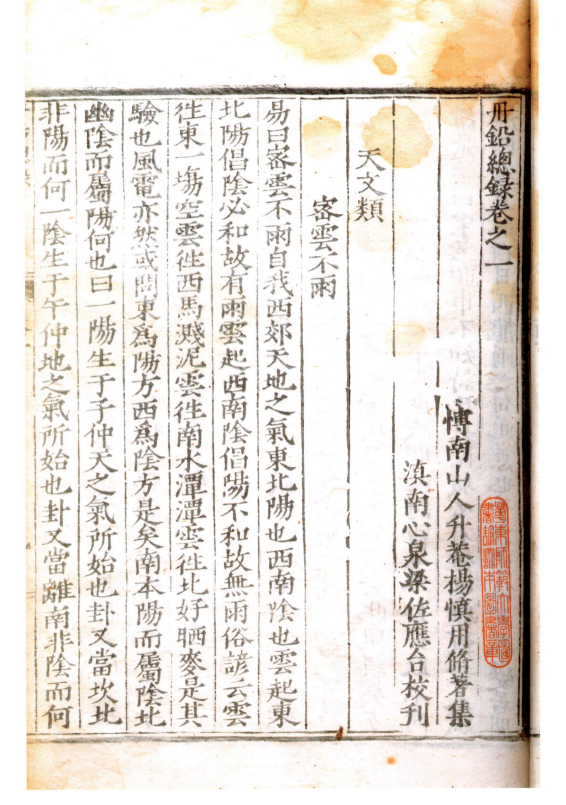

42 世說新語 三卷

國家名錄號 04782

南朝宋劉義慶撰 梁劉孝標注
明嘉靖十四年（1535）袁褧嘉趣堂刻本嚴復批校

每半頁十行，行二十字，小字雙行同，白口，雙魚尾，左右雙邊
開本 25.5×17.2cm，半頁版框 19.1×15cm
六冊

卷端題“宋臨川王義慶撰，梁劉孝標注”。卷前有袁褧《刻世說新語序》、高氏《緯略》對《世說新語》之評價及 “太倉曹氏沙溪重校”字樣。《世說新語》載東漢後期至晉宋間名士之逸聞軼事，開文言志人小說之先河，乃研究魏晉風流不可或缺之史料。嚴復手批、手校共計約 50 處。內容涉及人物之軼事及評判、同名人物之考訂、地名之考證、中西宗教之比較、男女平等、身教言教等，凸顯嚴氏之博學多識，為館藏嚴復批校本系列之一種。

鈐“侯官嚴復”（朱方）、“幾道”（朱方）。（回達強）

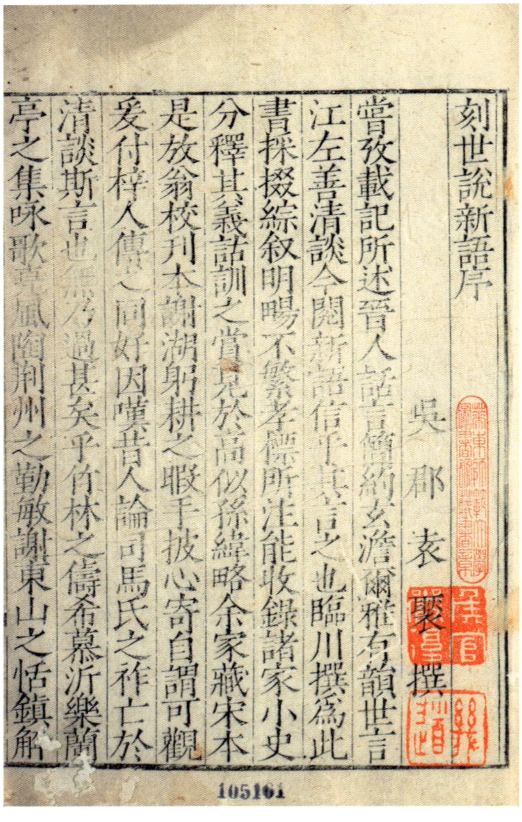
刻世說新語序
吳郡袁褧撰
嘗攷載記所述晉人話言簡約玄澹爾雅有韻世言
江左善清談今閱新語信乎其言之也臨川撰爲此
書採掇綜叙明晳不繁孝標所注能收録諸家小史
分釋其義詁訓之當見於高似孫緯略余家藏宋本
是放翁校刊本謝湖躬耕之暇手披心寄自謂可觀
爰付梓人傳之同好因嘆昔人論司馬氏之祚亡於
清談斯言也無乃過甚矣乎竹林之儔希慕沂樂蘭
亭之集咏歌[illegible]風陶荊州之勤敏謝東山之恬鎮解

袁褧序

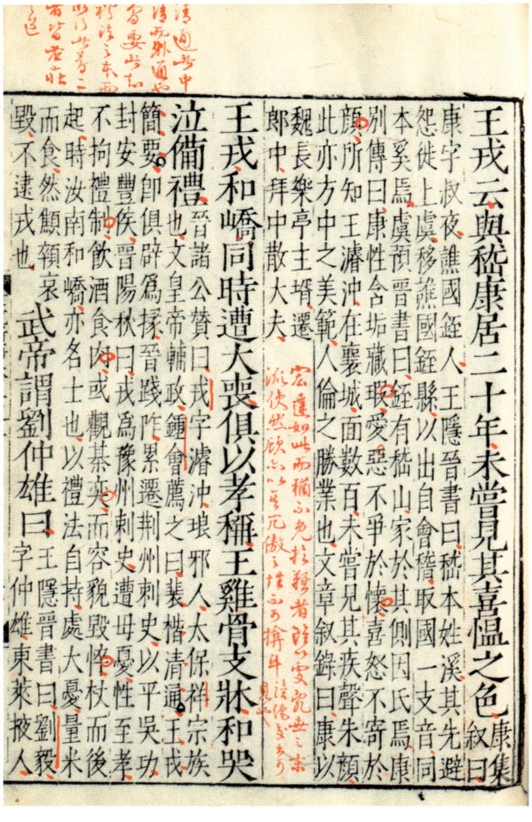
王戎云與嵇康居二十年未嘗見其喜慍之色
王戎和嶠同時遭大喪俱以孝稱王雞骨支牀和哭
泣備禮
武帝謂劉仲雄曰

嚴復手批

世說新語卷上之上

宋　臨川王義慶　撰

梁　劉孝標　注

德行第一

陳仲舉言爲士則行爲世範登車攬轡有澄清天下之志汝南先賢傳曰陳蕃字仲舉汝南平輿人有室荒蕪不掃除曰大丈夫當爲國家掃天下値漢桓之末閹豎用事外戚豪横及拜太傅與大將軍竇武謀誅宦官反爲所害爲豫章太守海內先賢傳曰蕃爲尚書以忠正忤貴戚不得在臺遷豫章太守至便問徐孺子所在欲先看之謝承後漢書曰徐穉字孺子豫章南昌人清妙高跱超世絶俗前後爲諸公所辟雖不就及其死萬里赴弔常預炙雞一隻以綿漬酒中暴乾以裹雞徑到所赴冢隧外以水漬綿斗米

43 新鐫分類評註文武合編百子金丹 十卷

國家名錄號 02022

明郭偉選註 明郭鐘吉編次 明王星聚校訂
明版筑居套印本

每半頁九行，行二十二字，白口，無魚尾，四周單邊，版心上鐫字數
開本 27.1×16.6cm，半頁版框 22.2×14.4cm
十二冊

郭偉，字洙源，號士俊，晉江石湖（石獅蚶江鎮石湖）人。郭氏著述頗豐，二十四歲受聘于三山（福州）著名刻書家余泗泉時，編纂《四書集註發明》等八種，“海內家傳戶誦，珍如拱璧”。繼而流寓金陵（南京），以著述為業。先後編纂《集註金丹》、《新說評》、《主意金玉髓》等，其中《百子金丹》影響最大。

是書爲明代諸子書，分文編、武編、內編、外編、奇編、正編六門，每門下設小類。《四庫總目》云此書“所采上自周、秦，下迄明代，詭立名號，不可究詰。如曹植《七啟》設爲鏡機子問答，即割其一段，題曰《鏡機子》，其大略可知矣”。

卷首爲凡例，末署“白下主人少山傅夢龍謹識”一行。鈐“魏氏惺雲藏書畫印”（朱方）。（趙太和）

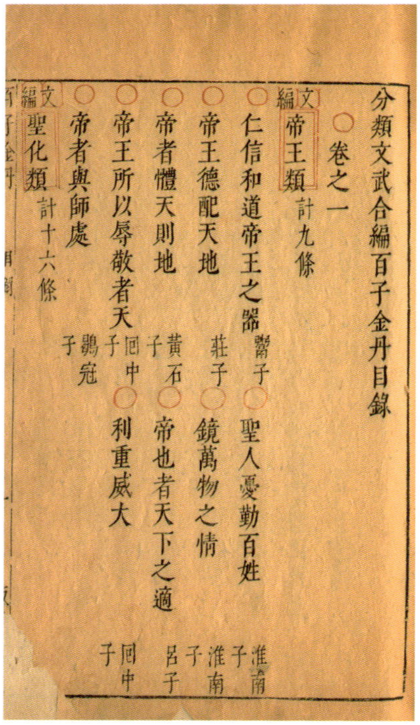
分類文武合編百子金丹目錄
○卷之一
文編 帝王類 計九條
○仁信和道帝王之器 鬻子 ○聖人憂勤百姓 淮南子
○帝王德配天地 莊子 ○鏡萬物之情 淮南子
○帝者體天則地 黃石子 ○帝也者天下之適 呂子
○帝王所以辱敬者天 冈中子 ○利重威大 冈中子
○帝者與師處 鶡冠子
文編 聖化類 計十六條

目錄

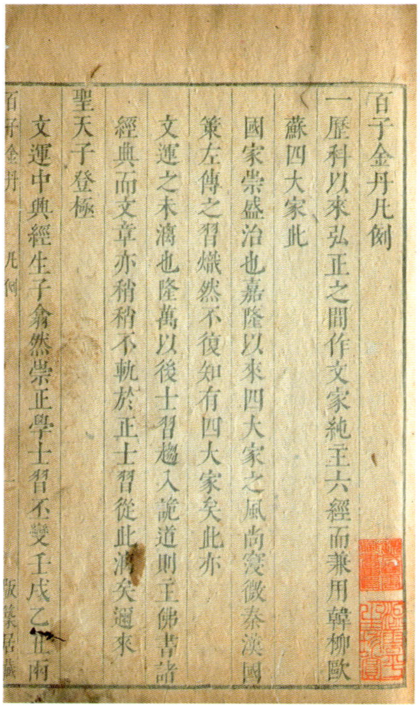
百子金丹凡例
一歷科以來弘正之間作文家純宗六經而兼用韓柳歐
蘇四大家此
國家崇盛治也嘉隆以來四大家之風尚寖微秦漢國
策左傳之習熾然不復知有四大家矣此亦
文運之未醇也隆萬以後士習趨入詭道則宗佛書諸
經典而文章亦稍稍不軌於正士習從此淆矣邇來
聖天子登極
文運中興經生子翕然崇正學士習不變壬戌乙丑兩

凡例

新鐫分類評註文武合編百子金丹　卷之一

溫陵　郭　偉　士俊父　選註

淳陰　王星聚　奎徵父　校訂

男　郭中吉　在中父　編次

文編

帝王類

仁信和道帝王之器　鬻子

夫國者卿相世賢者有之。有國則有卿相賢德者卿相之具人與之王用之不賢者豈能

百子金丹　卷一　一　敬業居藏

44　初學記　三十卷

國家名錄號 04852

唐徐堅等輯
明嘉靖十年（1531）錫山安國桂坡館刻本

每半頁九行，行十八字，小字雙行行二十四字，白口，單魚尾，左右雙邊
開本 29.6×18.7cm，半頁版框 20.9×16.3cm
十二冊

卷端署“光祿大夫行右散騎常侍集賢院學士副知院事東海郡開國公徐堅等奉敕”。余嘉錫認為是書起於唐玄宗教子學文，務取省便，故名“初學記”。輯集經傳，以類相從，分天、歲時、地、州郡、帝王、中宮、儲宮、帝戚、職官、禮、樂、人、政理、文、武、道釋、居處、器物、寶器、果木、獸、鳥、鱗介、蟲二十四部類。編纂精良，連貫流暢，《四庫總目》讚譽云：“敘事雖雜取群書，而次第若相連屬。”此本前有嘉靖辛卯秦金《重刊初學記序》。版心上方鐫“安桂坡館”四字，下方有刻工姓名，方、何、范、球、章景華等。錫山安國，字民泰，號桂坡。以銅活字印書知名。安國之前曾活字排印《初學記》殘本，又屬其塾師郭禾補完全帙，木板刊行。行格疏朗，紙質瑩潔。

鈐“劉喜海印”（白方）、“文正曾孫”（白方）、“喜海”（白方）、“燕庭藏書”（朱長）。山東藏書家劉喜海舊藏。（韓進）

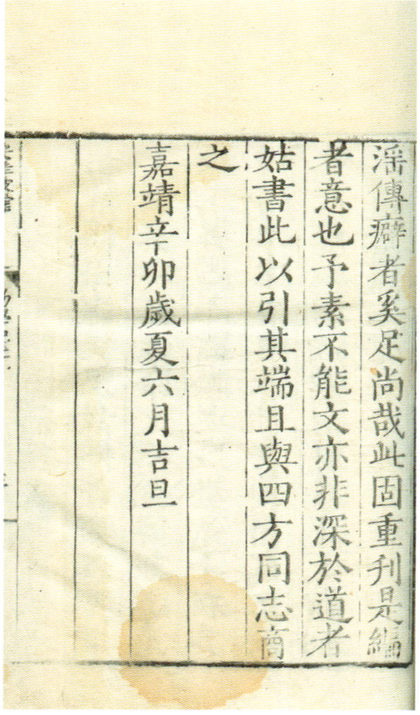
深傳癖者奚足尚哉此固重刊是編
者意也予素不能文亦非深於道者
姑書此以引其端且與四方同志商
之
嘉靖辛卯歲夏六月吉旦

嘉靖辛卯秦金序

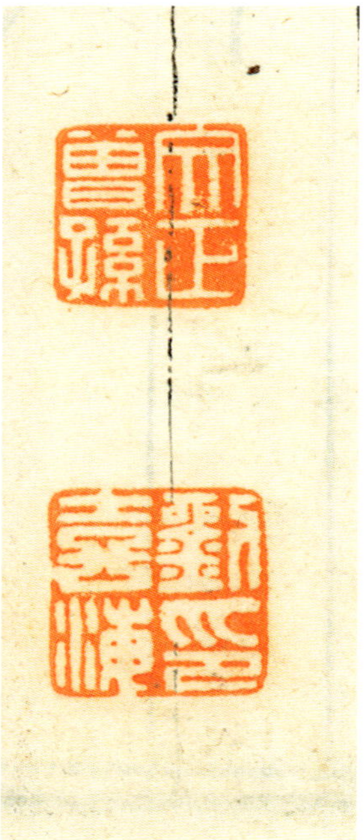

劉喜海印

初學記卷第一

光禄大夫行右散騎常侍集賢院學士副知院事東海郡開國公徐堅等奉

勑　　　　錫山安國校刊

天部

天第一　日第二　月第三

星第四　雲第五　風第六

雷第七

天第一　敘事　河圖括地象云易有太極是生兩儀兩儀未分其氣混沌清濁既分伏者爲天偃

45　古今合璧事類備要　前集六十九卷後集八十一卷續集五十六卷別集九十四卷外集六十六卷

國家名錄號 08599

宋謝維新　虞載輯
明嘉靖三十一至三十五年（1552—1556）夏相刻本

每半頁八行，行十六字，小字雙行行二十四字，白口，單魚尾，左右雙邊
開本 24.9×17cm，半頁版框 29.2×14cm
九十六冊

卷端題“三衢夏相重摹宋板校刻”。卷前有顧可學、謝維新序。前集、後集、續集為謝維新輯，別集、外集為虞載輯。是書為我國古代著名之類書。分為天文、地理、歲時、氣候、占候、時令等門類，下續分子目，前列事類，後列詩歌。因所採皆宋以前書，存有大量他籍所未載之遺事佚詩，頗具文獻價值。

鈐“萬承記”（白方）、“徐潹菴”（白方）。（回達強）

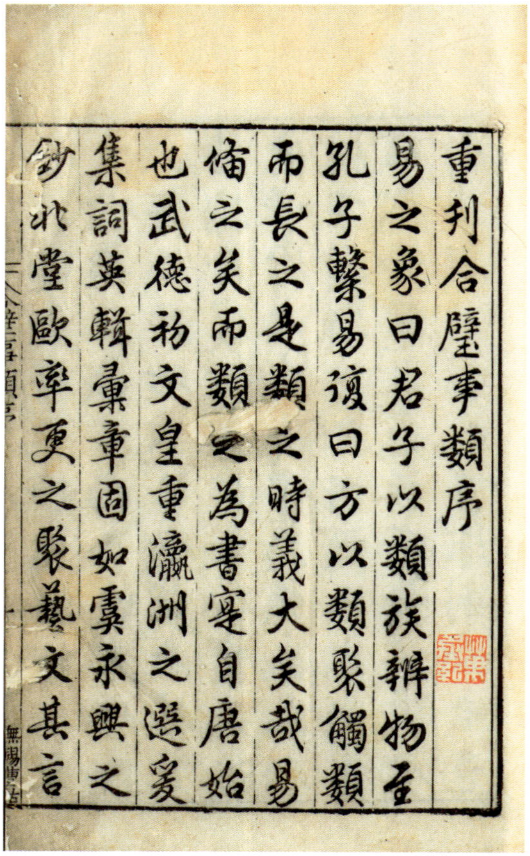
重刊合璧事類序
易之象曰君子以類族辨物至
孔子繫易復曰方以類聚觸類
而長之是類之時義大矣哉易
備之矣而類之為書寔自唐始
也武德初文皇重瀛洲之選爰
集詞英輯彙車固如雲永興之
鈔北堂歐率更之聚藝文其言

顧可學重刊序

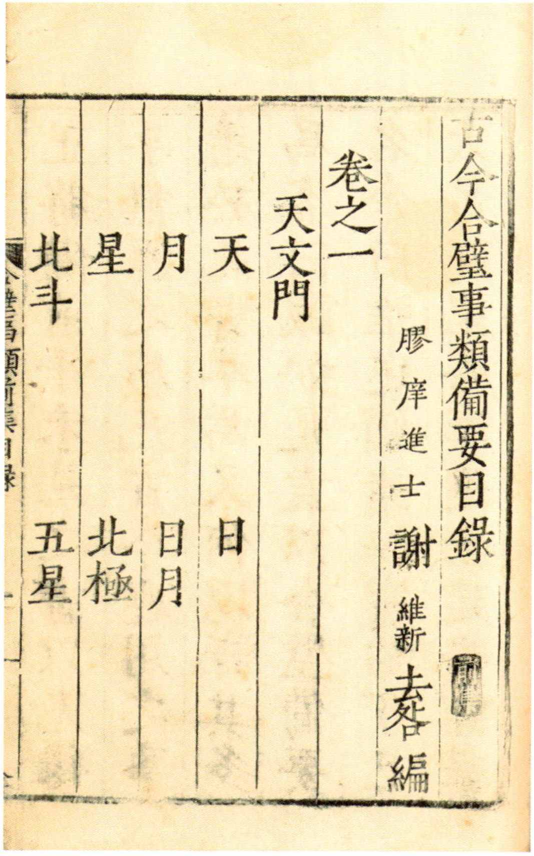
古今合璧事類備要目錄
膠庠進士謝維新去咎編
卷之一
天文門
天　日
月　日月
星　北極
北斗　五星

目錄

古今合璧事類備要卷之一　前集

天文門　三衢夏相重摹宋板校刻

天

事類　羣物之祖　天者｜｜｜｜也故偏覆包含而無所殊建日月風雨以和之經陰陽寒暑以成之前漢董仲舒傳　羣陽之精　天｜｜｜精也合爲太一分爲殊名故立字一大爲天春秋說題　高目下耳　敢問天聰明曰昭昭乎惟天爲聰惟天爲明夫能｜其｜而｜其｜者匪天也夫揚問明　積氣成形　杞國有憂天地崩墜者曉之曰天積氣耳亡處亡形奈何憂其崩列子　道猶張弓　天之｜其｜｜｜乎高者抑之下者舉之有餘者損之不足者補之老子　形如倚蓋　周髀家云

46　新增說文韻府群玉　二十卷

國家名錄號 08606

元陰時夫編 元陰中夫編註
明弘治六年（1493）劉氏日新書堂刻本

每半頁十一行，行二十九字，小字雙行同，黑口，雙順黑魚尾，四周雙邊
開本 26.2×15.4cm，半頁版框 20.1×13.3cm
二十册

卷前有至大庚戌（3 年，1310）江郫姚雲序，吳興趙孟頫題字，大德丁未（11 年，1307）陰竹埜序，延祐元年（1314）陰復春自序，陰勁弦自序。

元陰時夫輯《韻府群玉》，陰中夫作註，《四庫全書總目提要》稱“元代押韻之書，今皆不傳，傳者以此書為最古。世所通行之韻，亦即從此書錄出”。後之坊刻於每字音切之下續增許氏《說文》以明之，於各卷標題之首冠以“新增說文”四字，又成一系，為《新增說文韻府群玉》。是本凡例後木記有“是書元大德丁未瑞陽陰先生所編，板行久矣，至於皇明正統間，梁氏安定堂重刊，於各字下續增許氏《說文》，雖加詳明，然中間未免差舛闕畧，觀者不能無憾。本堂三復加校考，……今悉增入，幸得其全”等語，則似增入《說文》為明正統間梁氏安定堂首創。然楊守敬《留真譜初編》著錄至正十六年（1356）劉氏日新堂本凡例後木記稱“每字音切之下，續增許氏《說文》以明之”，則竄入《說文》已遠在元季矣。

卷一後有“弘治癸丑孟冬日新堂重刊”木記。卷二十後有“弘治癸丑劉氏重刊”木記持於納福童子手中，孫星衍《平津館鑒藏記補遺》稱“作人抱式”者，即指此也。劉氏日新堂，亦稱劉氏日新書堂，乃元代建陽人劉錦文之刻書坊，自元至明中期，刻書甚多。

鈐“扆硯齋圖書印”（朱方）、“會稽包氏宜仲家藏”（朱長）印，原係清包宜仲舊藏。（鄭曉霞）

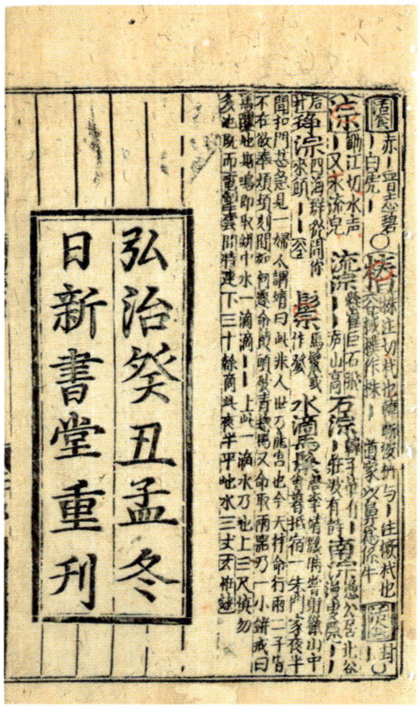

卷一末木記

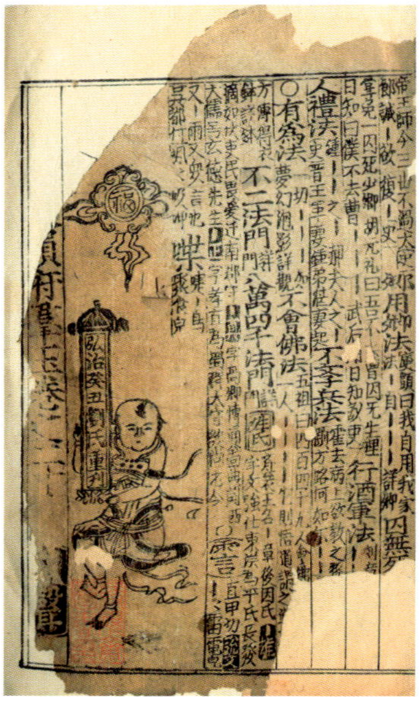
卷二十末木記

新增說文韻府羣玉卷之一 上平聲

晚學 陰時夫 勁弦 編輯

新吳 陰中夫 復春 編註

一東 獨用

〔韻〕東 德紅切〔說文〕東動也从日在木中〔漢志〕方陽氣動○夾漈鄭氏曰木若木也日所升降在上曰杲在中曰東在下曰杳一曰春方也〔記〕大明生於丨〔禮器〕〔詩〕我來自丨〔東山〕駕言徂丨〔車攻〕〔孟〕決諸丨方則丨流〔孟〕順流而丨行○坦腹丨宋詳床 道東 漢鄭玄事馬融辭歸融曰吾丨丨矣〔本〕 易東 丁寬奉易於田何賓東歸何日丨已丨矣〔本〕 乃東 夏枯草名丨丨冬至生後生五月枯〔本草〕 活東 科斗丨丨〔爾雅〕蝦蟆子○

⊕急就章白敦東亦曰敦湅以其凌寒而生 丁東 丁當珮声或謂丨丨〔詩〕緝東即當此 小東 丨丨大東杼柚其空〔詩〕言大小皆取於東國 閒

東 賓入不中門公事自闑西私事自丨丨〔記玉藻〕 門東 ○叫怒索飯啼丨丨〔杜〕謂庖廚丨在丨丨 天東 鼓角滿丨丨〔杜〕秀句滿丨丨〔荊公〕 墻

東 避世丨丨王君公〔逄萌〕〔傳〕○漢隱士王蓮仲也 江東 項羽敗还无面目見丨丨父老○韋叔謂謝莊曰丨丨无我鄉當独步○丨丨日暮春雲〔杜〕

山東 丨丨出相山西出將〔漢史〕○丨丨老羅思見德化〔賈山〕 遼東 官寺自欲老丨丨〔拔〕○宗李丨丨依公孫度■雖若將終焉 河東

47　聯新事備詩學大成 三十卷

國家名錄號 00831

元林楨輯
元刻本

每半頁十三行，行字數不等，小字雙行行二十五字，黑口，雙魚尾，四周雙邊
開本 23.1×15cm，半頁版框 19.8×12.9cm
十二冊

首為《聯新事備詩學大成目錄》。卷端署"後學三山林楨編集"。此書乃詩學類書，元人林楨增補宋人毛直方《詩學大成》而成。林楨，字以正，元後期人。籍貫三山（今福建福州）。授徒講學，曾整理《古文真寶》。全書分三十二門，凡八百一十九子目。目錄中的一百五十七子目下標示"新增"字樣，當為新增集者。正文每子目以事類起始，下接散對，皆二字偶對，再下分起、聯、結等句法，均為五字、七字。後間列古體。《聯新事備詩學大成》初刊于元代，有至正九年（1349）建甯路書市劉衡甫刻本。至正年間又刊有題名"增廣事聯詩學大成"類書一種。館藏此本朱文霆序已佚。行格細密，簡化字多。

鈐"明善堂覽書畫印記"（白長）、"恭邸藏書"（白方）、"雲山心賞"（朱方）、"寒雲秘笈珍藏之印"（朱長）、"愚齋圖書館藏"（朱方）。曾經清宗室怡府、恭邸遞藏。明善堂為怡府，其書多得自徐乾學、季振宜舊藏。《四庫》開館，天下藏書家積極回應，怡府獨不進呈，故罕本尤多。恭邸果恭親王，名弘瞻。雍正第七子，嗣果毅親王胤禮。受業于沈德潛。袁寒雲于民國四年（1915）得此善本，于目錄頁後鈐"寒雲秘笈珍藏之印"（朱長），《乙卯日記》正月十三日有記錄。（韓進）

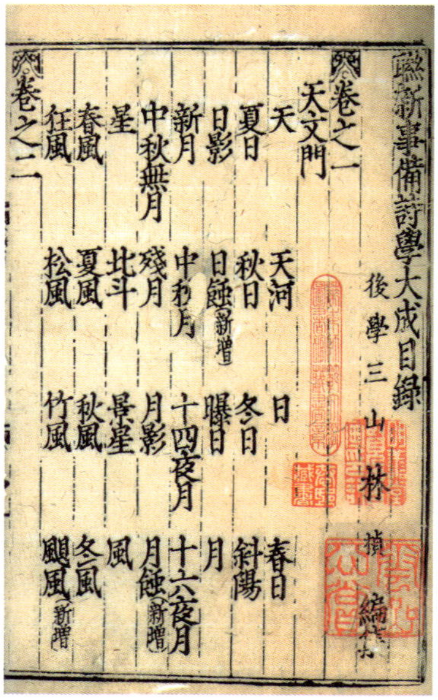
聯新事備詩學大成目錄
後學三山林楨編集
卷之一
天文門
天　天河　日　春日
夏日　秋日　冬日　斜陽
日影　日蝕（新增）　曬日　月
新月　中秋月　十四夜月　十六夜月
中秋無月　殘月　月影　月蝕（新增）
星　北斗　景星　風
春風　夏風　秋風　冬風
狂風　[illegible]　竹風　颶風（新增）
卷之二

鈐印

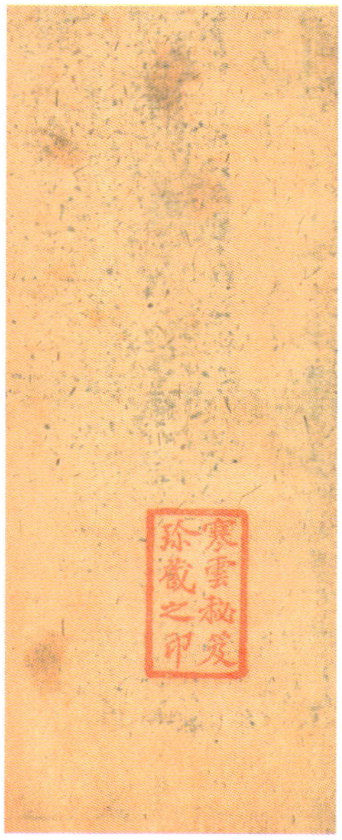

袁寒雲印

聯新事備詩學大成卷之一

後學三山林楨編集

○天文門

天

事類

四時之名 爾雅云春爲蒼天夏爲昊天秋爲旻天冬爲上天於春言色於夏言氣於秋言情於冬言

位以相備也 群物之祖 董仲舒傳天者丨丨丨也故徧覆包含而無所殊建日月風雨以和之經陰陽寒暑以

成之 陽精 春秋說題天者羣丨之丨 元氣 文中子天統丨丨 張弓 老子天之道其猶丨丨乎高者

抑之下者舉之有餘者損之不足者補之 倚蓋 晉天文志天形南高而北下日出高故見日入下故不見天之居如丨丨

故極在人北是其証也 蟻磨 晉天文志天員如倚蓋地方如棊局天旁轉半在地上半在地下日月本東行天西旋入

于海牽之以西如丨丨行丨上磨左旋蟻右行磨疾蟻遲不得不西 鼇極 列子斷丨丨足以立四丨 覆盆 王充

論衡曰天平与地无異若丨丨之状 轉轂 文渾天儀天形如彈子天大地小表裏有水地乘氣而立載水而浮天運如車

之丨 盤古分 文選渾天賦丨丨何神乃丨丨天地 女媧補 列子昔者丨丨氏煉五色石以丨丨

國憂 列子丨丨有人丨天崩墜身无所寄廢於寢之憂者曉之曰天積氣耳无処无形奈何而出

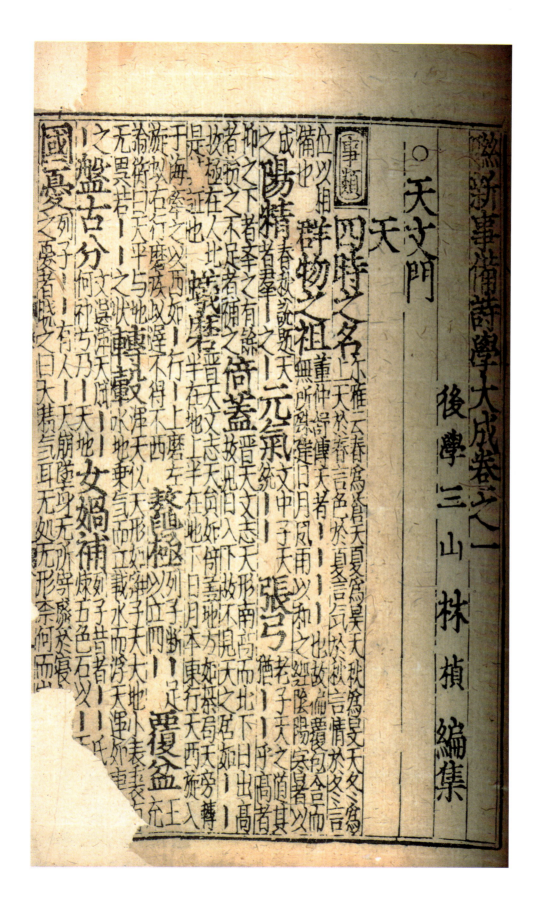

48 聯新事備詩學大成 三十卷

國家名錄號 00668

元林楨輯
明內府刻本

每半頁八行，行十五字，小字雙行行二十五字，黑口，雙魚尾，四周雙邊
開本 32×18.5cm，半頁版框 25.7×16.2cm
十二冊

書前有皇慶第一中秋毛直方序。次總目。卷端署“後學三山林楨編集”。此類“詩學大成”之兔園冊子，明代大盛。詩派之爭中，有云“復古”派作詩不過是遇題查湊《韻府群玉》、《詩學大成》、《萬姓統宗》、《廣輿記》四書而已。雖譏諷之語，亦可見此類書籍之盛行。《聯新事備詩學大成》迭經明內府、書坊多次刊刻，流布甚廣。其中嘉靖二十年（1541）建邑書林劉氏刻本，改題為“新刊京本校正增廣聯新事備詩學大全”，加署“朱國珍校正”，內容一仍其舊。坊間有仿《聯新事備詩學大成》體例，增損刪補、變易書名之多種詩學類書。此內府刻本紙質潔白，開本闊大，行格疏朗有致。

鈐“愚齋圖書館藏”（朱方），盛宣懷舊藏。（韓進）

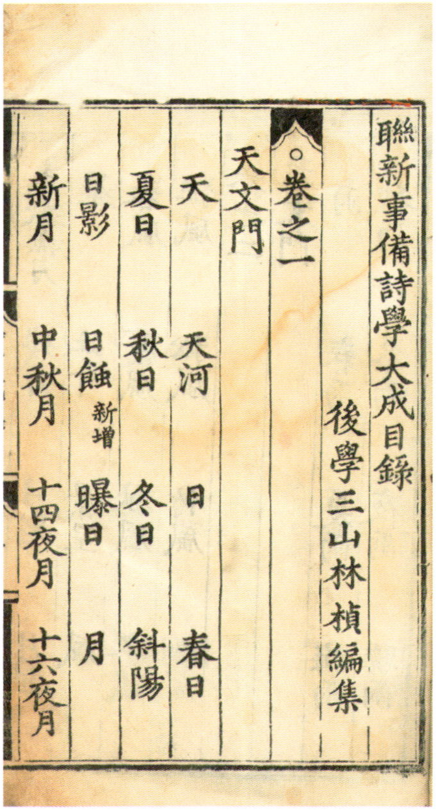
聯新事備詩學大成目錄
後學三山林楨編集
○卷之一
天文門
天 天河 日 春日
夏日 秋日 冬日 斜陽
日影 日蝕 新增 曝日 月
新月 中秋月 十四夜月 十六夜月

總目

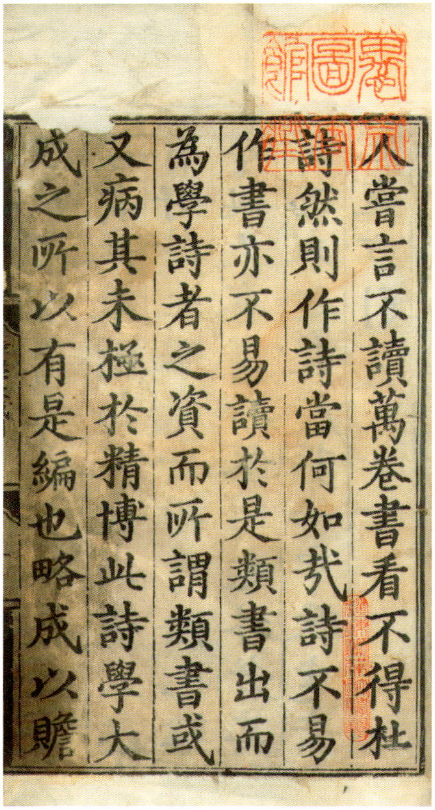
人嘗言不讀萬卷書看不得杜
詩然則作詩當何如哉詩不易
作書亦不易讀於是類書出而
為學詩者之資而所謂類書或
又病其未極於精博此詩學大
成之所以有是編也略成以贍

毛直方序

聯新事備詩學大成卷之一

後學三山林楨編集

天文門

天

事類

四時之名 爾雅云 春為蒼天夏為昊天秋為旻天冬為上天於春言色於夏言氣於秋言情於冬言位以相備也

群物之祖 董仲舒傳 天者丨丨丨丨也故徧覆包含而無所殊建日月風雨以和之經陰陽寒暑以成之

陽精 春秋說題 天者羣丨之丨丨

元氣 文中子 天統丨丨

張弓 老子 天之道其猶丨丨乎高者抑之下者舉之有餘者損之不足者補之

倚蓋 晉天文志 天形南高而北下日出高故見日入下故不見天之居如丨丨

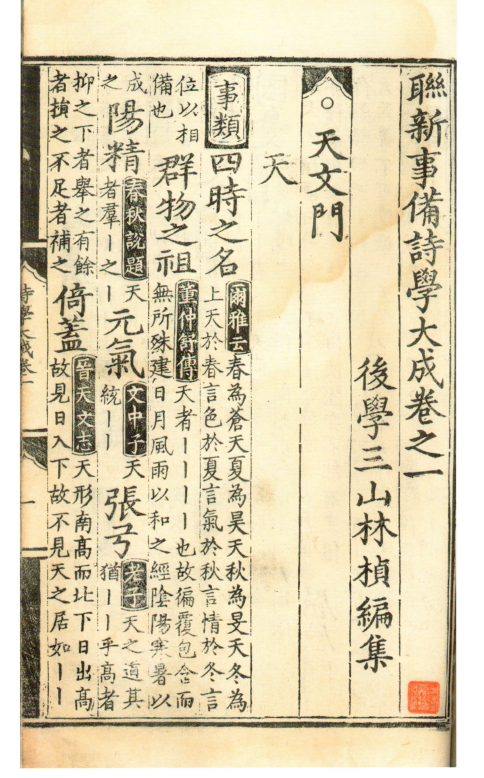

49 原始祕書 十卷

國家名錄號 10531

明朱權輯
明刻本

每半頁十二行，行二十二字，黑口，雙魚尾，四周雙邊
開本 30.4×17.2cm，半頁版框 23.5×15.5cm
六冊

朱權（1378—1448），號臞仙，又號涵虛子。明太祖朱元璋第十七子，洪武二十四年 (1391) 封寧王，為避嫌遠害，養晦韜光，寄心書史，博古好學，凡羣書有秘本，莫不刊布之。著述甚富，惜多已失傳。《明史》有傳。

是書初名《庚辰集》，為朱權所輯類書。《愚齋圖書館書目》卷五子部將該書定為“永樂辛卯刻本”。前依次為□□（按，墨釘處當爲“建文”二字）改元之二年庚辰（1400）年十一月朱權寫於燕山旅邸之自序、同年正月甯王僚屬兼校書者陳尚明之跋、永樂九年九月朱權之識。

全書分五十七門，門下又有小目，以君臣德政門最詳，可見朱權於王業治道關切之深。該書旨在“原本思宗”，推究“三才之本”與“萬類之始”。朱權以此書為“不刊之典”，并希望子孫寶而藏之，“永為家傳授受之祕”。然由於不得已之故，永樂刻本曾刪去五百餘條，朱權對此深致惋惜曰：“但惜乎事物之不備，以為斷簡殘編耳。知我者，其惟是書乎！”

朱權曾自許此書“啓先聖之所未露，發先儒之所未言，比之古《事物紀原》，過亦遠矣”，然《四庫全書總目提要》云：“是書體例與《事物紀原》相類，而荒謬特甚。”後姚覲元《清代禁毀書目四種》將此書列入“外省移咨應燬各種書目”中。

鈐“愚齋圖書館藏”（朱方）、“太原慶昌珍藏”（朱方）、“慶昌”（白長）、“雨湘”（朱長）、“惟癸巳吾以降”（朱方）等印。可知曾為清代王慶昌等人收藏。（曾慶雨）

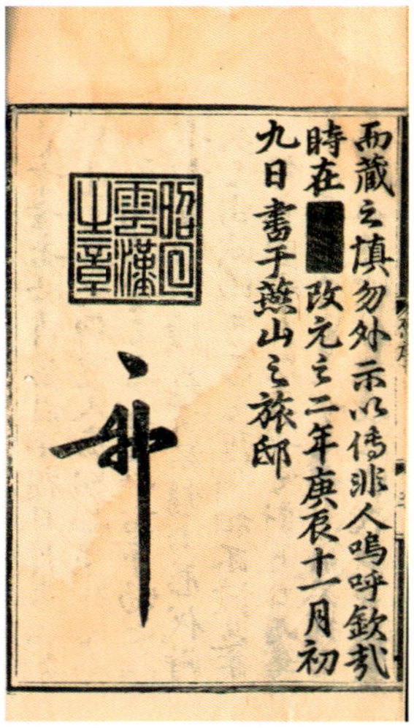

而藏之慎勿外示以傳非人嗚呼欽哉
時在[redacted]改元之二年庚辰十一月初
九日書于燕山之旅邸

建文二年朱權序

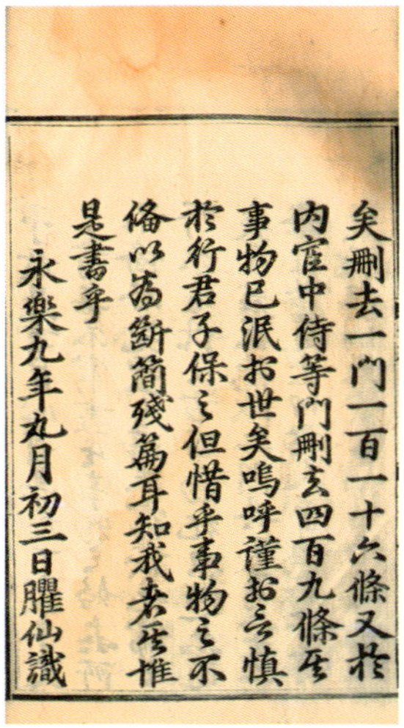

矣刪去一門一百一十六條又於
內宦中侍等門刪去四百九條至
事物已泯於世矣嗚呼謹於之慎
於行君子保之但惜乎事物之不
備以為斷簡殘篇耳知我者其惟
是書乎
永樂九年九月初三日臞仙識

永樂九年朱權序

原始祕書 卷一

涵虛子臞仙製

開闢造化門

元氣 伯陽父曰有物混成先天地生獨立而不改周行而不殆可以為天地母未有天地之時其氣混沌如鷄子溟涬始芽鴻濛滋萌太極元氣函三為一極中也元始也清輕者上為天濁重者下為地冲和之氣為人芒雜之氣為物昔在天地未分之前元氣混而為一是太初太一也道德經曰道生一一生二即此太極之元氣也

50 大般涅槃經 卷第六

國家名錄號 00022

北涼釋曇無讖譯
唐寫本

首殘尾脱，長度 836.5 cm，高度 27cm
紙張數十九，總行數四九六
烏絲欄

館藏《大般涅槃經》屬異卷系統。所謂“異卷”，乃指其分卷異於歷代大藏經。以《大正藏》本為準，則該卷文字分置於《大正藏》本卷六之後部與卷七之前部。卷首有勘記，末有尾題“大般涅槃經卷第六”。烏絲欄，近五百行，長度過八米，品相佳。第十八紙正面、背面有青色顏料點，卷尾背面有一“大”字。尤具有價值者，該卷《大般涅槃經》前十四紙有簾紋，為南北朝至隋、初唐時期造紙工藝，末五紙則無簾紋，乃唐代新造紙工藝之產品。新舊兩種工藝，同存一件之中，此卷實為典型。（韓進）

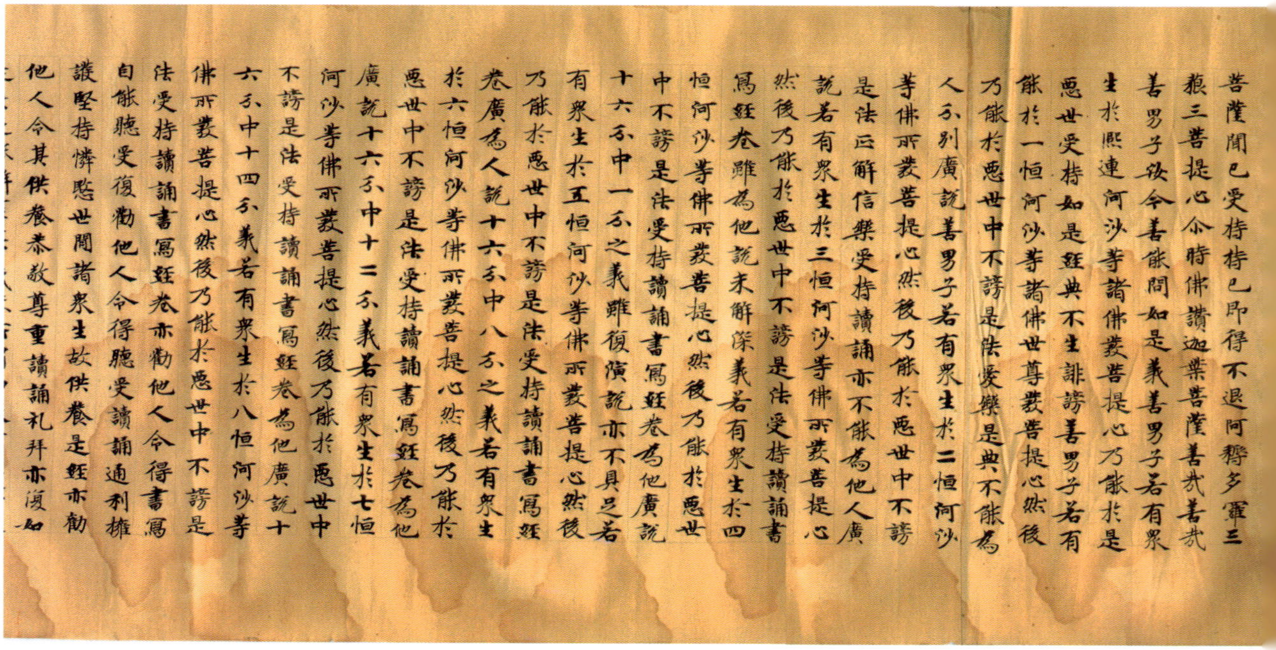

大般涅槃经

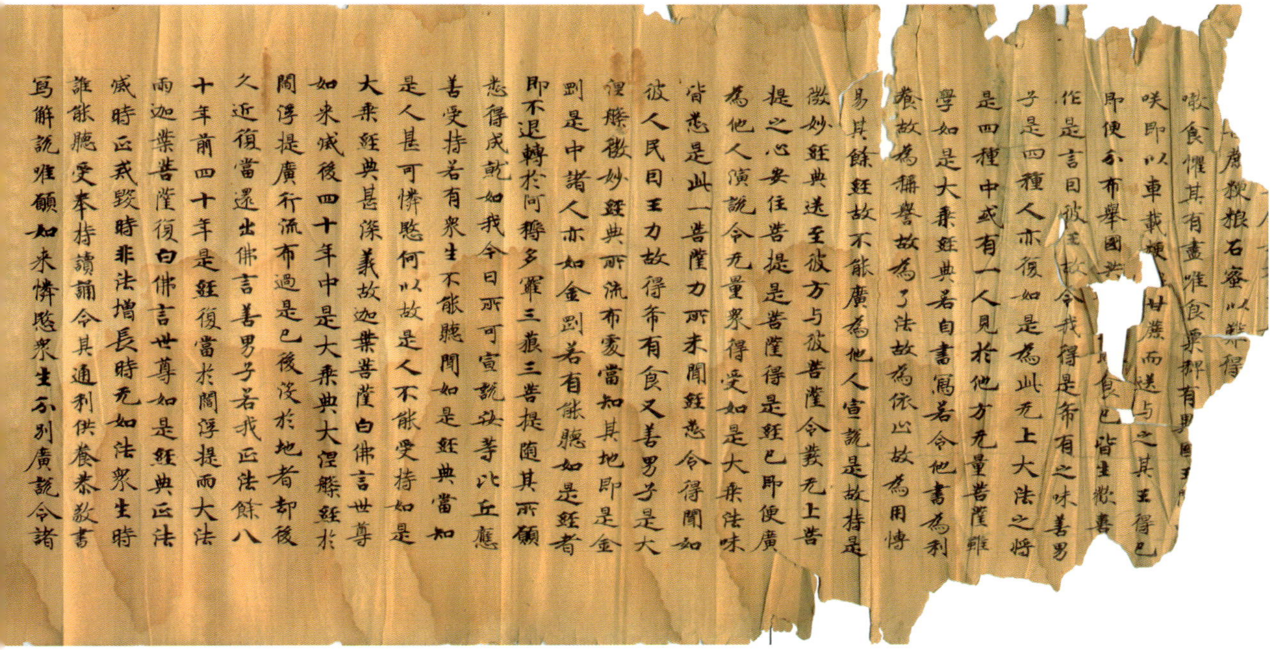
…庶糗粮石蜜以…得
噉食憚其有盡唯食粟秤有男…
咲即以車載…甘蔗而送与之其王得已
即便分布舉國…食已皆生歡喜
作是言曰彼王故令我得是希有之味善男
子是四種人亦復如是為此无上大法之將
是四種中或有一人見於他方无量菩薩雖
學如是大乘經典若自書寫若令他書為利
養故為稱譽故為了法故為依止故為用博
易其餘經故不能廣為他人宣說是故持是
微妙經典送至彼方与彼菩薩令發无上菩
提之心安住菩提是菩薩得是經已即便廣
為他人演說令无量眾得受如是大乘法味
皆悉是此一菩薩力所未聞經悉令得聞如
彼人民因王力故得希有食又善男子是大
涅槃微妙經典所流布處當知其地即是金
剛是中諸人亦如金剛若有能聽如是經者
即不退轉於阿耨多羅三藐三菩提隨其所願
悉得成就如我今日所可宣說汝等比丘應
善受持若有眾生不能聽聞如是經典當知
是人甚可憐愍何以故是人不能受持如是
大乘經典甚深義故迦葉菩薩白佛言世尊
如來滅後四十年中是大乘典大涅槃經於
閻浮提廣行流布過是已後沒於地者却後
久近復當還出佛言善男子若我正法餘八
十年前四十年是經復當於閻浮提雨大法
雨迦葉菩薩復白佛言世尊如是經典正法
滅時正戒毀時非法增長時无如法眾生時
誰能聽受奉持讀誦令其通利供養恭敬書
寫解說唯願如來憐愍眾生分別廣說令諸

51 鎮州臨濟慧照禪師語錄 不分卷

國家名錄號 07197

唐释惠然集
宋刻本

每半頁十一行，行二十字，白口，左右雙邊
開本 22.5×15.4cm，半頁版框 17.4×12.1cm
一冊

臨濟慧照禪師名義玄，唐代禪宗大德，曹州南華人，姓邢氏。《語錄》為義玄門人、住三聖嗣法小師惠然集（磧藏《古尊宿語錄》），首有宣和庚子延康殿學士金紫光祿大夫真定府路安撫使兼馬步軍都總管兼知成德軍府事馬防序，內容包括《語錄》、《勘辨》及《行錄》（義玄門人、住鎮州保壽嗣法小師延沼所撰）。

此本為義玄門人存獎校勘（卷末刻有“住大名府興化嗣法小師 存獎 校勘”一行），字體當爲南宋浙刻風格，第八頁小楷抄配。版心以“臨濟”、“臨”為書名，首頁版心下鐫“徐文泳”，當為刻工姓名。明清時代以來，該書在日本廣為刻傳。《稿本中國古籍善本書目》所錄與此本信息同。

鈐“滄葦”（朱方）、“季振宜藏書”（朱長）、“季振宜印”（朱方）、“御史之章”（白方）、“韓氏藏書”（白方）、“國楨私印”（白方）、“國立暨南大學圖書珍藏”等。（周保明）

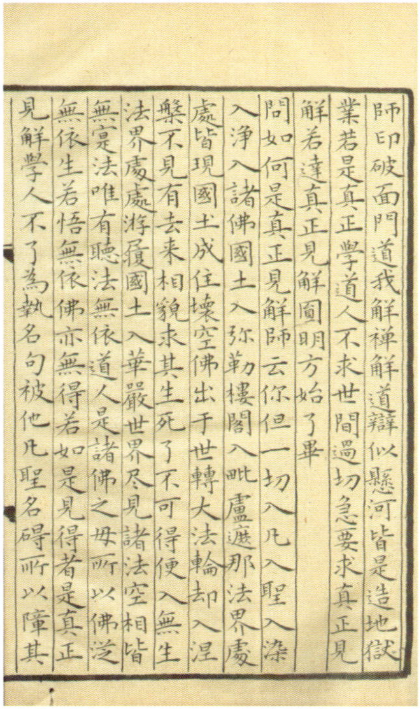
師印破面門道我解禪解道辯似懸河皆是造地獄
業若是真正學道人不求世間過切急要求真正見
解若達真正見解圓明方始了畢
問如何是真正見解師云你但一切入凡入聖入染
入淨入諸佛國土入弥勒樓閣入毗盧遮那法界處
處皆現國土成住壞空佛出于世轉大法輪却入涅
槃不見有去來相貌求其生死了不可得便入無生
法界處處游履國土入華嚴世界尽見諸法空相皆
無寔法唯有聽法無依道人是諸佛之母所以佛從
無依生若悟無依佛亦無得若如是見得者是真正
見解學人不了為執名句被他凡聖名碍所以障其

抄配頁圖示

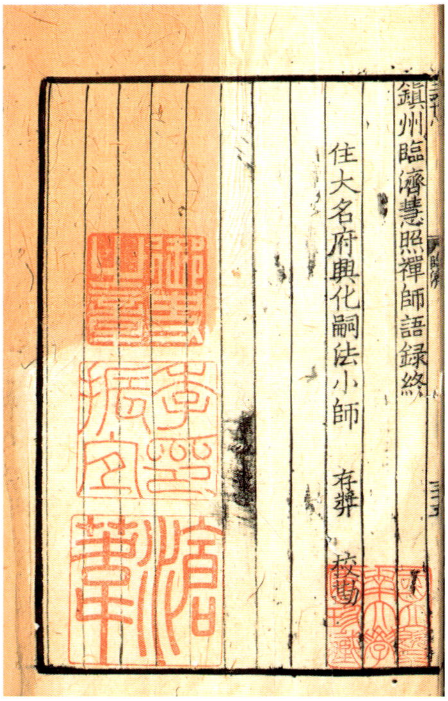
鎮州臨濟慧照禪師語録終
住大名府興化嗣法小師 存奬 校勘

末頁

鎭州臨濟慧照禪師語録

住三聖嗣法小師　慧然　集

府主王常侍與諸官請師升座師上堂云山僧今日事不獲已曲順人情方登此座若約祖宗門下稱揚大事直是開口不得無你措足處山僧此日以常侍堅請那隱綱宗還有作家戰將直下展陣開旗麽對衆證據看　僧問如何是佛法大意師便喝僧禮拜師云這箇師僧却堪持論　問師唱誰家曲宗風嗣阿誰師云我在黄檗處三度發問三度被打僧擬議師便喝隨後打云不可向虚空裏釘橛去也　有座主問三乘十二分教豈不是明佛性師云荒草不曾

52 雲峰悅禪師語錄 不分卷

國家名錄號 03073

宋釋齊曉编
宋刻本

每半頁十二行，行二十字，白口，雙黑魚尾，左右雙邊
開本 22.5×15.4cm，半頁版框 17.4×12.1cm
一冊

雲峰禪師名文悅，北宋禪宗大德，南昌人，姓徐氏，北宋仁宗嘉祐年間仍在世。《語錄》為其門人齊曉所輯（蹟藏《古尊宿語錄》），此本前有楊傑序、後有黃庭堅跋，序、跋盡顯作者對雲峰禪師敬仰之情。

此本字體爲南宋浙刻風格，内容依次為初住翠巖語錄、次住法輪語錄、後住雲峯語錄。語錄後另有詩作若干，包括雲峰禪師與其他禪師的唱和，亦收錄他人應答二首。首頁版心下鐫一“徐”字，當為刻工徐文泳。版心以“峯”、“雲峯”代替書名。

鈐“季振宜藏書”（朱長）、“韓氏藏書”（白方）、“國楨私印”（白方）、“國立暨南大學圖書珍藏”（朱方）。（周保明）

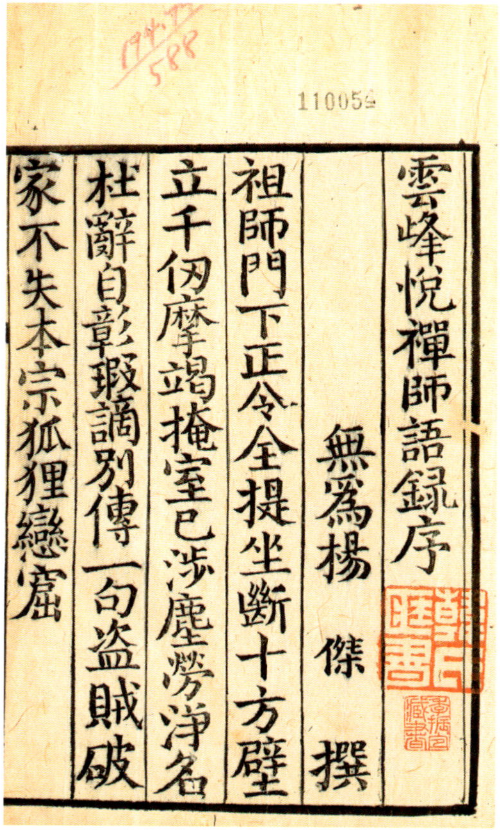

雲峯悅禪師語錄序
無爲楊 傑 撰
祖師門下正令全提坐斷十方壁
立千仞摩竭掩室已涉塵勞淨名
杜辭自彰瑕謫別傳一句盜賊破
家不失本宗狐狸戀窟

楊傑序

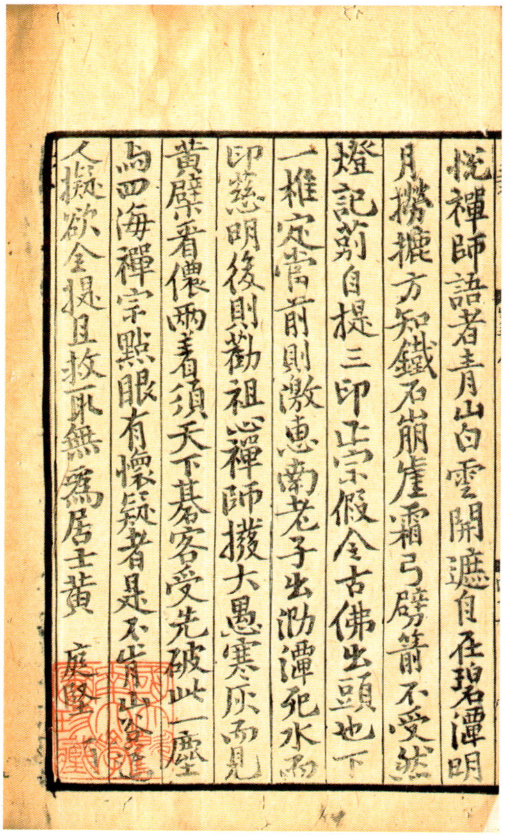

悅禪師語者青山白雲開遮自在碧潭明
月撈摝方知鐵石崩崖霜弓劈箭不受然
燈記莂自提三印正宗假令古佛出頭也不
一椎定當前則激惠南老子出沕潭死水而
印慈明後則勸祖心禪師撥大愚寒灰而見
黃檗看儞兩者須天下甚客受先破此一塵
為四海禪宗點眼有懷疑者是不肯此段
人擬欲全提且救取無為居士黃 庭堅

黃庭堅跋

悅禪師初住翠巖語錄

門人　齊曉　編

師在同安受請陞座僧問師唱誰家曲宗風嗣阿誰師云新長老不荅話進云恁麼則大愚的子汾陽親孫師云放你二十棒　師乃云山僧今日平地喫交了也你等諸人還知敗闕麼然官不容針私通車馬拍禪床下座

次夜小參僧問昔日靈山分半座二師今日意如何師云天高誰側首進云恁麼則昔日靈山今日翠巖也師云地闊少知音學人唱師便打僧問抱璞投師請師雕琢師云不雕琢進云爲什麼不雕琢師云雲從龍風從虎僧問佛不化本國和尚爲什麼歸鄉住

集部

53/54　楚辭　十七卷附錄一卷

國家名錄號 05063 /05064

宋洪興祖　明劉鳳等注　明陳深批點
明萬曆二十八年（1600）凌毓枏刻朱墨套印本

每半頁八行，行十八字，白口，四周單邊
開本 27.3×18cm，半頁版框 21.7×14.8cm
四冊

卷端署“王逸敘次，陳深批點”。劉鳳，字子威，長洲人。嘉靖二十三年（1544）進士，官至河南按察使僉事。家多藏書，有《子威集》等。陳深，字子淵，長興人。嘉靖四年（1525）舉人，官至雷州府推官。文章創作上陳深主張“辭麗”、“道明”相統一，對於《楚辭》評點文學性的建立具有重要推動作用。其《楚辭》評點於明萬曆時期頗有影響，凌氏此本為集評本，收其批語二十三條。該本問世後，產生了較大影響。卷首“楚騷附錄”有王穉登書司馬遷《屈原贾生列传》，劉勰《辨騷》、《王逸楚詞十七卷》。卷後有凌毓枏序。每卷書眉有朱色批註，文內有朱色圈點及夾注。（李善强）

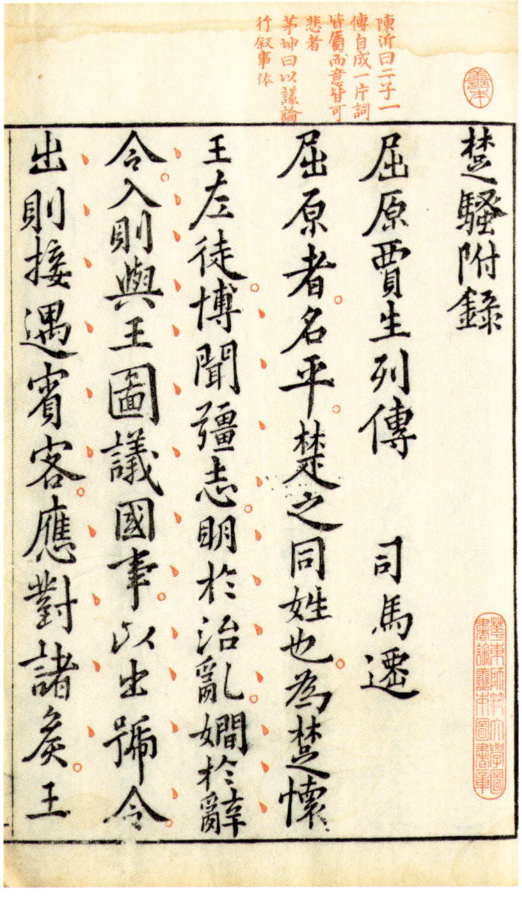
陳沂曰二子一傳自成一片詞皆屬而意皆可悲者
茅坤曰以議論行叙事体

楚騷附錄
屈原賈生列傳　司馬遷
屈原者名平楚之同姓也為楚懷
王左徒博聞彊志明於治亂嫻於辭
令入則與王圖議國事以出號令
出則接遇賓客應對諸侯王

楚騷附錄

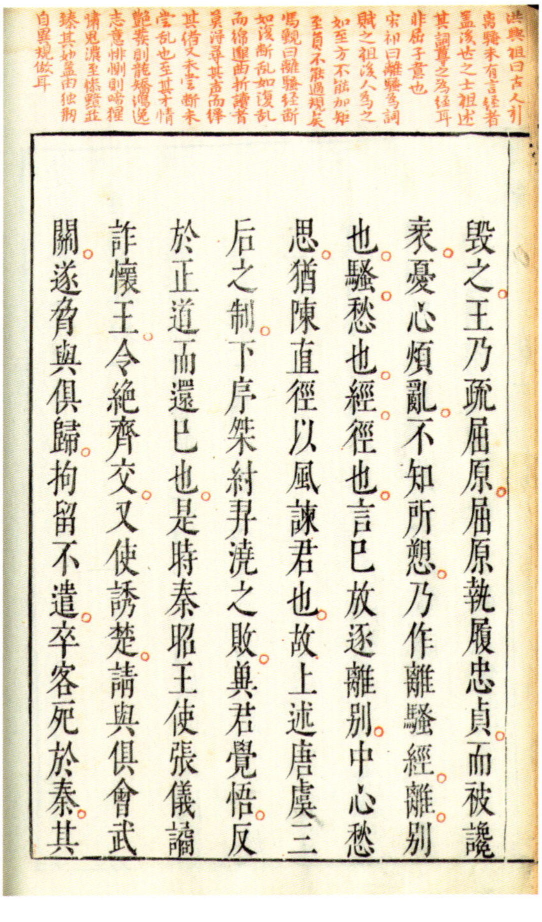
洪興祖曰古人引離騷未有言經者蓋後世之士祖述其詞尊之為經耳非屈子意也
宋祁曰離騷為詞賦之祖後人為之如至方不能加矩至員不能過規矣
馮覲曰離騷經斷如復斷亂如復亂而綿邈曲折讀者莫得尋其声而繹其緒又未嘗斷未嘗亂也至其才情艷藻則能矯鴻逸志意悱惻則啼猩情兒濃至悽黯莊臻其妙蓋由独朔自異規做耳

毀之王乃疏屈原屈原執履忠貞而被讒
衺憂心煩亂不知所愬乃作離騷經離別
也騷愁也經徑也言已放逐離別中心愁
思猶陳直徑以風諫君也故上述唐虞三
后之制下序桀紂羿澆之敗冀君覺悟反
於正道而還已也是時秦昭王使張儀譎
詐懷王令絕齊交又使誘楚請與俱會武
關遂脅與俱歸拘留不遣卒客死於秦其

卷一

蘇轍曰吾讀楚辭以為除書
李奎曰楚辭氣悲
劉鳳曰詞賦之有屈子猶觀遊之有蓬閬從遊之有溟海也
賈昌曰騷者愁也始乎屈原為君昏暗時寵乎讒佞之臣含忠抱素進於逆耳之諫君暗不納放之湘南遂為離騷經以香草比君子以美人喻其君乃变風而入其騷刺之貴正其風而歸於化也

楚辭卷之一

王逸叙次　陳深批點

離騷經第一

離騷經者屈原之所作也屈原與楚同姓仕於懷王為三閭大夫三閭之職掌王族三姓曰昭屈景屈原序其譜屬率其賢良以厲國士入則與王圖議政事決定嫌疑出則監察羣下應對諸侯謀行職修王甚珍之同列大夫上官靳尚妒害其能共譖

55　類箋唐王右丞詩集　十卷文集四卷外編一卷年譜一卷唐諸家同詠集一卷贈題集一卷歷朝諸家評王右丞詩畫抄一卷

國家名錄號 05149

唐王維撰 明顧起經輯
明嘉靖三十五年（1556）顧氏奇字齋刻本

每半頁九行，行十八字，小字雙行同，白口，單黑魚尾，左右雙邊，板心上端鐫“奇字齋”，下端鐫寫刊者姓名
開本 28.7×17.5cm，半頁版框 20.4×15.1cm
八冊

卷首顧起經《題王右丞詩箋小引》，文後有“嘉靖卅四季涂月白分錫武陵家墅刻”一行；次唐王縉《唐進王右丞集表》《唐代宗皇帝批答手敕》；後有“丙辰孟陬月得辛日錫山武陵顧伯子圖籍之字刊”木記；次明顧起經輯《唐王右丞集外編》，末書“丙辰挾日刻”；次明顧起經編輯《唐諸家同詠集》、《歷朝諸家評王右丞詩話鈔》；次凡例；次《類箋唐王右丞詩集》目錄，後署“歲丙辰中春上旬顧氏奇石清漣山院栞”；次《唐王右丞文集》標目；次無錫顧氏奇字齋開局氏里，後書“自嘉靖三十四年十二月望授鋟，至三十五年六月朔完局，冠龍山外史謹記”。

詩卷一後署“歲丙辰上巳初吉錫山顧氏刻于待沐園”，卷二後署“丙辰寎月上弦長康外圃刻”，卷三後署“丙辰春莫浹辰梓於宛在亭”，卷四末署“丙辰三月旬又八日立夏顧氏祇洹館刻”，卷五末署“丙辰余月四之日小滿刻于對山開卷之閣”，卷七末署“丙辰長嬴幾望水木清華亭刻”，卷八末署“丙辰夏五端三日鋟於木瓜亭”，卷十末署“丙辰皐月下澣之吉端居靜思之堂刊”。

宋槧之外，該本在傳世王集中獨樹一幟。《天祿琳琅書目》十按語云此書“版雕不能甚工，而字畫清朗，尚稱佳本。”《天祿琳琅書目後集》十八另錄兩顧編本，注云：“詩十卷，分體分類，起經注；文四卷，賦、表、狀、露布、書、序、記、讚、碑、墓誌、哀詞、祭文六十四首，無注。” 可見其鄭重經營者在詩。（鄭曉霞）

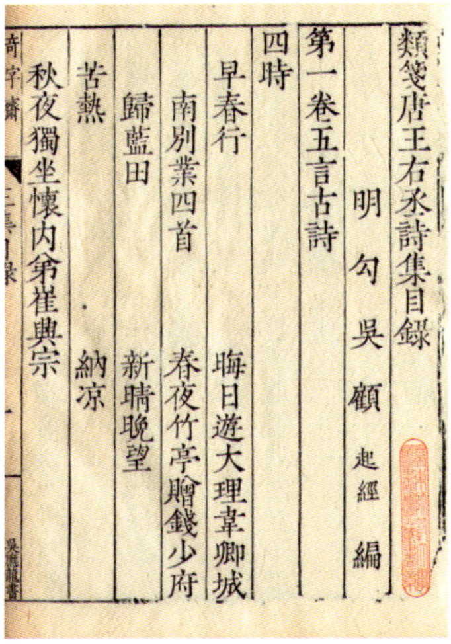
類箋唐王右丞詩集目錄
明　勾吳顧　起經　編
第一卷五言古詩
四時
早春行　晦日遊大理韋卿城
南別業四首　春夜竹亭贈錢少府
歸藍田　新晴晩望
苦熱　納涼
秋夜獨坐懷內弟崔興宗

目錄

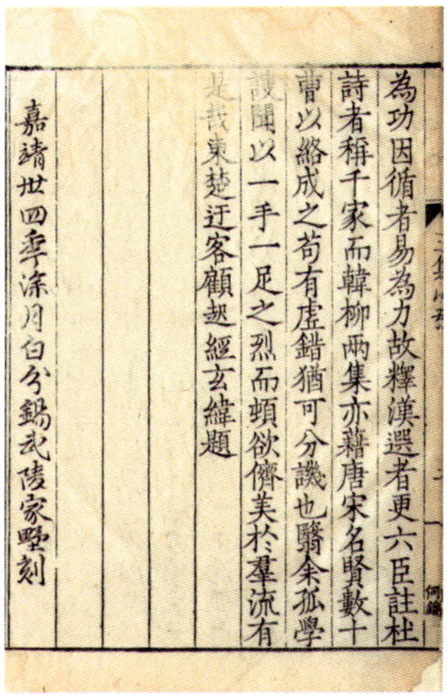
為功因循者易為力故釋漢選者更六臣註杜
詩者稱千家而韓柳兩集亦藉唐宋名賢數十
曹以絡成之苟有虛錯猶可分識也驥余孤學
謏聞以一手一足之烈而頻欲儕美於羣流有
是哉東楚迂客顧起經玄緯題
嘉靖卅四季涂月白分錫武陵家墅刻

題王右丞詩箋小引末頁題識

類箋唐王右丞詩集卷之一

唐　藍田　王　維　譔
宋　廬陵　劉辰翁　評
明　勾吳　顧起經　註

五言古詩

四時

早春行

紫梅發初遍黃鳥歌猶澁誰家折楊女弄春如不及愛水看粧坐羞人映花立香畏風吹散衣

57　分類補注李太白詩集　二十五卷

國家名錄號 05172

唐李白撰 宋楊齊賢集注 元蕭士贇補注 年譜一卷 宋薛仲邕撰
明嘉靖二十五年（1546）玉几山人刻本

每半頁八行，行十七字，小字雙行同，白口，雙魚尾，四周雙邊
開本 27.5 × 17.7cm，半頁版框 22.4 × 14.3cm
十二冊

卷端署“春陵楊齊賢子見集註”、“章貢蕭士贇粹可補註”、“大明嘉靖丙午玉几山人校刻”。卷首有李陽冰寶應元年《唐翰林李太白詩序》、樂史咸平元年《後序》、劉全白貞元六年《唐翰林李君碣記》、宋敏求等《後序》、蕭士贇《序例》、薛仲邕《唐翰林李太白年譜》。

鈐“曉霞藏本”（朱長）、“曉霞”（朱方）、“徐鈞印信”（白方）、“愛日館收藏印”（朱長）、“劉氏康來”（白方）、“琢珊”（朱方）、“徐鈞”（白方）、“徐鈞印”（白方）等印。（李善强）

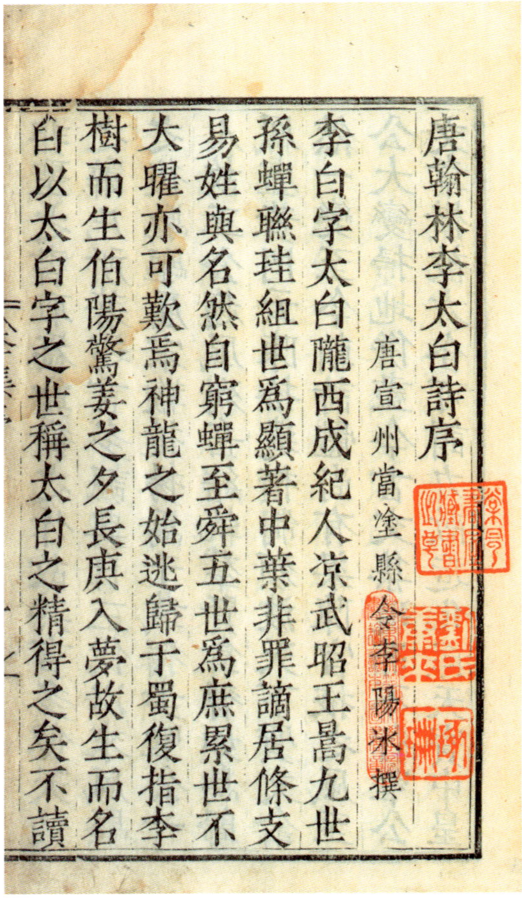
唐翰林李太白詩序
唐宣州當塗縣令李陽冰撰
李白字太白隴西成紀人凉武昭王暠九世孫蟬聯珪組世爲顯著中葉非罪謫居條支易姓與名然自窮蟬至舜五世爲庶累世不大曜亦可歎焉神龍之始逃歸于蜀復指李樹而生伯陽驚姜之夕長庚入夢故生而名白以太白字之世稱太白之精得之矣不讀

唐翰林李太白詩序

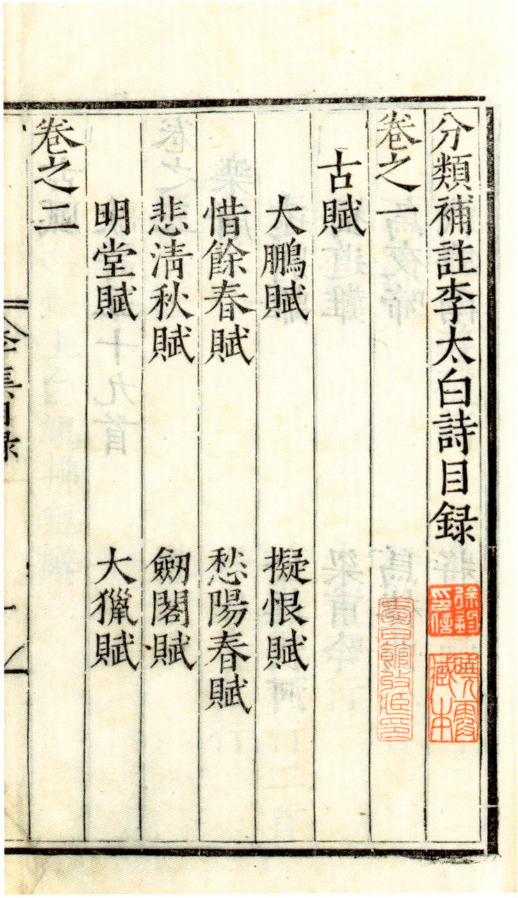
分類補註李太白詩目錄
卷之一
古賦
大鵬賦　擬恨賦
惜餘春賦　愁陽春賦
悲清秋賦　劍閣賦
明堂賦　大獵賦
卷之二

目錄

分類補註李太白詩卷之一

古賦八首　春陵楊齊賢子見集註

章貢蕭士贇粹可補註

大明嘉靖丙午玉几山人校刻

大鵬賦并序

余昔於江陵見天台司馬子微士贇曰唐書司馬承禎字子微洛州人事潘師正傳辟穀導引術無不通徧遊名山廬天台不出睿宗召至問道開元中再被召卒年八十九沈玢續仙傳以爲尸解弟子葬其衣冠雲笈七籤天台赤城山

58 杜律五七言 四卷

國家名錄號 10584

唐杜甫撰 元趙汸、虞集註
明嘉靖龔雷刻本

每半頁八行，行十八字，小字雙行同，白口，單魚尾，四周雙邊。
開本 25.1×16.7cm，半頁版框 17.5×12.8cm
四冊

龔雷，字明威，明嘉靖長洲人。曾刻印過《鮑氏戰國策註》十卷，《陶淵明集》十卷《附錄》二卷，元趙汸、虞集註《杜工部五七言律詩》四卷。

是書分《杜工部五言律詩》與《杜工部七言律詩》各二卷。五言為趙汸註，前依次為劉煦《舊唐書 · 杜甫傳》、正德甲戌年（1514）會稽董玘《杜律趙註引》及吳郡都穆寫於同年之識。分感時、羈旅、閑適、宗族、朋友、送別、哀悼、登眺、感舊、節序、天文、禽獸、題詠諸類。七言題為虞集註，然論者多疑為他人僞託虞氏之作。前有廬陵楊士奇《杜律虞註序》。分紀行、述懷、懷古、將相、宮殿、省宇、居室、題人屋壁、宗族、隱逸、釋老、寺觀、四時、節序、晝夜、天文、地理、樓閣、眺望、亭榭、果實、舟楫、橋梁、燕飲、音樂、禽獸、蟲類、簡寄、尋訪、酬寄、送別、雜賦諸類。後有龔雷跋，說明將五言趙註與七言虞註同刻之緣起。五言二卷中，每首詩上端有閱者用墨筆標出該詩所屬韻部；七言二卷中，所標韻部處多有挖去痕跡。間有朱筆、墨筆兩種圈點。

鈐“一點素心”（朱方）、“念慈堂”（朱長）、“懋登父”（朱方）、“樹德堂沈氏珍藏”（朱長）、“張穀蓀印”（白方）、“梅江之子”（朱方）、“程幹松印”（朱橢）、“硯山主人”（朱長）、“曾藏當湖徐眉似家”（白方）、“東海拙逸者”（白長）、“亞槑”（朱橢）、“大文彌樸”（朱橢）、“沈廉伯印”（白方）諸印。（曾慶雨）

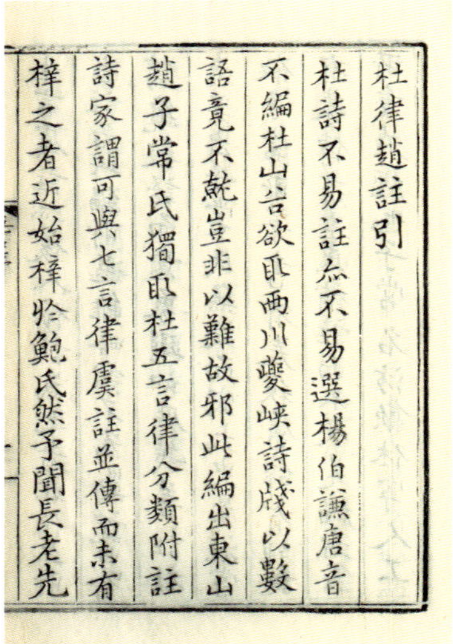
杜律趙註引
杜詩不易註亦不易選楊伯謙唐音
不編杜山谷欲取西川夔峽詩戕以數
語竟不就豈非以難故耶此編出東山
趙子常氏獨取杜五言律分類附註
詩家謂可與七言律虞註並傳而未有
梓之者近始梓於鮑氏然予聞長老先

董玘引

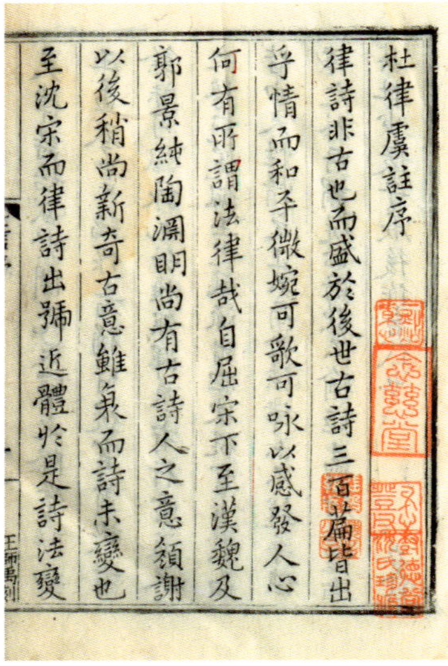
杜律虞註序
律詩非古也而盛於後世古詩三百篇皆出
乎情而和平微婉可歌可咏以感發人心
何有所謂法律哉自屈宋下至漢魏及
郭景純陶淵明尚有古詩人之意顏謝
以後稍尚新奇古意雖存而詩未變也
至沈宋而律詩出號近體於是詩法變

楊士奇序

八齊

杜工部五言律詩上卷

十八年夏六月讀

元趙汸子常註

朝省 二首

晚出左掖 宣政殿左右有中書門下二省公時為左拾遺屬門下故曰左掖

晝刻傳呼淺、春旗簇仗齊、退朝花底散○歸院柳邊迷○左掖即左省此詩乃出省後所賦起句先言立朝之景、三四退朝歸省之景、樓雪融城濕○宮雲去殿低○五六乃省中所見之景避人焚諫

59　韓文 四十卷外集十卷集傳一卷遺集一卷　　國家名錄號 05304

唐韓愈撰
明嘉靖三十五年（1556）莫如士刻韓柳文本

每半頁十一行，行二十二字，白口，雙魚尾，左右雙邊
開本 26.5 × 16.3cm，半頁版框 18.3 × 13.3cm
十二冊

卷端署“明巡按直隸監察御史新會莫如士重校”。卷首有嘉靖三十五年王材《寧國郡重刻韓柳文序》，次游居敬嘉靖十六年《刻韓柳文序》，次李漢《韓文序》。

王重民《中國善本書提要》云：“按此本原為嘉靖十六年巡按直隸監察御史游居敬所刻，後十九年，莫如士出按南畿，改換題銜，攘為己刻。”（李善强）

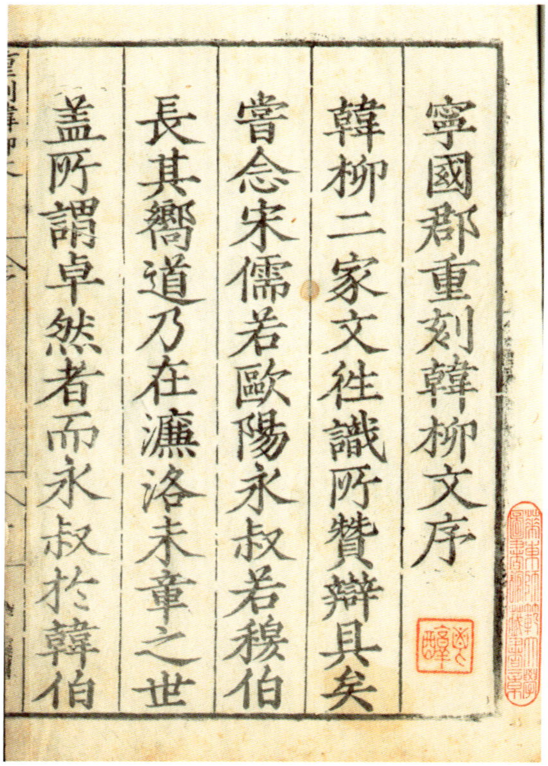
寧國郡重刻韓柳文序
韓柳二家文往識所贊辯具矣
嘗念宋儒若歐陽永叔若穆伯
長其嚮道乃在濂洛未章之世
蓋所謂卓然者而永叔於韓伯

寧國郡重刻韓柳文序

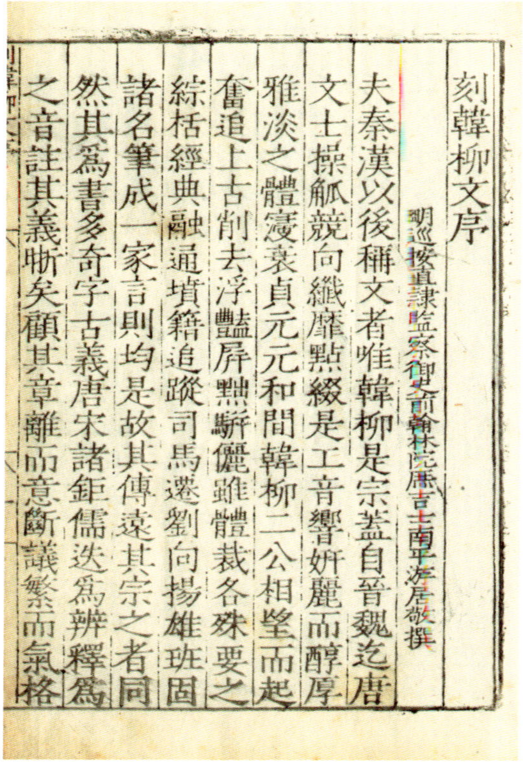
刻韓柳文序
明巡按直隷監察御史前翰林院庶吉士南平游居敬撰
夫秦漢以後稱文者惟韓柳是宗蓋自晉魏迄唐
文士操觚競向纖靡點綴是工音響妍麗而醇厚
雅淡之體寖衰貞元元和間韓柳二公相望而起
奮追上古削去浮豔屛黜駢儷雖體裁各殊要之
綜括經典融通墳籍追蹤司馬遷劉向揚雄班固
諸名筆成一家言則均是故其傳遠其宗之者同
然其爲書多奇字古義唐宋諸鉅儒迭爲辨釋爲
之音註其義晰矣顧其章離而意斷議繁而氣格

刻韩柳文序

韓文卷之一

明巡按直隷監察御史新會莫如士重校

賦

感二鳥賦

貞元十一年五月戊辰愈東歸癸酉自潼關出息于河之陰時始去京師有不遇時之歎見行有籠白烏白鸜鵒而西者號於道曰某土之守音狩其官使使去聲者進於天子東西行者皆避路莫敢正目焉因竊自悲幸生天下無事時承先人之遺業不識干戈耒耜攻守耕穫之勤讀書著文自七歲至今凡二十二年其行已不敢有愧於道其閒居思念前古當今之故亦僅志其一二大者焉選舉於有司

60　增廣注釋音辯唐柳先生集 四十三卷别集二卷外集二卷附録一卷

國家名録號 05390

唐柳宗元撰 宋童宗説注釋 宋張敦頤音辯 宋潘緯音義
明正統十三年（1448）善敬堂刻遞修本

每半頁九行，行十八字，小字雙行同，黑口，雙魚尾，四周雙邊
開本 28.7×16.7cm，半頁版框 22.8×13.8cm
十二册

卷端題“南城先生童宗説註釋，新安先生張敦頤音辯，雲間先生潘緯音”。卷前有陸之淵《柳文音義序》、劉禹錫《唐柳先生文集序》、《增廣注釋音辯唐柳先生集諸賢姓氏》。是書匯集柳宗元所著詩文，注釋各以“童云”、“張云”、“潘云”别之。音釋隨文注解，幾無考證，著力於僻音難字一一疏通。

鈐“中厚堂”（朱楕）、“倪康之之章”（白方）、“康之”（朱方）。（回達強）

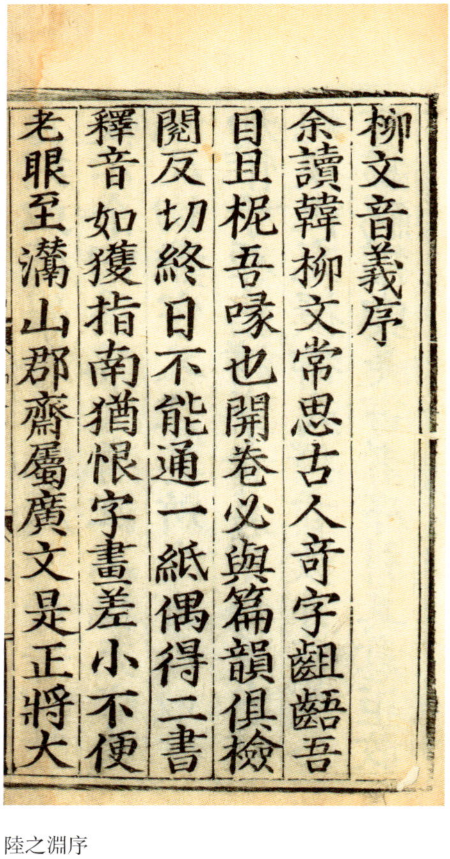
柳文音義序
余讀韓柳文常思古人奇字齟齬吾
目且梔吾喙也開卷必與篇韻俱檢
閱反切終日不能通一紙偶得二書
釋音如獲指南猶恨字畫差小不便
老眼至瀛山郡齋屬廣文是正將大

陸之淵序

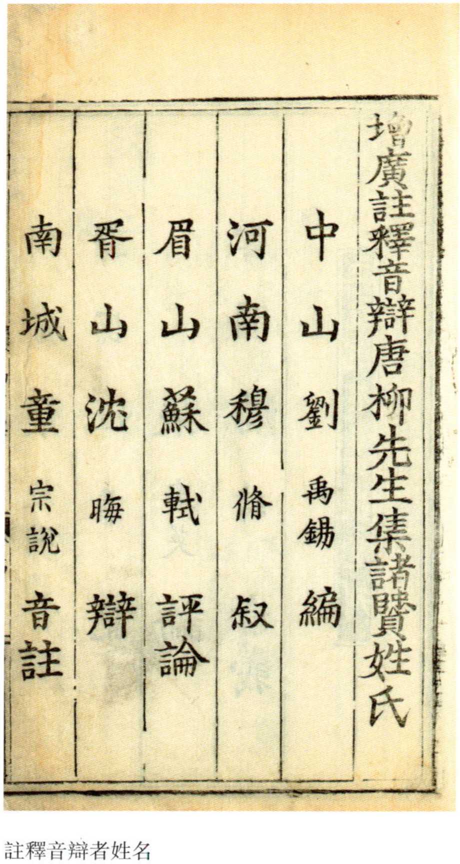
增廣註釋音辯唐柳先生集諸賢姓氏
中山劉禹錫編
河南穆脩叙
眉山蘇軾評論
晉山沈晦辯
南城童宗説音註

註釋音辯者姓名

增廣註釋音辯唐柳先生集卷之一

南城先生童宗説註釋

新安先生張敦頤音辯

雲間先生潘緯音義

唐雅

獻平淮夷雅表

案毛詩註云淮夷在淮浦而夷行也吳元濟在淮蔡故曰淮夷宗元擬江漢之詩而作也

臣宗元言臣負罪竄伏違尚書戕奏十有四年

61 柳文 四十三卷別集二卷外集二卷附錄一卷　　國家名錄號 05375

唐柳宗元撰
明嘉靖三十五年（1556）莫如士刻韓柳文本

每半頁十一行，行二十二字，白口，雙魚尾，左右雙邊
開本 26.1×16.2cm，半頁版框 18.3×13.3cm
八冊

卷端署“明巡按直隸監察御史新會莫如士重校”。卷首有劉禹錫《柳文序》。王重民《中國善本書提要》云：“按是集與《韓文》合刻，即游居敬原版，莫如士重印時竄入己名。”丁丙《善本書室藏書志》卷二十四辨曰：“細審版刻絲毫無異，實則因其版而易雕，莫之銜名耳。”

鈐“陳仲子氏”（朱方）、“冠生珍藏”（朱方）、“傳經齋”（朱長）。（李善强）

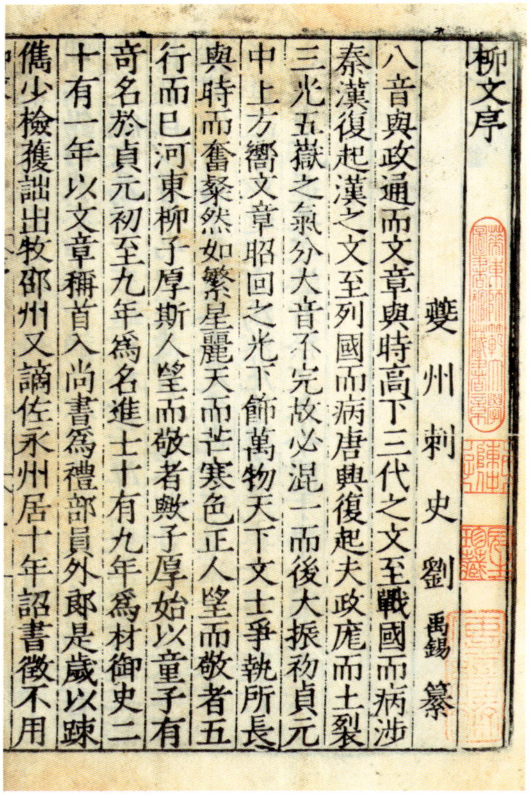
柳文序
夔州刺史劉禹錫纂
八音與政通而文章與時高下三代之文至戰國而病涉秦漢復起漢之文至列國而病唐興復起夫政厖而土裂三光五嶽之氣分大音不完故必混一而後大振初貞元中上方嚮文章昭回之光下飾萬物天下文士爭執所長與時而奮粲然如繁星麗天而芒寒色正人望而敬者五行而已河東柳子厚斯人望而敬者歟子厚始以童子有奇名於貞元初至九年為名進士十有九年為材御史二十有一年以文章稱首入尚書為禮部員外郎是歲以疎儁少檢獲訕出牧邵州又謫佐永州居十年詔書徵不用

柳文序

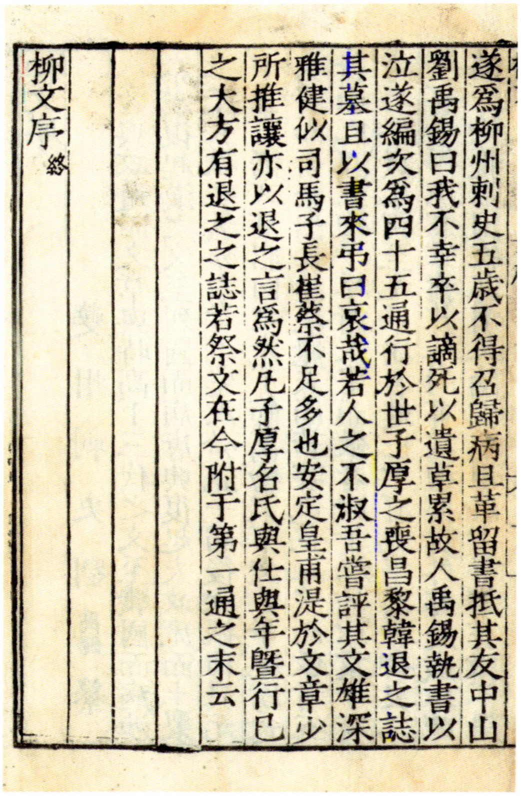
遂為柳州刺史五歲不得召歸病且革留書抵其友中山劉禹錫曰我不幸卒以謫死以遺草累故人禹錫執書以泣遂編次為四十五通行於世子厚之喪昌黎韓退之誌其墓且以書來弔曰哀哉若人之不淑吾嘗評其文雄深雅健似司馬子長崔蔡不足多也安定皇甫湜於文章少所推讓亦以退之言為然凡子厚名氏與仕與年暨行已之大方有退之之誌若祭文在今附于第一通之末云
柳文序 終

柳文序

柳文卷之一

明巡按直隸監察御史新會莫如士重校

唐雅

獻平淮夷雅表

臣宗元言臣負罪竄伏違尚書牋奏十有四年聖恩寛宥命守遐壤懐印曳紱有社有人臣宗元誠感誠荷頓首頓首伏惟睿聖文武皇帝陛下天造神斷克清大憝金鼓一動萬方畢臣太平之功中（陟仲切）興之德推校千古無所與讓因伏自忖度有方剛之力不得備戎行致死命況今已無事思報國恩獨惟文章伏見周宣王時稱中興其道彰大于後罕及然徵於詩大小雅其選徒出狩則車攻吉日

62　李長吉歌詩 四卷外詩集一卷

國家名錄號 05286

唐李賀撰 宋劉辰翁評
明淩濛初刻朱墨套印《盛唐四名家集》本

每半頁八行，行十九字，無界欄，白口，無魚尾，左右雙邊
開本 27.5×18.1cm，半頁版框 20.5×15cm
二冊

卷首唐杜牧《李長吉歌詩敘》，次唐李商隱《李長吉小傳》，次宋宋祁《李長吉本傳》。卷末有淩濛初跋及“侄毓柟校”一行。

是本正集錄詩二百十八首，外詩集錄詩二十二首。書眉、行間及卷末有朱評。

劉辰翁評點本為世傳李賀詩最早之評點本，後世刻本最多，淩刻本即其一。《四庫全書》著錄《箋註評點李長吉歌詩》，曰：“辰翁論詩以幽雋為宗，開後來竟陵弊體。所評杜詩每舍其大而求其細，王士禎顧極稱之，好惡之偏，殆不可解。惟評賀詩，其宗派見解，乃頗相近，故所得較多。”

館藏該本書衣有手書“閔刻李長吉詩歌。遺一經齋入臧，癸亥秋日”。鈐印“宗熙所讀之書”（朱長）、“遺一經齋藏書印”（朱方）、“淵确寓目”（朱方）、“敦厚”（白方）。原為丁氏念聖樓藏書善本之部第 00018 號。（鄭曉霞）

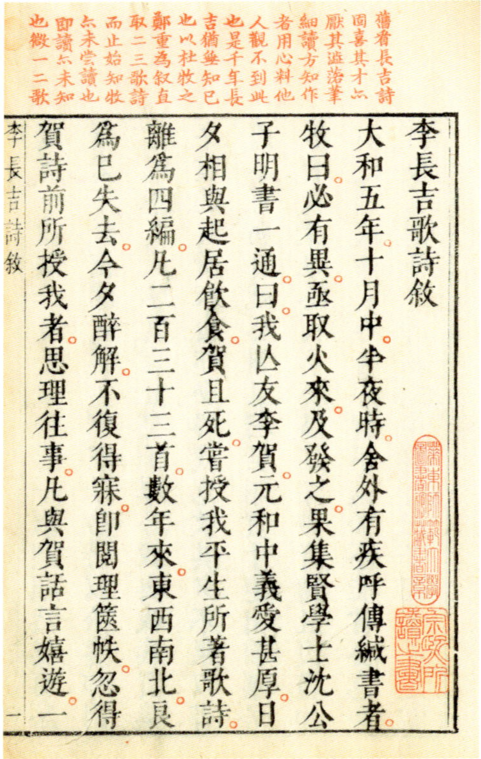
舊看長吉詩固喜其才亦厭其澀蕩筆細讀方知作者用心料他人觀不到此也是千年長吉猶無知己也以杜牧之鄭重為叙直取二三歌詩而止始知牧亦未嘗讀也即讀亦未知也微一二歌

李長吉歌詩敘
大和五年十月中半夜時舍外有疾呼傳緘書者牧曰必有異亟取火來及發之果集賢學士沈公子明書一通曰我亾友李賀元和中義愛甚厚日夕相與起居飲食賀且死嘗授我平生所著歌詩離為四編凡二百三十三首數年來東西南北良為已失去今夕醉解不復得寐即閱理篋帙忽得賀詩前所授我者思理往事凡與賀話言嬉遊一

李長吉詩敘　一

杜敘

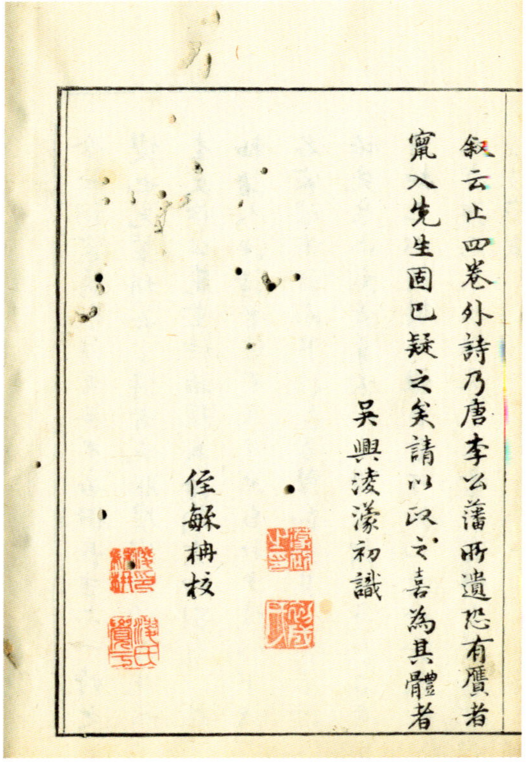
敘云止四卷外詩乃唐李公藩所遺恐有贋者竄入先生固已疑之矣請以収之喜為其體者
吳興淩濛初識
侄毓柟校

淩跋末頁

李長吉歌詩卷之一

唐　隴西李　賀　撰
宋　廬陵劉辰翁　評

李憑箜篌引

吳絲蜀桐張高秋。空山凝雲頹不流。江娥啼竹素女愁。李憑中國彈箜篌。崑山玉碎鳳凰叫。芙蓉泣露香蘭笑。十二門前融冷光。二十三絲動紫皇。女媧鍊石補天處。石破天驚逗秋雨。夢入神山教神

○其○形○容○偏○得○于○叫○而○於○箜○篌○為○

狀景如画自其所長箜篌聲碎有之崑山玉頗無謂下七字妙語非玉簫不足以當石破天驚過于遠梁遏雲之上至

63 安陽集 五十卷

國家名錄號10614

韓琦撰
明正德九年（1514）張士隆刻本

每半頁十一行，行十八字，白口，無魚尾，左右雙邊
開本 24.8×15.6cm，半頁版框 17.8×13.7cm
十八冊

韓琦（1008—1075），字稚圭，相州安陽人。天聖五年（1027）進士，歷開封府推官、右司諫等，擢陝西安撫使，邊功卓著，與范仲淹並稱"韓范"。慶曆三年（1043）為樞密副使，與范仲淹等主持新政。嘉祐初為樞密使，後又拜同中書門下平章事，封魏國公。熙寧八年卒，謚忠獻。《宋史》有傳。

張士隆，字仲修，亦安陽人。弘治十八年進士，授廣信推官。正德六年為御史，巡鹺河東，嘗建正學書院，興起文教。官至陝西副使，卒於任。《明史》有傳。

韓琦著作頗豐，後多散佚，今仅存《安陽集》。《安陽集》宋刻諸本今皆失傳。明代可考者，以正德九年甲戌（1514）張士隆河東翻刻本為早。繆荃孫《藝風藏書記》著錄張士隆刊本曰："安陽集五十卷，家傳十卷，別錄、遺事各一卷。……前有曾大有序，後有宋程琡跋。"核之國家圖書館所藏張士隆刊本《安陽集》，五十卷後，亦附有家傳、別錄、遺事及程琡《書忠獻魏王章表後》。然館藏是書雖行款字數等與之相同，卻未見所附部分。書前有中憲大夫山西按察司提學副使齊安曾大有《重刊安陽集序》。據曾序可知，張士隆是時巡鹺河东，既建書院，復刻斯集於"河東之行臺"。全書共有詩二十卷，記一卷，序一卷，雜文一卷，表狀九卷，奏狀四卷，書啟二卷，書狀一卷，制詞一卷。冊文一卷，祭文三卷，挽辭一卷，墓誌五卷。版心題《安陽集》卷數，卷十缺首頁。韓琦志在經世，而詩文亦有可觀。文切中時事，敷陳剴切，有"垂紳正笏之風"；詩即興而發，不事雕琢，自得"風雅之遺"。蓋"蘊蓄既深"（《四庫全書總目提要》），所養在文字之外也。

是書函外題有"禮耕山館藏書"字樣。書內鈐"寶之"（朱長）等印。（曾慶雨）

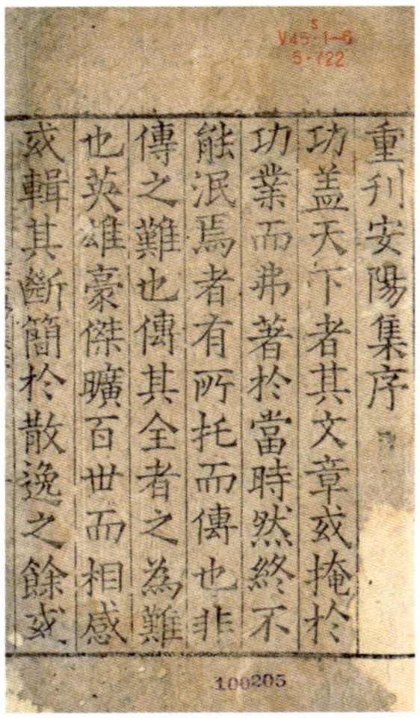
重刊安陽集序
功盖天下者其文章或掩於
功業而弗著於當時然終不
能泯焉者有所托而傳也非
傳之難也傳其全者之為難
也英雄豪傑曠百世而相感
或輯其斷簡於散逸之餘或

曾大有序

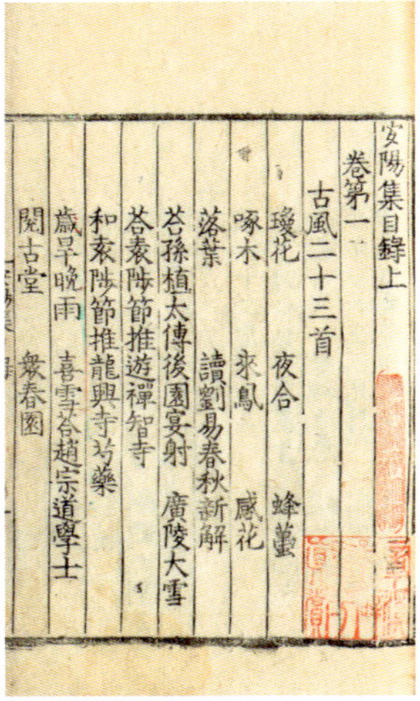
安陽集目錄上
卷第一
古風二十三首
瓊花 夜合 蜂臺
啄木 求鳥 感花
落葉 讀劉易春秋新解
答孫植太傅後園宴射 廣陵大雪
答袁陟節推遊禪智寺
和袁陟節推龍興寺芍藥
歲旱晚雨 喜雪答趙宗道學士
閱古堂 衆春園

目錄

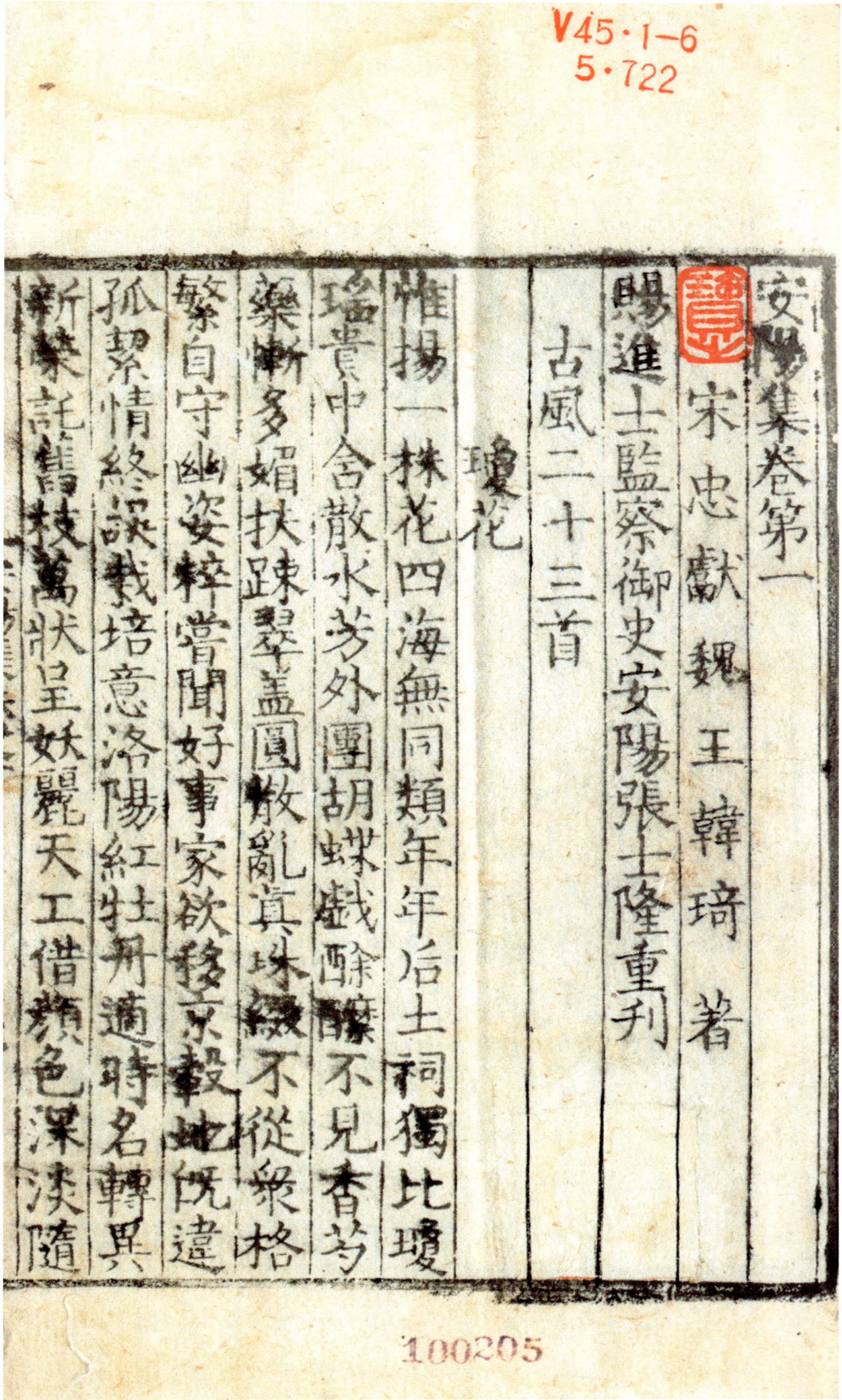

安陽集卷第一

宋忠獻魏王韓琦著

陽進士監察御史安陽張士隆重刊

古風二十三首

瓊花

惟揚一株花四海無同類年年后土祠獨比瓊

瑤貴中含散水芳外團胡蝶戲酴醿不見香芍

藥斷多媚扶踈翠蓋圓散亂真珠綴不從衆格

繁自守幽姿粹嘗聞好事家欲移京轂地既違

孤絜情終誤栽培意洛陽紅牡丹適時名轉異

新榮託舊枝萬狀呈妖麗天工借顏色深淺隨

64 趙清獻公文集 十卷

國家名錄號 10618

宋趙抃撰
明成化七年（1471）閻鐸刻本

每半頁十一行，行二十字。黑口，四魚尾，四周雙邊
開本 26.3×16.4cm，半頁版框 20.2×13.9cm
八冊

趙抃（1008—1084），字閱道，號知非子，衢州西安人。宋景祐元年（1034）進士，為武安軍推官。累官為殿中侍御史，彈劾不避權貴，時稱“鐵面御史”。神宗時擢參知政事，與王安石議政不合罷去。以太子少保致仕，卒謚清獻。《宋史》有傳。閻鐸，字文振，陝西興平人，明景泰二年（1451）進士。曾任汾州知府、順天府尹。成化初知衢州，政事嚴明，長於詞翰。

《清獻集》宋、元均有刊刻，今可見宋刻元明遞修本《趙清獻公文集》十六卷，詩、文各七卷，補遺、附錄各一卷。明刻本以成化七年閻鐸刻本為最早。閻氏以為舊刻本訛亂處甚多，於是召諸生重新編次，并補入逸稿數篇。詩文各五卷，與遞修本卷第不同。詩歌按體式分類，原附錄併入第十卷。

是書前依次為至治首元仲冬蒙古晉人僧家奴鈞元卿《趙清獻公文集序》、景定元年八月郡守天臺陳仁玉序。參照國家圖書館所藏成化本可知，館藏此本雖行款字數等與之相同，然前後均有缺頁：前缺三頁，為成化七年閻鐸《重編趙清獻公文集序》全文；後缺一頁，為正統六年吏部左侍郎魏驥《宋趙清獻公像贊》之落款。

鈐“杭州王氏九峰舊廬藏書之章”（朱方），可知此書曾為清末王綬珊收藏。（曾慶雨）

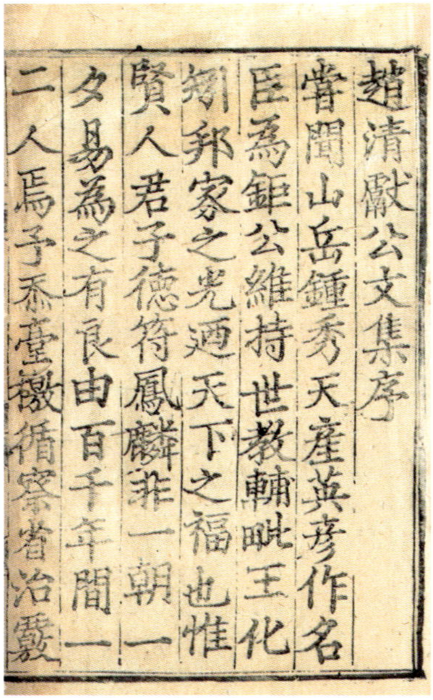
趙清獻公文集序
嘗聞山岳鍾秀天產英彥作名
臣為鉅公維持世教輔毗王化
翊邦家之光迺天下之福也惟
賢人君子德符鳳麟非一朝一
夕易為之有良由百千年間一
二人焉予忝臺徽循察省治發

僧家奴序

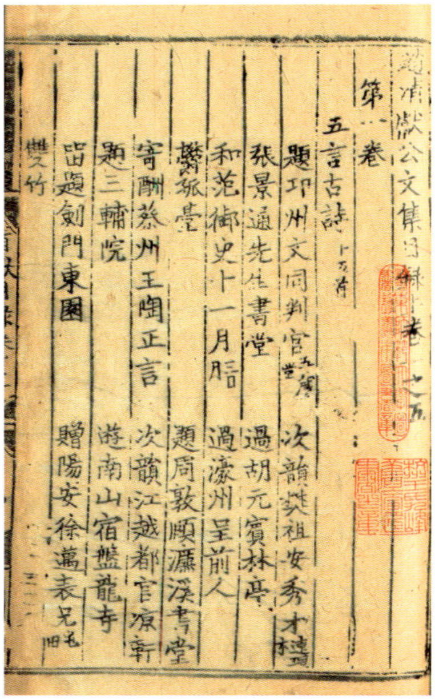
第一卷
五言古詩
題邛州文同判官 次韻樊祖安秀才
張景通先生書堂 過胡元賓林亭
和范御史十一月晦 過濠州呈前人
題三轉院 遊南山宿盤龍寺
寄酬蔡州王陶正言 次韻江越都官涼軒
題周敦頤濂溪書堂
留題劍門東園 贈陽安徐邁表兄

目錄

趙清獻公文集卷第一

五言古詩 十五首

題邛州文同判官五箴堂

李唐韓吏部矯矯文宗師立言作諸箴斷世亦自規
游箴警惰廢事業終光輝言箴慎囁嚅張口觸禍譏
行箴究所守於義無乖違好惡不恃理或惑是非
知名慨浮實動主嫌怨隨五者口踐履要以君子歸
眞可知道粹期至嚴翼窺誦已記所志礲石鐫其辭
俾之揭堂上使後亦勿隳夫人貴且富非得強自為
入賢去不肯在已不在屑希韓亦韓徒中道無已而

次韻樊祖安秀才運理木

65　歐陽文忠公文抄　十卷

國家名錄號 05528

宋歐陽修撰 明茅坤評
明刻朱墨套印本

每半頁八行，行十八字，無界欄，白口，無魚尾，四周單邊
開本 26.2×16.7cm，半頁版框 20.2×14.6cm
五冊

卷首茅坤撰《歐陽文忠公文鈔序》，次《歐陽文忠公本傳》。

卷一上書、疏、劄子，卷二狀、表，卷三與人書，卷四贈序，卷五書序，卷六記，卷七論，卷八傳、墓表，卷九墓誌，卷十祭文，共錄文八十一篇。書眉、行間及卷後有朱評。茅氏選《唐宋八大家文鈔》，歐文凡三十二卷，此僅十卷，則又選其所選者三之一也。該本為明人所輯歐陽修文四種選本之一，影響雖不及郭雲鵬輯刊《歐陽先生文粹》本，卻是僅有之套印本，其珍可見。

鈐“國立暨南大學書珍藏”（朱方）印。（鄭曉霞）

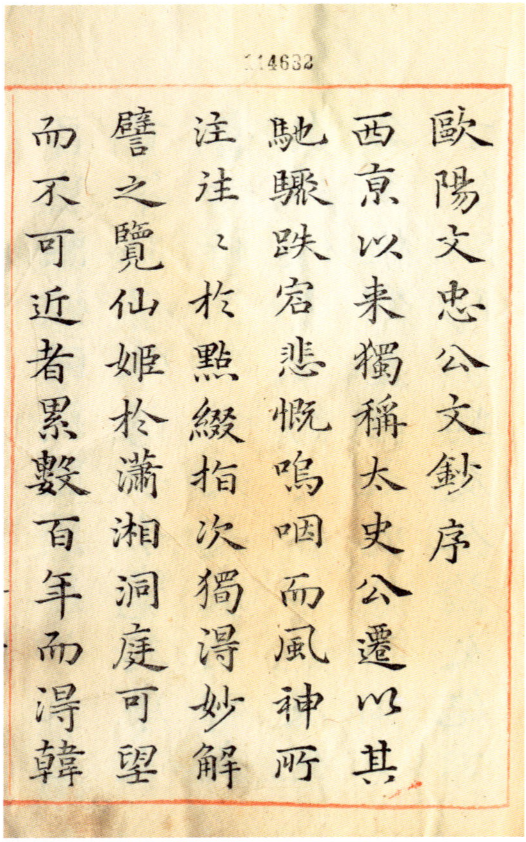

歐陽文忠公文鈔序
西京以來獨稱太史公遷以其
馳驟跌宕悲慨嗚咽而風神所
注注々於點綴指次獨得妙解
譬之覽仙姬於瀟湘洞庭可望
而不可近者累數百年而得韓

茅敘

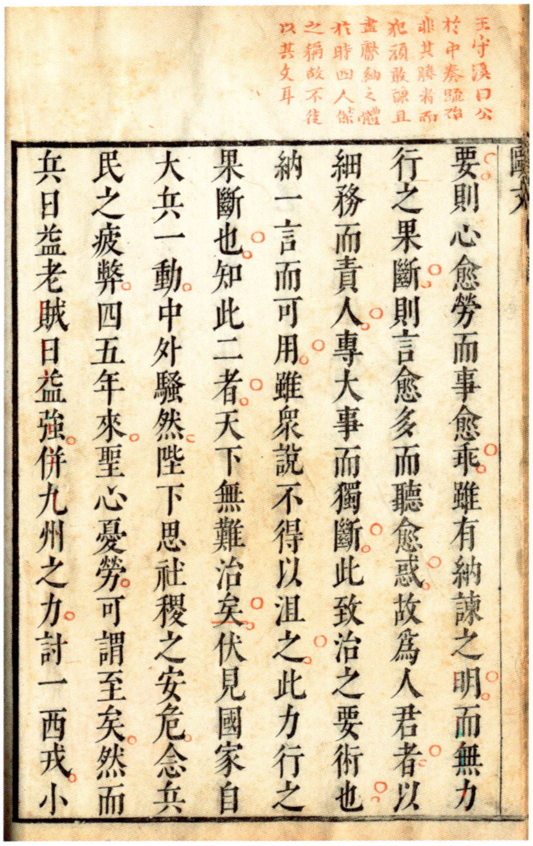
王守溪曰公
於中奏疏宿
非其勝者而
犯顏敢諫且
盡獻納之體
於時四人能
之稱故不從
以其文耳

歐文
要則心愈勞而事愈乖雖有納諫之明而無力
行之果斷則言愈多而聽愈惑故爲人君者以
細務而責人專大事而獨斷此致治之要術也
納一言而可用雖衆說不得以沮之此力行之
果斷也知此二者天下無難治矣伏見國家自
大兵一動中外騷然陛下思社稷之安危念兵
民之疲弊四五年來聖心憂勞可謂至矣然而
兵日益老賊日益強併九州之力討一西戎小

卷一頁二

歐陽文忠公文抄卷一

準詔言事上書

歐公經畧已具見其概矣

月日臣脩謹昧死再拜上書于皇帝陛下臣近準詔書許臣上書言事臣學識愚淺不能廣引深遠以明治亂之原謹採當今急務條爲三弊五事以應詔書所求伏惟陛下裁擇臣聞自古王者之治天下雖有憂勤之心而不知致治之

便有闔門乎

66　臨川先生文集　一百卷目錄二卷

國家名錄號 05552

宋王安石撰
明嘉靖三十九年（1560）何遷刻本

每半頁十二行，行二十字，白口，單魚尾，左右雙邊
開本 28×18.1cm，半頁版框 20×16cm
二十四册

卷首有陳九川嘉靖二十五年（1546）《臨川文集序》、章袞嘉靖二十五年（1546）《書臨川文集後》。

按是書卷首頁《臨川文集序》應為嘉靖三十九年王宗沐《臨川文集序》之首頁，卷首次頁“核乎名實”應為章袞《書臨川文集後》之次頁，章袞《書臨川文集後》之次頁“察而獨承者”應為 王宗沐《臨川文集序》之次頁，故知陳序、王序、章序皆有誤裝。且王宗沐嘉靖三十九年之《臨川文集序》除首頁誤入陳序，次頁誤入章序外，餘皆缺失，而陳九川嘉靖丙午（1546）序名應為《王臨川文集後序》。

王重民認為是集應為應雲鸑所刻，而非何遷。《中國善本書提要》云：“余疑是集初為應侯所刻，何氏巡撫撫州時，攘為己功，不過屬王宗沐另冠新序而已。又臨川為撫州首治，諸家謂應刻則稱臨川，謂何刻則稱撫州，論地則同為一地，論時間不過相距十四年，實無重刻之必要也。”（李善强）

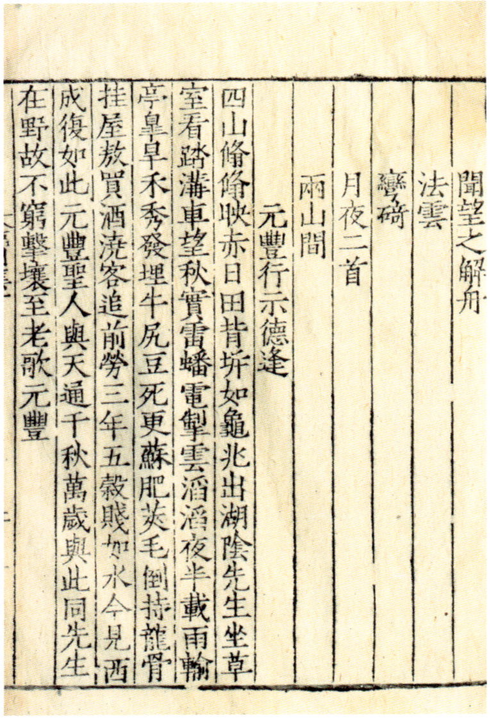
聞望之解册
法雲
孌碕
月夜二首
兩山間
元豐行示德逢
四山翛翛映赤日田背坼如龜兆出湖陰先生坐草
室看踏溝車望秋實雷蟠電掣雲滔滔夜半載雨輸
亭皋皋禾秀發埋牛尻豆死更蘇肥莢毛倒持龍骨
挂屋敖買酒澆客追前勞三年五穀賤如水今見西
成復如此元豐聖人與天通千秋萬歲與此同先生
在野故不窮擊壤至老歌元豐

卷一

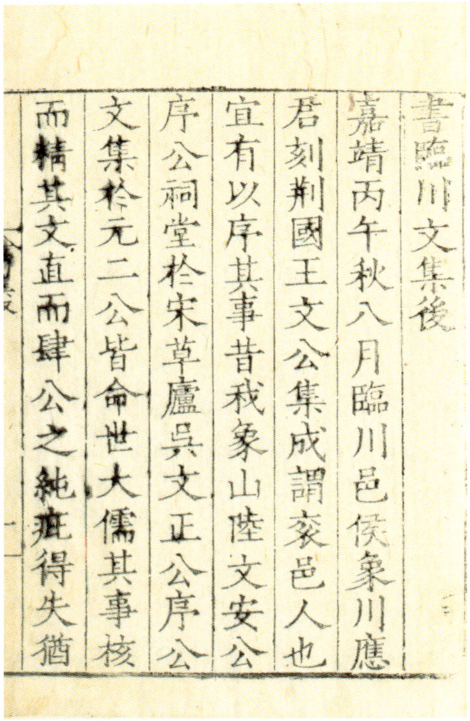
書臨川文集後
嘉靖丙午秋八月臨川邑侯象川應
君刻荊國王文公集成謂衮邑人也
宜有以序其事昔我象山陸文安公
序公祠堂於宋草廬吳文正公序公
文集於元二公皆命世大儒其事核
而精其文直而肆公之純疵得失猶

書臨川文集後

臨川先生文集卷第一

古詩

元豐行示德逢

後元豐行

夜夢與和甫別因寄純甫

純甫出釋惠崇畫要予作詩

徐熙花

燕侍郎山水

陶縝菜

送沇氏妹于白鷺洲遇雪作詩寄天隲

招約之職方并示正甫書記

同王濬賢良賦龜

67 蘇文忠公策選 十卷

國家名錄號05601

宋蘇軾撰 明茅坤 鍾惺批評
明天啟刻三色套印本

每半頁九行，行十九字，白口，無魚尾，四周單邊
開本 25.9×17.3cm，半頁版框 20.4×14.7cm
六冊

卷首菰城沈緒蕃《蘇長公策論敘》，次天啟元年（1621）吳興韓昌箕《敘》。

該本共選錄蘇軾策論八十一篇。書眉、行間及卷末有朱（茅坤）、藍（鍾惺）二色批點。

是書未署選刻者，然據沈《敘》"余友文起精心此道，并欲出以公世，於以揭而出之，以見坡公之為用，與古今天下之用坡公者，端於此有賴焉"，韓《敘》"吾友文起遴而合梓之，有裨今日學者之實用"，可知選刻者名文起。王重民《中國善本書提要》"疑是文震孟"。考《明史 · 本傳》："文震孟，……字文起，吴县人，待诏征明曾孙也。"然由《敘》文撰者"菰城沈緒蕃"、"吳興韓昌箕"，其或為湖州人，與震孟里貫不符，故存疑。雖不能確定該本是否出自閔、凌家族，然朱墨燦然，寫刻俱佳，不輸閔、凌刻本，又藉茅坤、鍾惺之盛名，亦可稱明代套印本之佳者。

鈐"國立交通大學圖書館藏"（朱長）印、"交通大學圖書館珍藏 CHI-TONG JNIV. LIBRARY"紫文印記。（鄭曉霞）

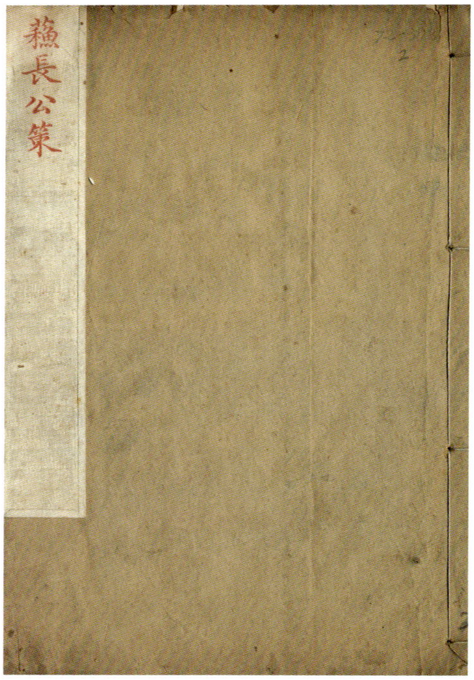

表紙

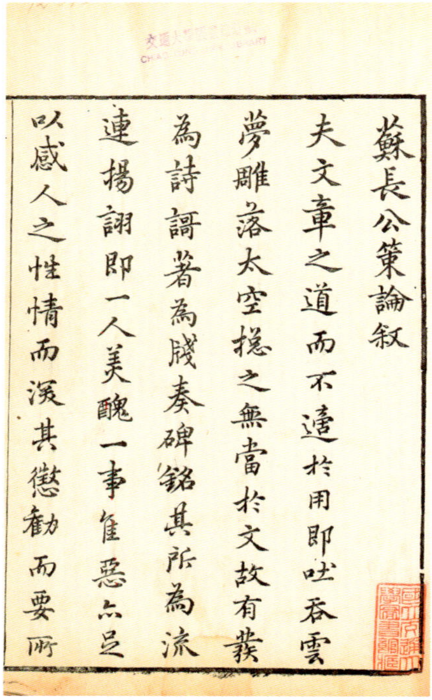
蘇長公策論叙
夫文章之道而不遠於用即吐吞雲
夢雕落太空揔之無當於文故有叢
為詩詞著為賤奏碑銘其所為流
連揚詡即一人美醜一事隹惡亦足
以感人之性情而溪其懲勸而要所

沈敘

蘇文忠公策選卷之一

歸安鹿門茅坤　批評
景陵伯敬鍾惺

御試制科策一道

皇帝若曰朕承祖宗之大統先帝之休烈深惟寡昧未燭於理志勤道遠治不加進夙興夜寐于茲三紀朕德有所未至教有所未孚闕政尚多和氣或盭田野雖闢民多亡聊邊境雖安兵不得撤利入已浚浮費彌廣軍冗而未練官冗

68　蘇長公小品 四卷

國家名錄號 05610

宋蘇軾撰　明王納諫輯並評
明凌啟康刻朱墨套印本

每半頁八行，行十九字，白口，四周單邊
開本 27×17.5cm，半頁版框 21×14.4cm
四冊

卷端署“古揚王聖俞評選”。卷首有施㞭賓《蘇長公小品》、凌啟康《刻蘇長公小品序》、王納諫《蘇長公小品序》、章萬椿《蘇長公小品題辭》、旦庵主人《蘇長公小品凡例》、黄庭堅《蘇子瞻像贊》。卷尾有《附評名家》。分卷目錄。有朱色眉批及圈點、夾注、尾注。

王聖俞字納諫，號觀濤，江都人，晚明學者。王聖俞以蘇軾“多韻且善謔，時復參微言”，故選其題跋、尺牘、雜記等短文小章，名為《蘇長公小品》。輯成，于明萬曆三十九年（1611 年）由其友人章萬椿（古生）作序付梓，凡二卷。後吳興凌啟康（字安國，又字天放，號旦庵主人）重編為四卷，并于眉批及篇末總評中補入唐順之、茅坤等十餘家評語，以朱墨二色套印，墨氣濃郁，色彩鮮明，為套印本中之精品。（李善强）

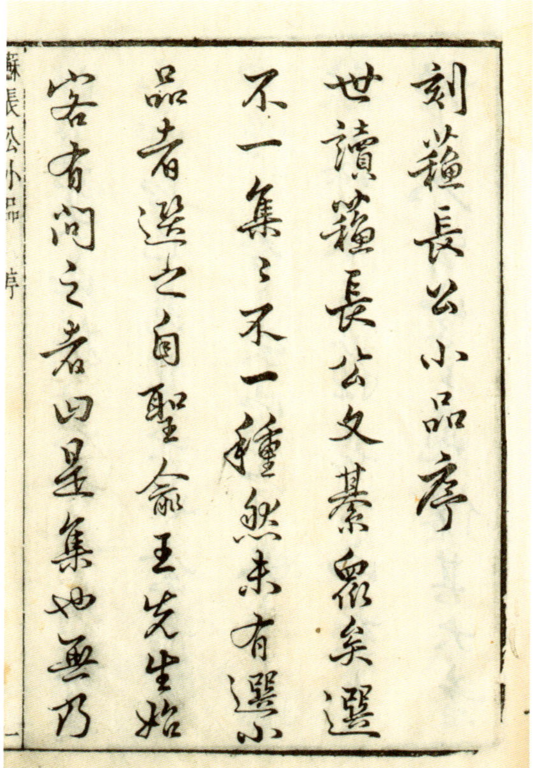
蘇長公小品序

刻蘇長公小品序
世讀蘇長公文綦衆矣選
不一集ㄑ不一種然未有選小
品者選之自聖俞王先生始
客有問之者曰是集也無乃

刻蘇長公小品序

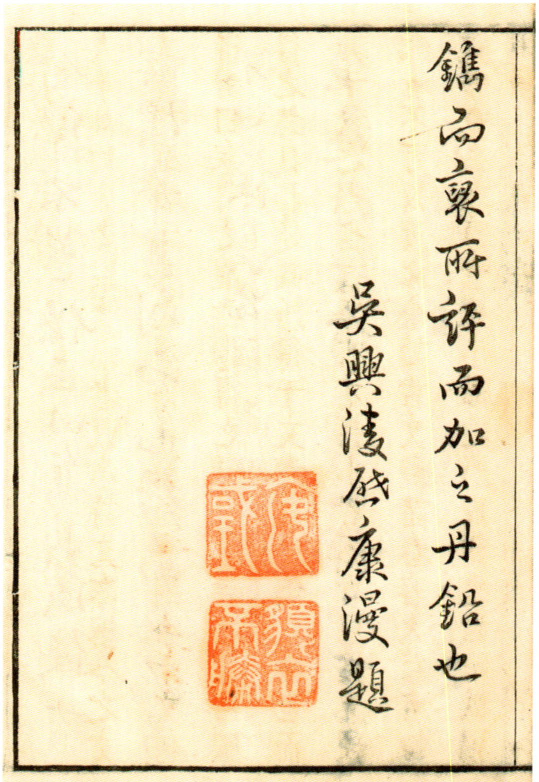
鐫而裒所評而加之丹鉛也
吳興淩啟康漫題

刻蘇長公小品序

夭美老饕設語甚新雖標艷賞意不屑屑
蔡藻之評東坡老饕賦蓋文章之游戲耳俯考左傳縉雲氏有不才子貪於飲食冒於

蘇長公小品卷一

古揚王聖俞評選

老饕賦

庖丁鼓刀易牙烹熬（入底裏語）水欲新而釜欲潔火惡陳而薪惡勞九蒸暴而日燥百上下而湯鏖嘗項上之一臠嚼霜前之兩螯爛櫻珠之煎蜜瀹杏酪之蒸羔蛤半熟而含酒蟹微生而帶糟蓋聚物之夭美以養吾之老饕婉彼姬姜顏如李桃彈湘妃之玉

69 梅溪先生集 廷試策一卷奏議四卷文集二十卷後集二十九卷

國家名錄號 03302

宋王十朋撰
明正统五年（1440）刘謙、何灝刻天顺六年（1462）重修本

每半頁十一行，行二十一字，黑口，雙魚尾，四周雙邊
開本 26.7×16.7cm，半頁版框 25.2×13.6cm
四册

王十朋（1112—1171）字龜齡，號梅溪，宋代溫州樂清人，著名政治家和詩人。著述頗豐，有《梅溪集》、《春秋尚書說語解》、《東林寺詩》、《五台山方廣寺詩》、《詠柳》等。

明正統五年（1440）溫州太守劉謙在黃岩士族蔡玄TT家尋得宋刻本，遂命郡學教授何灝重加訂正，鳩工刊刻，用廣其傳，後稱正統本。是書爲天順六年（1462）溫州太守周琰在正統本基礎上重修本，有朱熹代劉珙之序，并琰跋。《鐵琴銅劍樓藏書目錄》、《五十萬卷樓藏書目錄初編》著錄。

鈐“國立暨南大學書珍藏”。（趙太和）

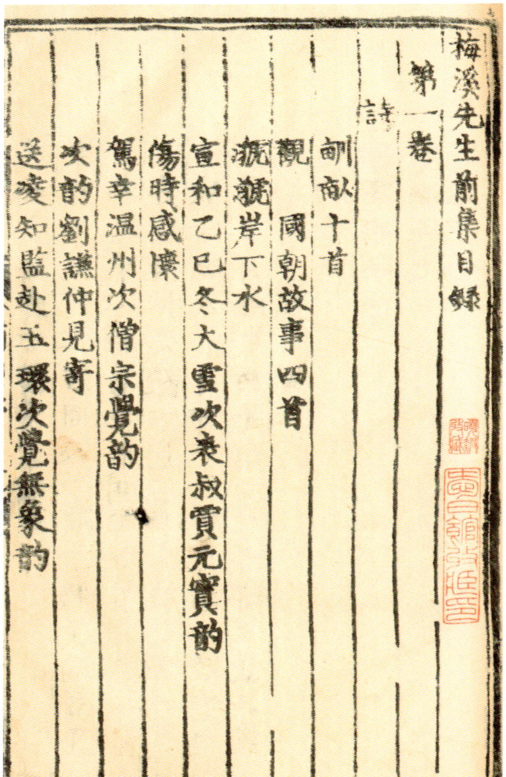
梅溪先生前集目錄
第一卷
詩
剛敵十首
觀國朝故事四首
瀧灘岸下水
宣和乙巳冬大雪次表叔賈元實韻
傷時感懷
駕幸温州次僧宗覺韻
次韻劉謙仲見寄
送凌知監赴玉環次覺無象韻

目錄

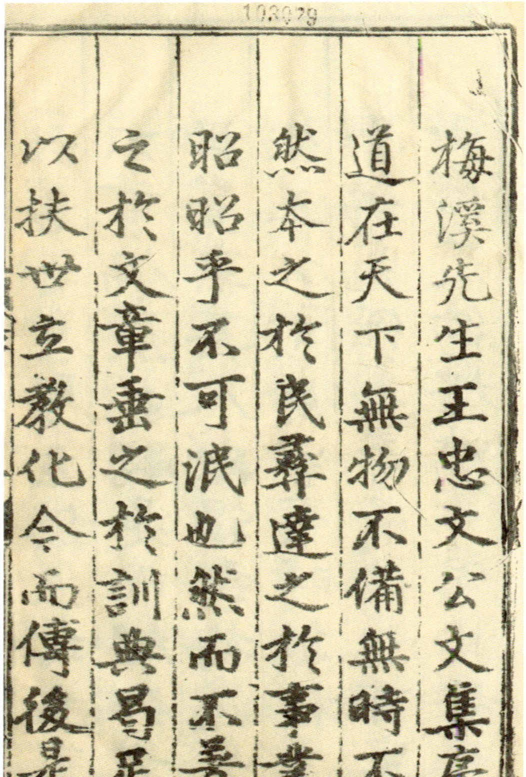
梅溪先生王忠文公文集序
道在天下無物不備無時不
然本之於民彝達之於事業
昭昭乎不可泯也然而不著
之於文章垂之於訓典曷足
以扶世立教化令而傳後是

序

梅溪先生廷試策卷第一

御試策

問蓋聞監于先王成憲其永無愆遵先王之法而過者未之有也仰惟　祖宗以來立經陳紀百度著明細[redacted]畢舉皆　列聖相授之謨爲萬世不刊之典　朕纘紹丕圖恪守　洪業亢一號令一施爲靡不稽諸故實惟　祖宗成法是憲亦若然畫一之禁賞刑之具猶昔也而奸弊未盡革賦斂之制經常之度猶昔也而則用未甚裕取士之科作成之法猶昔也而人才尚未盛黜陟之典訓迪之方猶昔也而官師或未勵其咎安在豈道雖久而不渝法有時而或弊損益之宜有不可已邪

70 晞髮集 六卷

國家名錄號 05736

宋謝翺撰
明嘉靖三十四年（1555）程煦刻本

每半頁十行，行十八字，白口，單魚尾，左右雙邊
開本 27.6×17.1cm，半頁版框 19×13.9cm
兩冊

卷端題“宋粵謝翺著，明歙後學程煦校”。卷前有王景象序。無總目録。每卷前列分卷目録，共六卷。卷一至卷五為謝翺之詩作，從中可窺見其詩重苦思錘煉，既屈蟠沉鬱又激越雄邁，善於曲折達意，時造新境。卷六乃彙集謝翺之生平資料。末題程煦後序。

鈐“移盦藏書”（朱方）、“北平劉氏”（朱長）、“西神楊氏鹿鳴山莊”（朱長）、“幼平珍秘”（朱方）。（回達強）

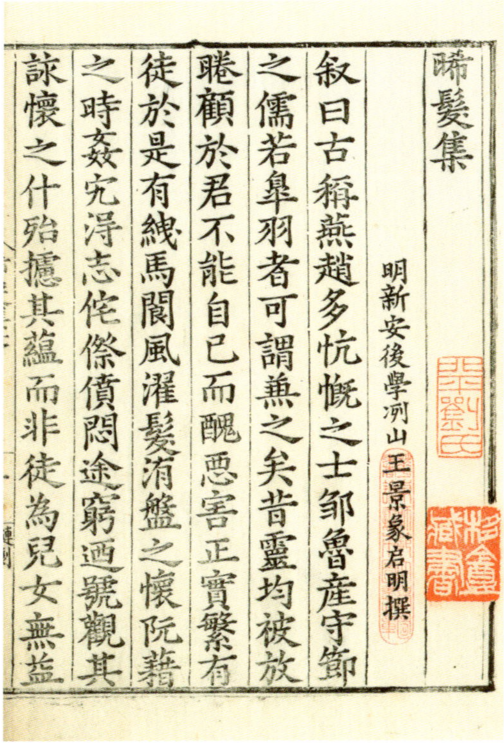
晞髮集
明新安後學沔山王景象启明撰
敘曰古稱燕趙多慷慨之士鄒魯產守節
之儒若皐羽者可謂兼之矣昔靈均被放
睠顧於君不能自已而醜惡害正實繁有
徒於是有縶馬閬風濯髮洧盤之懷阮藉
之時姦宄得志侘傺債悶途窮迺號觀其
詠懷之什殆攄其蘊而非徒為兒女無益

王景象序

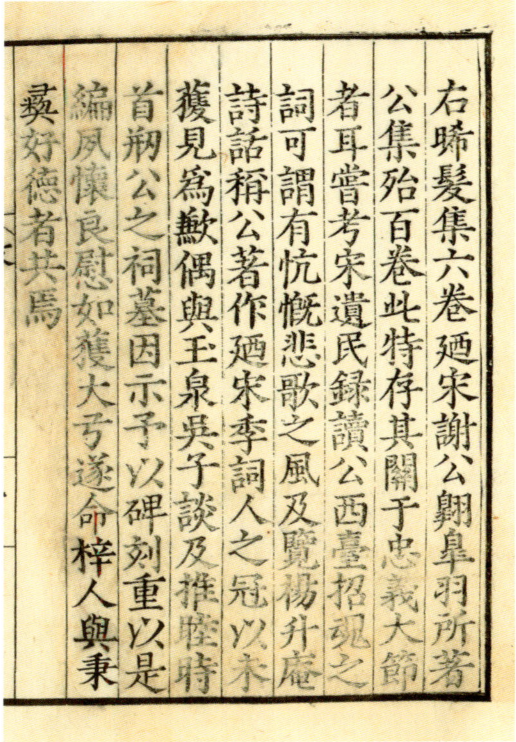
右晞髮集六卷廼宋謝公翱皐羽所著
公集殆百卷此特存其關于忠義大節
者耳嘗考宋遺民録讀公西臺招魂之
詞可謂有慷慨悲歌之風及覽楊升庵
詩話稱公著作廼宋季詞人之冠以未
獲見爲歎偶與王泉吳子談及推陞時
首朔公之祠墓因示予以碑刻重以是
編夙懷良慰如獲大寶遂命梓人與秉
彝好德者共焉

程煦跋

晞髮集卷之一

宋粤謝翺著　明歙後學程煦校

遊僊華巖麓記

由月泉至僊華巖麓十五里至巖二十里蓋余向所記若芝掌擘空而立者故老相傳以爲下有穴與鼎湖通甞秋夜聞水樂及擘石聲月高風遠復不知墮在何處將至二三里有山類藥壺倚巖側雲嵐草木相掩映日東影射其上遠望氤氳若丹光浮動疑是中别有一天地也巖之麓曰鄭村者友人方君韶卿廬焉地馨芳草

71 解學士文集 十卷

國家名錄號 05843

明解縉撰
明嘉靖四十一年（1562）刻本

每半頁十二行，行二十三字，白口，單魚尾，四周雙邊，版心題“解春雨先生文集”
開本 26.1×18cm，半頁版框 21.1×15.6cm
十冊

卷前集黄諫、任亨泰、蔡朔三序。該文集十卷，詩文皆備，收錄有詩、文、賦、族譜、書簡、題跋、雜著、行狀、墓表、墓誌銘等，内容廣泛。是書乃瞭解解縉思想内涵、交游及詩文氣象之重要資料。

鈐“吳重憙印”（朱方）、“中懌”（朱長）、“石蓮闇藏書”（朱方）。（回達強）

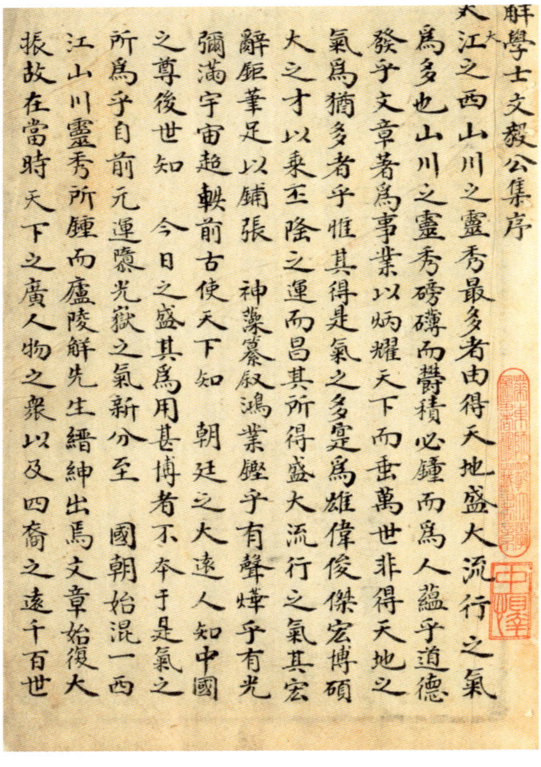
解學士文毅公集序
天江之西山川之靈秀最多者由得天地盛大流行之氣
爲多也山川之靈秀磅礴而欝積必鍾而爲人蘊乎道德
發乎文章著爲事業以炳耀天下而垂萬世非得天地之
氣爲猶多者乎惟其得是氣之多寔爲雄偉俊傑宏博碩
大之才以乘至隆之運而昌其所得盛大流行之氣其宏
辭鉅筆足以鋪張　神藻纂敘鴻業鏗乎有聲煒乎有光
彌滿宇宙超軼前古使天下知　朝廷之大遠人知中國
之尊後世知　今日之盛其爲用甚博者不本于是氣之
所爲乎自前元運隳光嶽之氣新分至　國朝始混一西
江山川靈秀所鍾而廬陵解先生縉紳出焉文章始復大
振故在當時天下之廣人物之衆以及四裔之遠千百世

黄諫序

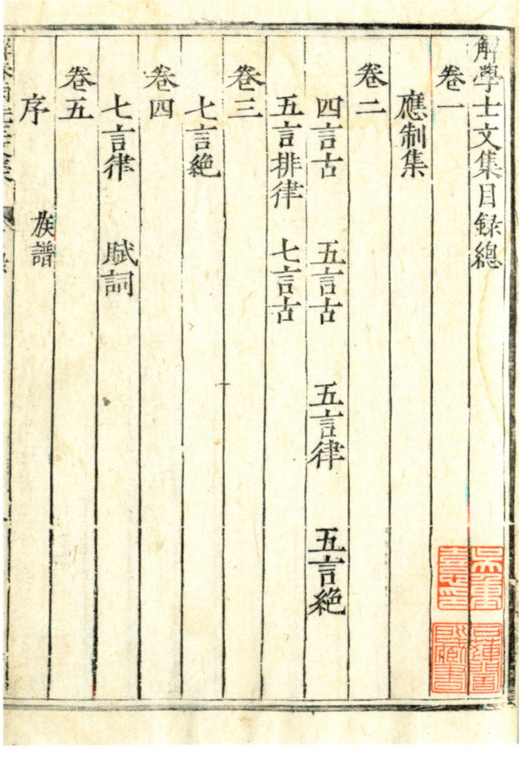
解學士文集目錄總
卷一
應制集
卷二
四言古　五言古　五言律　五言絶
五言排律　七言古
卷三
七言絶
卷四
七言律　賦詞
卷五
序　族譜

總目

解學士文集卷之一

應制古詩

河清頌有序

臣縉承詔總脩

大明大祖聖神文武欽明啓運俊德成功統天大孝高皇帝
實録自渡江七年辛丑冬十一月三門磧下黃河清實啓
聖之徵
帝業由是遂成明年平江漢又明年服荆楚又明年定兩浙
又明年克姑蘇廓清中原四表寧一迺即
帝位紀元洪武之年三門磧黃河復清
帝業由是而盛高麗來朝爲海外諸國先殊方接武而至迺
三年

73　馬學士文集 八卷

國家名錄號 10721

明馬愉撰
明嘉靖四十一年（1562）遲鳳翔刻本

每半頁八行，行二十二字，白口，雙魚尾，四周單邊。
開本 30.0×17.4cm，半頁版框 22.1×14.7cm
四冊

馬愉（1395—1447），字性和，號澹軒，山東臨朐人。宣德二年（1427 年）狀元，授翰林修撰。正統五年（1440）入閣，官至禮部右侍郎。卒於官，贈尚書兼學士，明贈官兼職自愉始。著有《澹軒集》、《秘閣書目》等。《明史》有傳。遲鳳翔，字德徵，號朐岡，山東臨朐人，嘉靖二十三年（1544）進士，由戶部主事累官兵部侍郎。有《四書說》、《易經說》、《朐岡集》等，惜皆失傳。

馬愉文集最早刻於成化十六年，山東承宣布政使司左參政邢居正從馬愉後人手中得其家藏稿，囑青州知府劉時勉校讎，由戶部尚書兼文淵閣大學士劉珝作序，共七卷，名為《澹軒文集》，已失傳。臨朐遲鳳翔早歲於歷下書肆中檢得成化本殘編一帙，後又從馬愉裔孫處索得未刊之散亂遺稿若干篇，令鄖陽府學訓導林震、生員秦守卿二人重加校閱，合先後所得，釐為八卷四冊，付鄖陽太守張循募工刻印，名《馬學士文集》，是為嘉靖四十一年刻本。該書前依次為成化十六年戶部尚書刘珝《馬學士澹軒文集序》、嘉靖四十一年都察院都御史遲鳳翔《續刻馬學士澹軒文集序》。書後依次為成化十六年左春坊左諭德奉訓大夫盱江張昇跋、嘉靖四十二年馬愉五世孫舉人馬讜跋。全書分為講章、頌、賦、詩、贊、歌、銘、記、跋、序、哀辭等類。凡後得之未刊稿，皆以"續刻"二字標明。

鈐"愚齋圖書館藏"（朱方）、"深柳讀書"（朱方）及"半癡子"（朱橢）諸印。（曾慶雨）

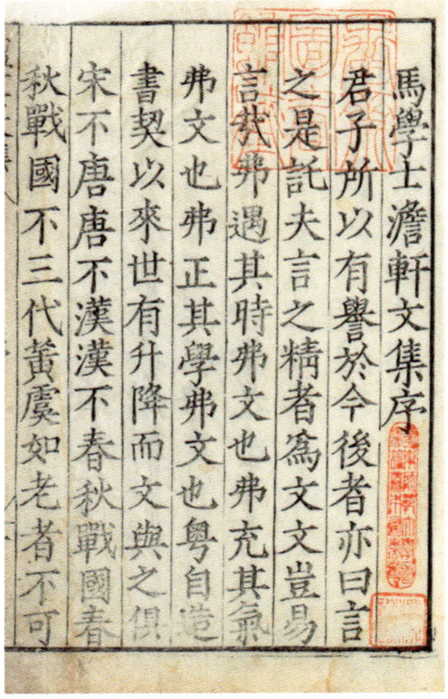
馬學士澹軒文集序
君子所以有譽於今後者亦曰言
之是託夫言之精者為文文豈易
言哉弗遇其時弗文也弗充其氣
弗文也弗正其學弗文也粤自造
書契以來世有升降而文與之俱
宋不唐唐不漢漢不春秋戰國春
秋戰國不三代黃虞知老者不可

劉珝序

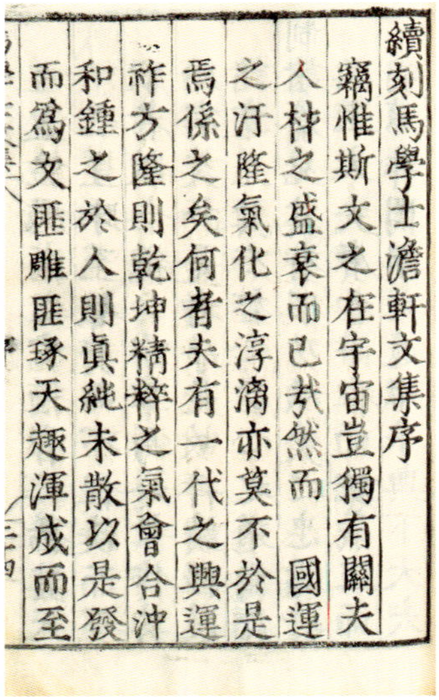
續刻馬學士澹軒文集序
竊惟斯文之在宇宙豈獨有關夫
人材之盛衰而已哉然而　國運
之汙隆氣化之淳漓亦莫不於是
焉係之矣何者夫有一代之興運
祚方隆則乾坤精粹之氣會合沖
和鍾之於人則貞純未散以是發
而為文匪雕匪琢天趣渾成而至

遲鳳翔序

馬學士文集卷之一

經筵講章

子張問仁於孔子孔子曰能行五者於天下爲仁矣請問之曰恭寬信敏惠恭則不侮寬則得衆信則人任焉敏則有功惠則足以使人

這是論語第十七篇裏記孔子答徒弟子張問仁的說話子張以爲仁的道理問於孔子孔子答他說能行五者於天下爲仁矣孔子的意思說仁道雖大爲

74 類博稿 十卷附錄二卷

國家名錄號 05876

明岳正撰
明嘉靖八年（1529）任慶雲刻本

每半頁十行，行二十字，黑口，雙魚尾，四周雙邊
開本 26.2 × 16.6cm，半頁版框 21.5 × 15.5cm
四冊

卷首有嘉靖二年皇上遣使諭祭誥文。岳正（1418—1472），字季方，號蒙泉，順天府漷縣（今北京市通州區）人。岳正博學能文，負气敢言，為文高簡峻防，風格峭勁。

鈐“癡賞”（朱方）、“司馬”（朱方）等印。（李善强）

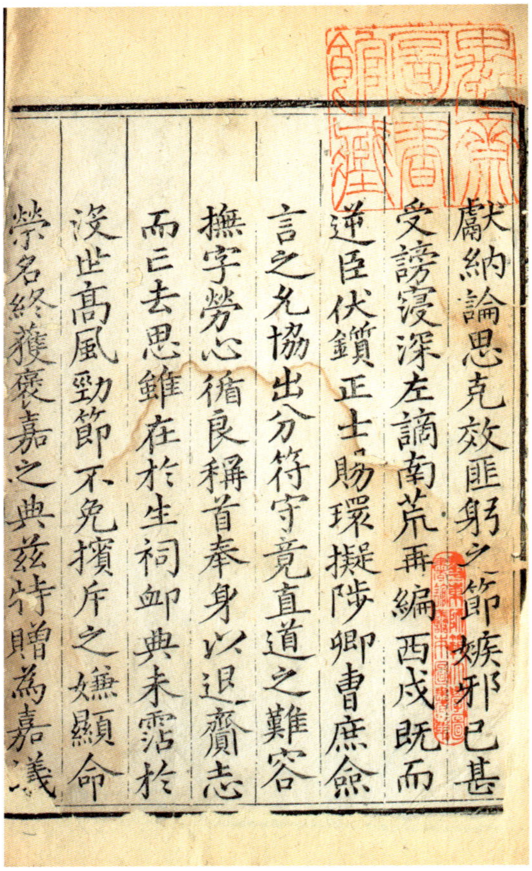
獻納論思克效匪躬之節嫉邪已甚
受謗寖深左謫南荒再編西戍既而
逆臣伏鑕正士賜環擬陟卿曹庶僉
言之允協出分符守竟直道之難容
撫字勞心循良稱首奉身以退賚志
而亡去思雖在於生祠䘏典未霑於
沒世高風勁節不免擯斥之嫌顯命
榮名終獲褒嘉之典兹特贈爲嘉議

遣使諭祭誥文

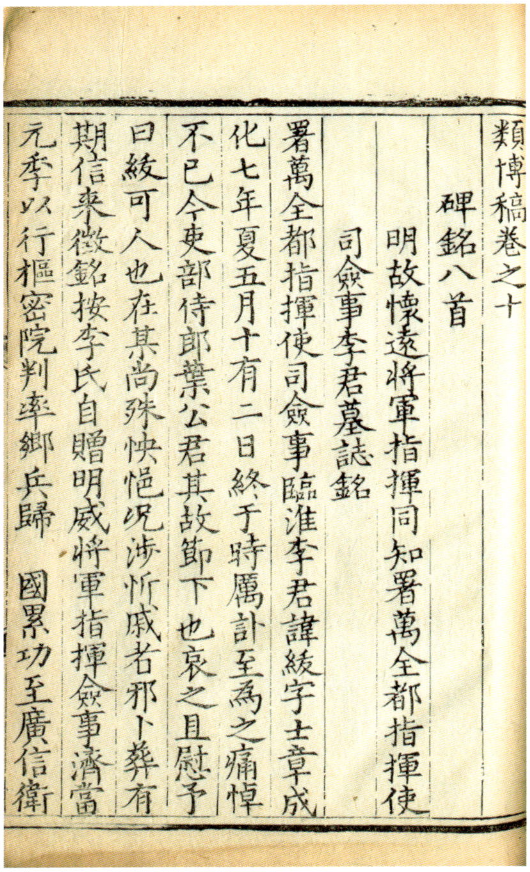
類博稿卷之十
碑銘八首
明故懐遠將軍指揮同知署萬全都指揮使
司僉事李君墓誌銘
署萬全都指揮使司僉事臨淮李君諱紘字士章成
化七年夏五月十有二日終于時屬訃至爲之痛悼
不已今吏部侍郎葉公君其故節下也哀之且慰予
曰紘可人也在其尚殊怏悒兒涉忻戚若邪卜葬有
期信來徵銘按李氏自贈明威將軍指揮僉事濟當
元季以行樞密院判率鄉兵歸 國累功至廣信衛

卷十

類博稿卷之一

古詩歌辭五七言四十六首

擬獻辛太學頌

惟正統九年甲子春正月考國子之學越三月一日
皇帝親釋奠于先師立師生館下命儒臣講經以倡
導臣以作新民臣具伏念生太平盛時又得服章縫
從諸生後親被　寵光無任感激輒依據古體作頌
一篇凡若干言詞陋隘雖不足以形容盛德然皆
指事實錄具載
聖天子崇儒重道之美庶幾昭示無極有在者其辭

75 懷麓堂詩續藁 四卷

國家名錄號 10731

明李東陽撰
明正德十二年（1517）張汝立刻本 陳萇跋

每半頁十行，行二十字，白口，四周單邊
開本 27.6×16.4cm，半頁版框 18.9×13.4cm
兩冊

書前有正德十二年邵寶序。李東陽有《懷麓堂藁》、《後藁》收錄其致仕以前詩文，此《續藁》則收其致仕後之創作，卷一第一首即是《致仕命下喜而有述》。刻字雋雅，為蘇州版刻精品。

鈐“陳萇私印”（白方）、“玉文氏”（朱方）、“國立暨南大學圖珍藏”（朱方）。

末康熙辛卯年正月陳萇病中手書識語，鈐“萇”（白方）。陳萇，字玉文，吳江人，康熙丁丑科進士，官桐廬知縣。有《雪川詩稿》。陳萇同年八月有《臨終詩二首留別諸同志》。（韓進）

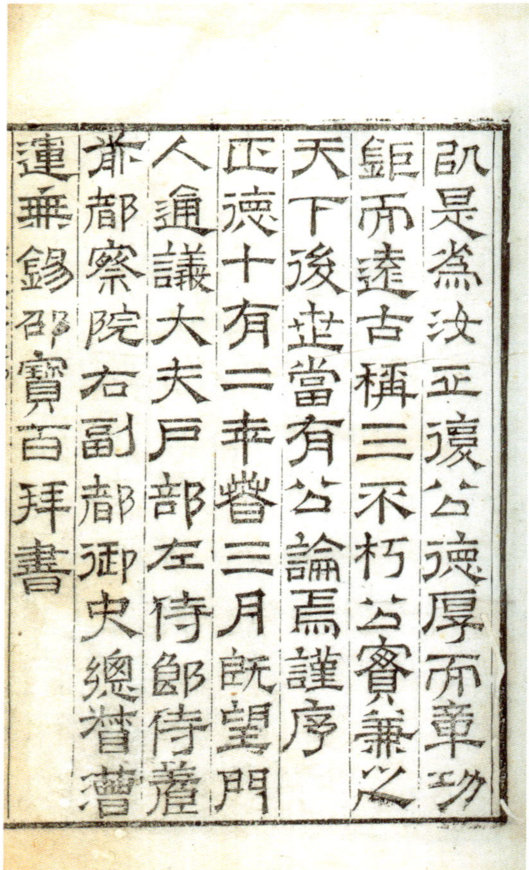
則是為汝正復公德厚而章功
鉅而遠古稱三不朽公實兼之
天下後世當有公論焉謹序
正德十有二年歲三月既望門
人通議大夫戶部左侍郎侍養
前都察院右副都御史總督漕
運無錫邵寶百拜書

邵寶序

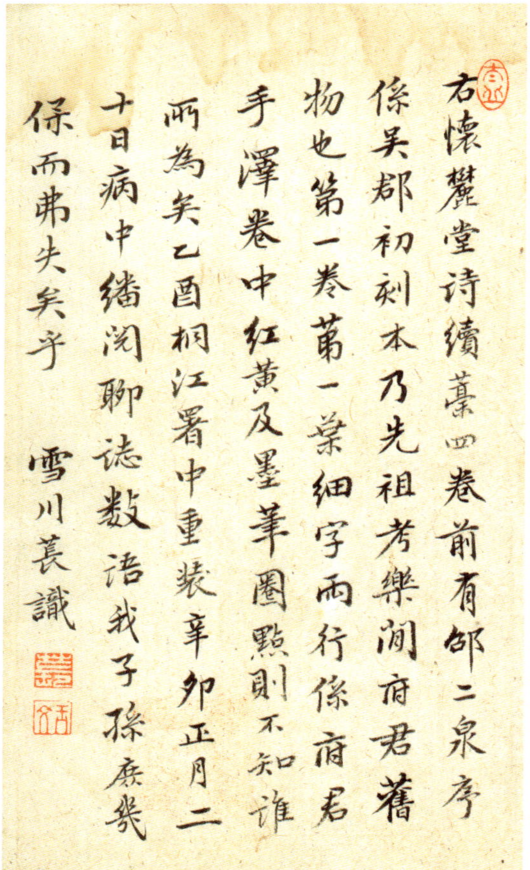
右懷麓堂詩續藁四卷前有邵二泉序
係吳郡初刻本乃先祖考樂閒府君舊
物也第一卷第一葉細字兩行係府君
手澤卷中紅黃及墨筆圈點則不知誰
所為矣乙酉桐江署中重裝辛卯正月二
十日病中繙閱聊誌數語我子孫庶幾
保而弗失矣乎
雪川萇識

陳萇識語

懷麓堂詩續稾卷之一

文正公李東陽天順八年[illegible]講讀弘治二年入内閣至正德七年乞休卒年七十贈太師　記歷仕四十七年

致仕　命下喜而有述

四朝冠弁已華顛一往黄扉十八年九載馳驅千里道夢回鍾漏五更天從來癖性耽山水老去閒情付簡編惟有　國恩酬未了海波無地着纖涓

遂菴先生以杜古狂愳男所作耆英圖鉅軸索題長句予以休致未遂每一搆思輒太息而止得請後乘興爲之率爾而就還此宿逋如釋重負矣遂菴其爲我和之

遂翁風雅天下無索我爲賦耆英圖問翁此畫誰所

76　篁墩程先生文粹　二十五卷

國家名錄號 10736

明程敏政撰　明程曾、戴銑輯
明正德元年（1506）張九逵刻本

每半頁十一行，行二十一字，白口，雙魚尾，四周單邊
開本 26.7×15.0cm，半頁版框 19.0×12.9cm
四册

程敏政（1445—1499）字克勤，號篁墩，明直隸休寧人。學識淵博，與李東陽並稱。官至禮部右侍郎。後涉科場案被誣下獄。出獄後憤恚發癰而卒，贈禮部尚書。著有《宋遺民錄》、《明文衡》等。张九逵，明江西大庾人，字天衢，弘治十二年（1499）进士，為程敏政所取士。

程敏政生前嘗自輯其著為篁墩稿、篁墩續稿、篁墩三稿及行素稿。既卒，其子侄合諸稿為一百四十卷，總名之曰《篁墩先生文集》，藏於家。後張九逵知休寧縣，顧程氏全集盡刻卒難為工，復慮久之或有散逸，於是屬敏政族侄程曾摘其粹者為二十五卷，再由敏政門人戴銑重加詮次，九逵自捐俸刻之，是書始刻於弘治之末，刻成於正德元年，名之曰《篁墩程先生文粹》。王重民《中國善本書提要》曰："付梓在全集前，恐全集不能即刻也。"正德二年（1507），徽州知府何歆發之，仍由張九逵主其事，從敏政子處得家藏全稿刊之。

館藏是書前依次為南京吏部尚書林瀚撰《篁墩程先生文粹序》、程公畫像、戶部尚書周經撰畫像記、誥命、北海汎（當爲仇）東之撰《篁墩程學士傳》、休寧知縣張九逵刻書識及目錄。全書包括經筵講章一卷，奏議、表、冊一卷，考、論、辯、說一卷，雜著一卷，記五卷，序五卷，題跋三卷，行狀一卷，碑誌、表碣二卷，傳一卷，祭告文一卷，書、簡一卷，箴、銘、贊一卷，致語、障詞一卷。書後有正德丙寅（1506）春程曾之疏及弘治乙丑（1505）戴銑之跋。程疏後有"確齋"、"師魯"、"程伯之後"三印。該書下魚尾下標頁次，頁次下間有刻工名。

鈐"愚齋圖書館藏"（朱方）、"時美"（朱長），"字宜之"（白長）諸印。（曾慶雨）

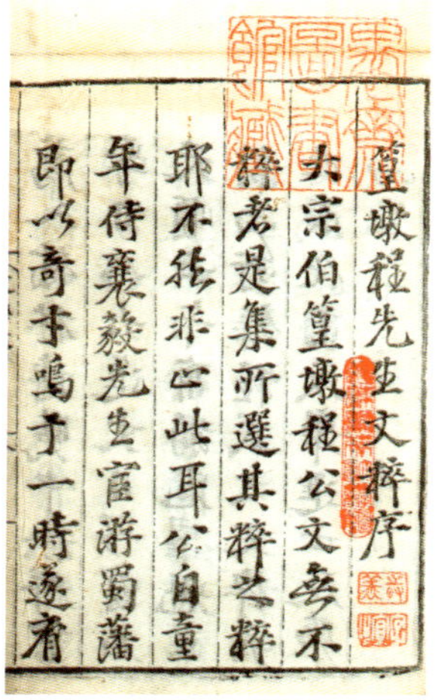
篁墩程先生文粹序
大宗伯篁墩程公文若不
粹者是集所選其粹之粹
耶不然非此耳公自童
年侍襄毅先生宦游蜀藩
即以奇才鳴于一時遂有

林瀚序

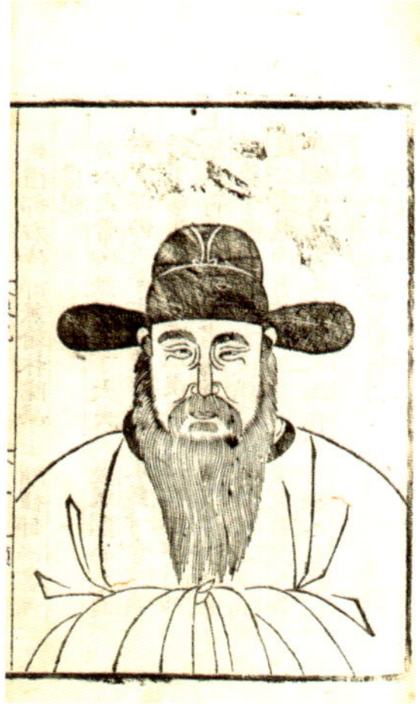

程公畫像

篁墩程先生文粹卷之一

經筵講章

中庸一

故為政在人取人以身修身以道修道以仁

這是中庸第二十章子思引孔子答魯哀公問政的說話政是人君治國平天下的政事人是賢臣孔子說人君修政立事只在用賢臣且如三公三孤得其人則能調元贊化弼成君德六卿得其人則能使禮樂刑政紀綱法度件件修舉若不得其人如何望治所以說為政在人身是指君身說天下的人才識趣不同有存心守正的有隨時求進的全看人君所好

77 未軒公文集 十二卷補遺二卷

國家名錄號 05906

明黄仲昭撰 劉節校
明嘉靖三十四年（1555）黄希白刻清雍正十三年（1735）黄邁琮增修本

每半頁十行，行二十字，白口，四周單邊
開本 28.2×15.2cm，半頁版框 18.4×13.3cm
六冊

《未軒公文集》十二卷卷端署“江西提學僉事前翰林院編修莆田黄仲昭著，刑部右侍郎門人大庾劉節校”。卷前有劉玉序，次黄仲昭畫像，次梁儲題未軒先生像，次羅倫題未軒詩。卷末為康大和後序，黄希白後跋。是集乃黄仲昭所撰詩文總匯，文詞典雅，全無鄙語。

補遺二卷。卷前有黄邁琮跋文。補遺多為人物之傳及傳論。

鈐“遊定遠讀書記”（朱方）。（回達強）

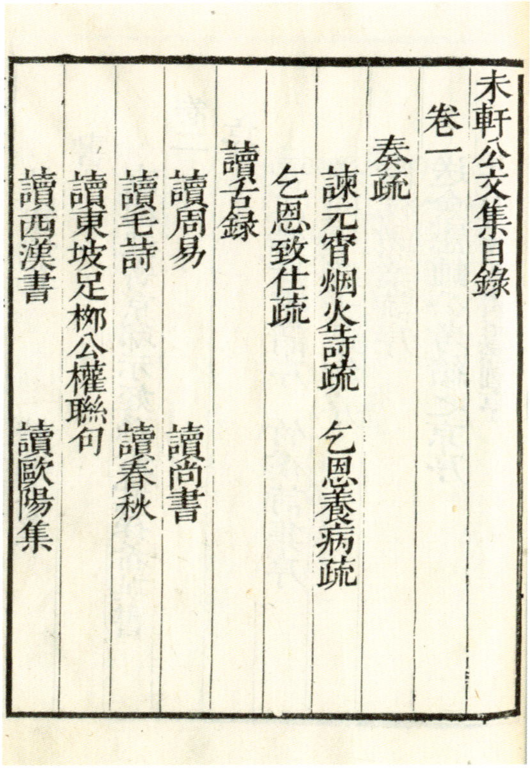
未軒公文集目錄
卷一
奏疏
諫元宵烟火詩疏　乞恩養病疏
乞恩致仕疏
讀古錄
讀周易　讀尚書
讀毛詩　讀春秋
讀東坡足栁公權聯句
讀西漢書　讀歐陽集

目錄

黄仲昭像

未軒公文集卷之一

江西提學僉事前翰林院編修莆田黄　仲昭　著

刑部右侍郎門人大庾劉　節　校

奏疏

諫元宵賦烟火詩疏時任翰林院編修同編修章懋檢討莊昶具

奏爲培養　聖德事內閣遣郎中韓定持小揭帖到東閣及史館分與太常寺卿兼翰林院侍讀學士吳節等令各賦煙火等詩以爲上元賞玩之具臣等各授一帖內開煙火花火等項面貼詩讚題目仍令照依舊詩格式擬述進呈及觀舊式俱是玩好之物鄙

78 震澤先生集 三十六卷

國家名錄號 05919

明王鏊撰
明嘉靖刻本

每半頁十一行，行二十字，小字雙行同，白口，單黑魚尾，左右雙邊，板心下端鐫刻工名氏
開本 27.3×17.7cm，半頁版框 17.2×14cm
八冊

王鏊，字濟之，號守溪，學者稱“震澤先生”。《明史 · 藝文志》錄鏊文集三十卷，《欽定四庫全書總目》亦著錄其文集三十卷，此本較多六卷，王重民先生《中國善本書提要》以為“館臣著錄有誤”。

卷首有嘉靖十五年（1536）南海霍韜《敘文恪公集》。

是集卷一賦、詩，卷二、三、四、五、六、七、八、九皆詩，卷十、十一、十二、十三序，卷十四序、説，卷十五、十六、十七記，卷十八內制，卷十九、二十奏疏，卷二十一、二十二、二十三傳，卷二十四碑，卷二十五行狀、墓表，卷二十六表碣，卷二十七、二十八、二十九、三十誌銘，卷三十一誌銘、哀詞、祭文，卷三十二頌贊、箴銘，卷三十三、三十四雜著，卷三十五題跋，卷三十六書，爲鏊元孫永熙等所梓。《欽定四庫全書簡明目錄》稱“鏊雖以制藝名一代，而其時場屋之文尚能以經史為根柢，以子集為波瀾，故其古文亦原本訓典，格律謹嚴，有韓歐遺風”。

鈐“雲間宋源翰氏收藏”（朱長）、“墨顛”（朱方）、“詠陶軒”（白方）、“宋慶遠印”（白方）、“南陔”（朱方）印。（鄭曉霞）

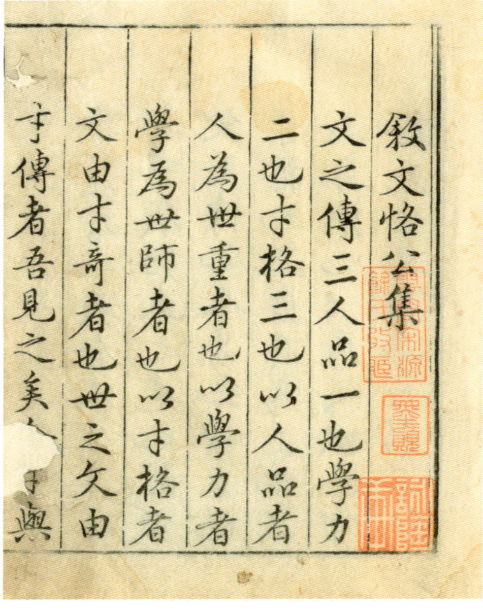
敘文恪公集
文之傳三人品一也學力
二也才格三也以人品者
人為世重者也以學力者
學為世師者也以才格者
文由才奇者也世之文由
才傳者吾見之矣

霍敘首頁

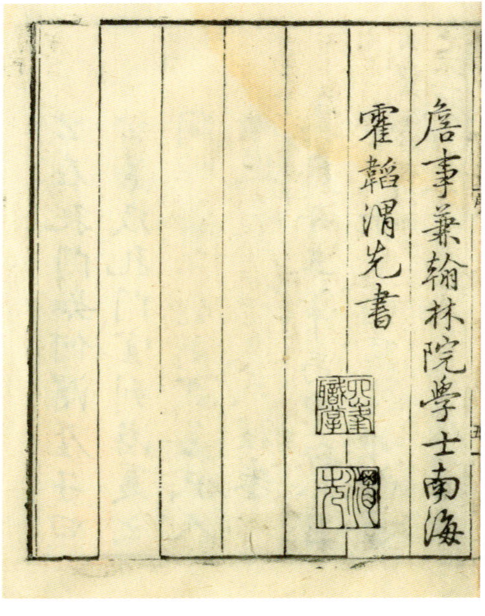
詹事兼翰林院學士南海
霍韜渭先書

霍敘末頁

震澤先生集卷第一

賦

弔闔廬賦

昔闔廬之霸吳兮卒託體乎茲丘慨往跡之日湎兮曾不可乎復求峯巒紛以環合兮浮層臺殿鬱以相謬叶忽乎闔之坼裂兮劍池瀰淪而深黑俯莫測其所窮兮仰不見乎白日兩崖嶔崟而巑岏兮又巉巖而斗絕信天造之險巇兮為神怪之窟穴將舉首而闖其淺深兮先魂驚而瘮栗彼呂政之雄哮兮力驅石而塡海將破山而求之兮藐不知其所在宜元之之不信兮謂往牒之我詒歲正德之協洽兮劍池忽

79　南川漫遊藁　十卷

國家名錄號 10761

明陶諧撰
明嘉靖十二年（1533）刻本

每半頁九行，行十八字，小字雙行同，白口，單魚尾，四周雙邊。
開本 26.2×15.0cm，半頁版框 19.1×13.5cm
二冊

陶諧（1474—1546），字世和，號南川，明浙江會稽人。弘治九年（1496）進士。正德年間以忤劉瑾遭廷杖並謫戍肅州。嘉靖元年（1522）復官，任江西按察司僉事，轉河南按察司副使。擢右副都御史，提督南贛汀漳等處軍務。尋遷兵部右侍郎，總督兩廣軍務。復為兵部左侍郎。後致仕，病卒，贈兵部尚書。隆慶初謚莊敏。《明史》有傳。

陶諧平生宦跡四方，所至輒有題詠，彙成七卷，總名曰《漫遊藁》，初未嘗示人。嘉靖癸巳（1533）秋，陶氏門生靖安舒栢書于嶺表書院索得陶氏藏稿，付梓而成是書。全書分為西行藁、北上藁、洪都藁、中州藁、再北上藁、題贈藁、行臺藁、草堂續藁、北遊藁、歸閑藁各一卷。版心上方鐫“南川藁”三字及卷數。書前次第為嘉靖十二年舒栢書于嶺表書院之《南川漫遊藁序》、嘉靖改元秋日天南第一峰樵者王琥書于臥雪亭之《西行漫藁序》、正德辛未陶氏本人之《西行漫藁引》。後有嘉靖改元菊月山陰王壄《西行漫藁後序》、嘉靖十二年陵水縣儒學教諭張宿《跋南川漫遊藁》。

鈐“愚齋圖書館藏”朱文大方印及“丙辰年查過”字樣，其餘印章均重疊加蓋，無法辨識。（曾慶雨）

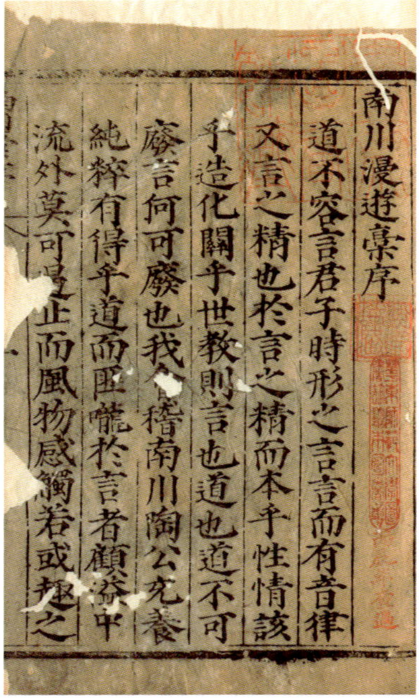
南川漫遊藁序
道不容言君子時形之言言而有音律
又言之精也於言之精而本乎性情該
乎造化關乎世教則言也道也道不可
廢言何可廢也我會稽南川陶公充養
純粹有得乎道而匪龍於言者顧滃中
流外莫可遏止而風物感觸若或趣之

舒栢序

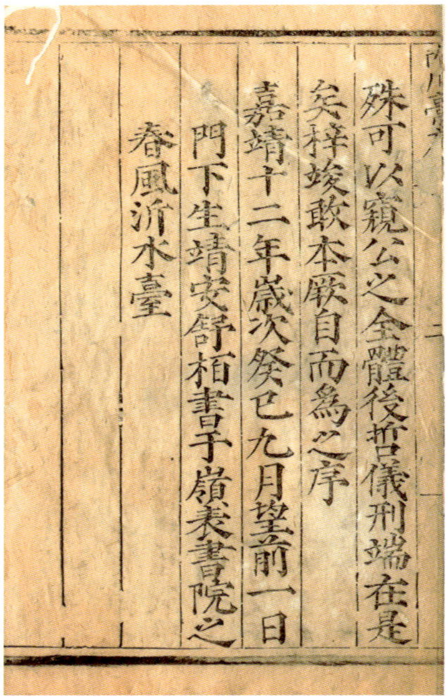
殊可以窺公之全體後哲儀刑端在是
矣梓竣敢本厥自而為之序
嘉靖十二年歲次癸巳九月望前一日
門下生靖安舒栢書于嶺表書院之
春風沂水臺

舒栢序

西行藁一卷

右府病起 正德三年戊辰歲十一月

十載黃扉侍

聖明年來東去更西征二年歸浙三年謫肅帑繒有主吾無預時予以戶事見提但予巡庫在弘治十四年其估計奏放布疋在十七年另差部堂并科道官主之實與巡庫官無干

國罰重加病復嬰

自分殘生先犬馬天教未死覩昇平明朝獨向蕭關戍時科道等官同以布疋事被提下獄者幾三十人皆照常發落甚有至京而不下獄者獨予坐當言不言被祓戍肅

百萬排門免物評

80　竹澗先生文集 八卷奏议四卷附錄一卷

國家名錄號 05989

明潘希曾撰
明嘉靖二十年（1541）黄省曾刻本

每半頁十二行，行二十字，白口，單魚尾，左右雙邊
開本 29.5×18.5cm，半頁版框 19.8×15.9cm
六冊

卷首有蘇祐嘉靖二十年（1541）《竹澗潘先生文集序》及張袞《又序》。有詩四卷、文四卷、奏議四卷、附錄一卷。潘希曾（1476—1532），字仲魯，號竹澗，浙江金華人。所作詩歌題材廣泛，蘊有剛正之氣。四庫館臣贊其“平生雖不以詩文得名，而氣體浩瀚，沛然有餘，亦復具有矩矱，非淺中飾貌者可比”。

鈐“何焯之印”（白方）、“屺瞻”（朱方）、“盱眙吳氏藏書”（朱方）、“太原叔子藏書記”（白長）。（李善强）

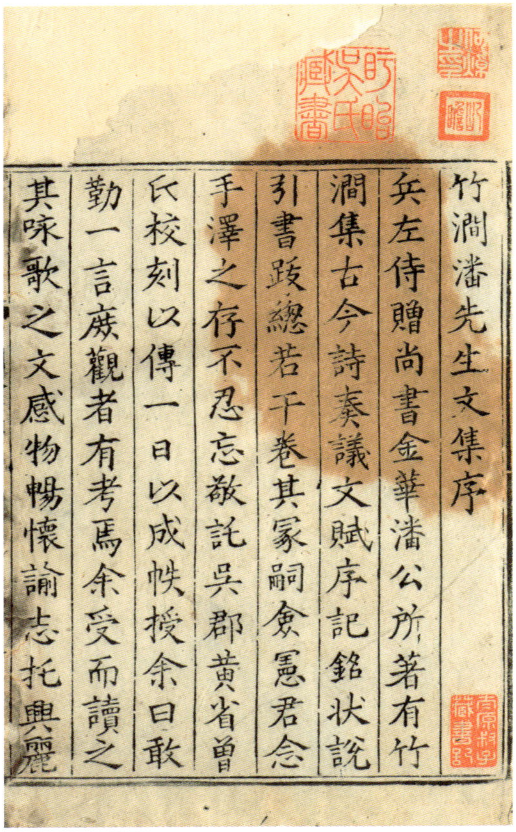
竹澗潘先生文集序
兵左侍贈尚書金華潘公所著有竹
澗集古今詩奏議文賦序記銘狀說
引書跋總若干卷其冢嗣僉憲君念
手澤之存不忍忘敬託吳郡黃省曾
氏校刻以傳一日以成帙授余曰敢
勤一言庶觀者有考焉余受而讀之
其咏歌之文感物暢懷諭志托興麗

竹澗潘先生文集序

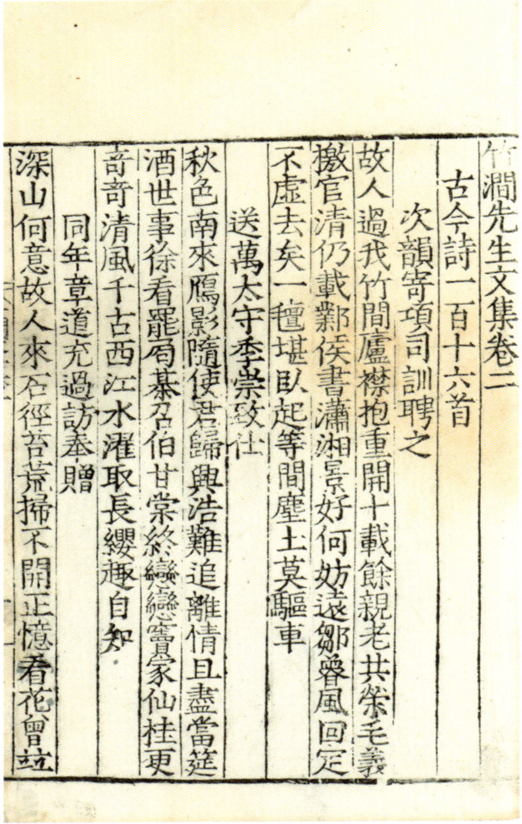
竹澗先生文集卷二
古今詩一百十六首
次韻寄項司訓聘之
故人過我竹間廬襟抱重開十載餘親老共榮毛義
檄官清仍載鄴侯書瀟湘景好何妨遠鄒魯風回定
不虛去矣一氊堪臥起等閒塵土莫驅車
送萬太守季崇致仕
秋色南來鴈影隨使君歸興浩難追離情且盡當筵
酒世事徐看罷局棊召伯甘棠終戀愛家仙桂更
奇奇清風千古西江水濯取長纓趣自知
同年章道充過訪奉贈
深山何意故人來石徑苔荒掃不開正憶看花曾竝

卷二

竹淵先生文集卷一

古今詩一百十七首

池上即事

避石斜開徑臨池小作堂竹陰隨杖履荷氣襲衣裳迥覺紅塵隔寧知白日忙一觴還一詠此樂詎能忘

送劉掌教中和山西校文

月窟秋香近山程暑雨踈諸生瞻使節內府待賢書鑒出驪黃外心傳衣鉢餘晉陽稱自古多士近何如

病中偶述

閉戶東風又一春竹陰庭院靜無塵花枝開好能撩我燕子來頻不避人與酒絕交偏寂寞作詩爲計有吟呻病餘筋力難爲禮拄杖人前自亦嗔

81 周恭肅公集 十六卷附錄一卷

國家名錄號05993

明周用撰
明嘉靖二十八年（1549）周國南川上草堂刻本

每半頁十行，行二十字，白口，單魚尾，四周雙邊
開本 26.2×17.3cm，半頁版框 19.3×14.1cm
八冊

卷首有朱希周嘉靖二十八年《周恭肅公集序》。周用（1476—1547），字行之，號白川，又號伯川，江蘇吳江人。謚恭肅。周用詩文兼工，為詩清新俊潔，為文簡淡質古，朱希周評其“文章豐蔚暢達而議論超卓”，“為詩興致高遠，格律深妙”。（李善强）

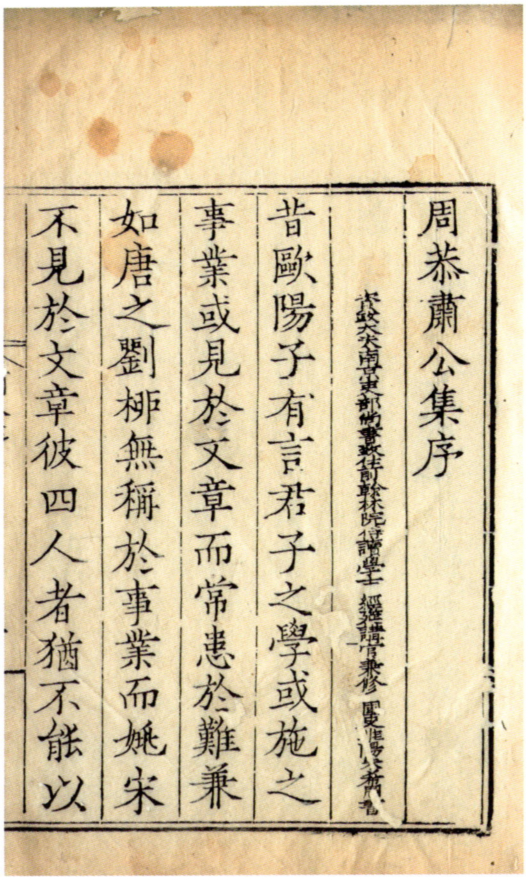
周恭肅公集序
資政大夫南京吏部尚書致仕前翰林院侍讀學士經筵講官兼修國史淮陽朱希周書
昔歐陽子有言君子之學或施之
事業或見於文章而常患於難兼
如唐之劉栁無稱於事業而姚宋
不見於文章彼四人者猶不能以

周恭肅公集序

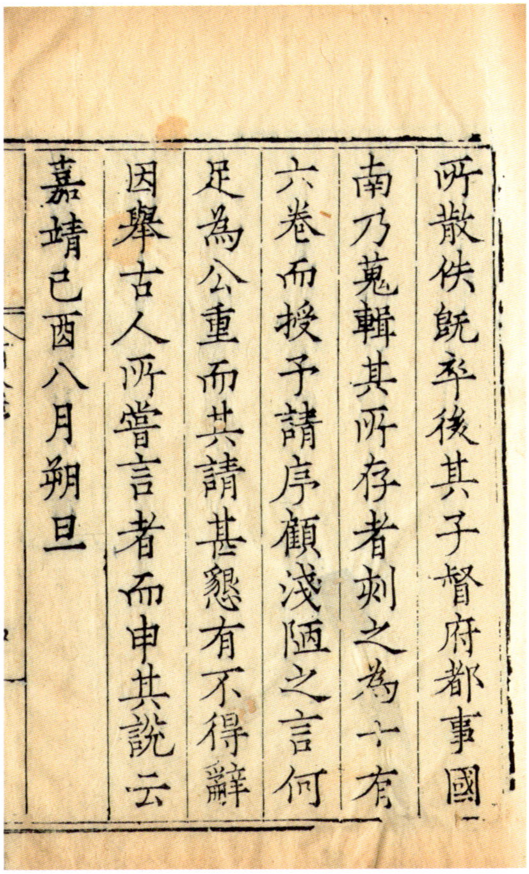
所散佚既卒後其子督府都事國
南乃蒐輯其所存者刻之為十有
六卷而授予請序顧淺陋之言何
足為公重而其請甚懇有不得辭
因舉古人所嘗言者而申其說云
嘉靖己酉八月朔旦

周恭肅公集序

周恭肅公集卷第一

五言古詩

送衍聖公開詔分韻得芊字

十二載三月乙卯時厥明臨雍達典禮於　皇心則寧矯矯六龍駕天衢如砥平煌煌羽林仗雲日迴光晶舍奠儼對越升堂凝穆清崇儒　詔之坐講道經斯橫元首先股肱皐陶歌載賡山雷觀所養剖析義各精賢聖垂作述尼父惟先正六籍足經緯百王資法程元孫秩上公異數超列卿揭來奉　宸眷聿觀禮云成殊錫已備物特享仍大烹遭逢重感激稱謝

82 陸子餘集 八卷附錄一卷

國家名錄號 06080

明陆粲撰
明嘉靖四十三年（1564）陸延枝刻本

每半頁十行，行十八字，白口，單魚尾，左右雙邊
開本 25.5×16.8cm，半頁版框 18.6×13.9cm
八冊

卷首有吕光洵《貞山先生集敘》，次嘉靖四十三年周復俊《陸子餘集敘》。陸粲（1494—1551），字子餘，一字浚明，江蘇長洲（今江蘇蘇州）人。陸粲學問鴻博，練達典故，所作以文居多。（李善强）

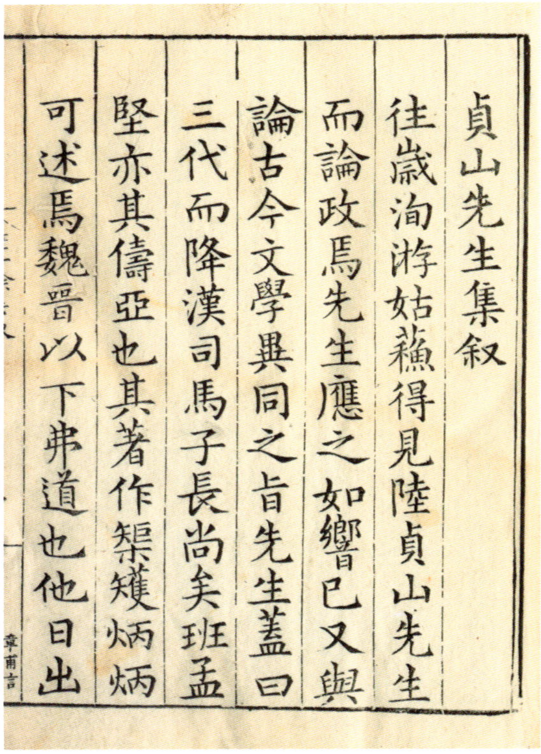
貞山先生集叙
往歲洵游姑蘇得見陸貞山先生
而論政焉先生應之如響已又與
論古今文學異同之旨先生蓋曰
三代而降漢司馬子長尚矣班孟
堅亦其儔亞也其著作槼矱炳炳
可述焉魏晉以下弗道也他日出

貞山先生集敘

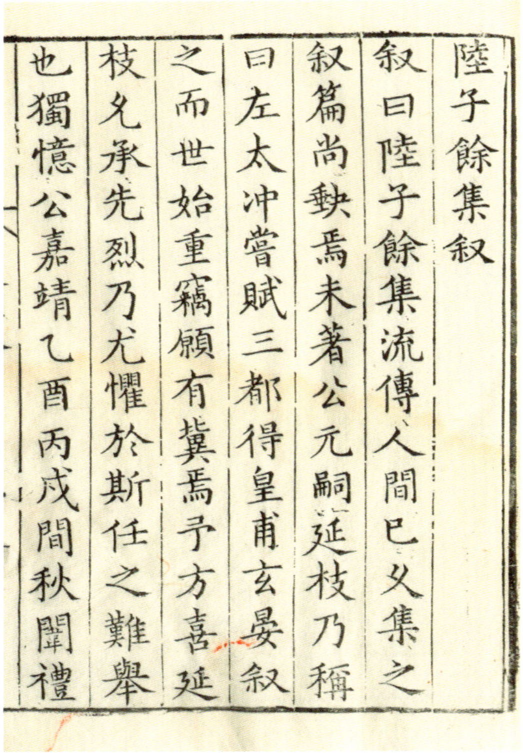
陸子餘集叙
叙曰陸子餘集流傳人間已久集之
叙篇尚歉焉未著公元嗣延枝乃稱
曰左太冲嘗賦三都得皇甫玄晏叙
之而世始重竊願有冀焉予方喜延
枝允承先烈乃尤懼於斯任之難舉
也獨憶公嘉靖乙酉丙戌間秋闈禮

陸子餘集敘

陸子餘集卷第一

前從仕郎工科給事中吳郡陸粲子餘撰

注荀卿子序

陸子曰吾讀荀卿子書高其文辭而怪今之君子之好之何少也或曰荀卿者意廣而爲學闊疏議論大抵矯亢失中又時譏切孟子以故近世儒者或頗黜其書吾亦甚恨卿之不遭孟子也使夫得游從焉與相切磋而去其蔽則卿固可爲醇儒哉然自孔氏没七十子之徒散亡既盡教益衰學士大夫爭騖於權利而卿獨脩先

83　念菴羅先生文集 四卷

國家名錄號 10793

明羅洪先撰
明嘉靖三十四年（1555）安如磐刻本

每半頁十行，行十八字，白口，單魚尾，左右雙邊
開本 26.0×16.5cm，半頁版框 18.0×14.1cm
四冊

羅洪先（1504—1564），字達夫，號念菴，江西吉水人。少時讀陽明《傳習錄》而深喜之。欲往受業未果。乃師事同邑李中，傳其學。嘉靖八年（1529年）舉進士第一，授修撰，即請告歸。後官至春坊左贊善。因上疏逆旨罷歸。歸後益尋求陽明學。隆慶初卒，贈光祿少卿，謚文莊。《明史》有傳。

安如磐，明嘉靖間直隸無錫人，時為太學生，私淑念菴，素慕其文章節義，因刊刻是集。

該書版心鐫“念菴文集”四字及卷數。前有嘉靖乙卯（1555）崑山張寰《念菴羅先生文序》及安如磐《刻念菴羅先生文集引》。卷一題名下並署“長洲俞國振編次，錫山安如磐校刊”。第一卷為敘類；第二卷為記類；第三卷為墓文類、表傳類及祭文類；第四卷為書類、雜著類及詩類。此本作為羅念菴文集海内罕見之最早刻本，極具文獻價值。

封面右下角鈐“丙辰年查過”之印。書中鈐“愚齋圖書館藏”（朱方）、“畊雪齋”（白方）、“葛鼒”（朱方）諸印。（曾慶雨）

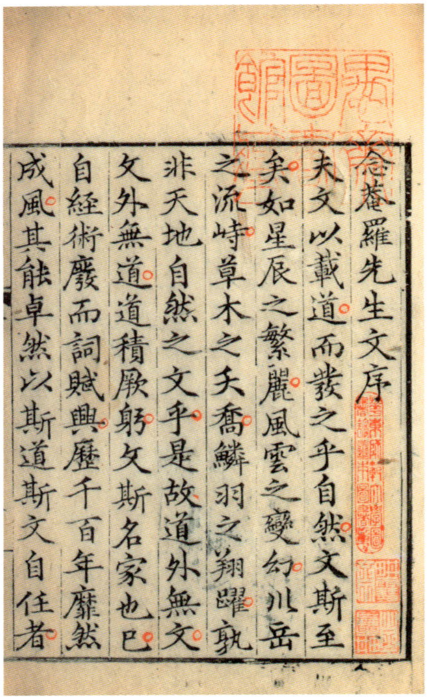

念菴羅先生文序
夫文以載道而發之乎自然文斯至
矣如星辰之繁麗風雲之變幻川岳
之流峙草木之夭喬鱗羽之翔躍孰
非天地自然之文乎是故道外無文
文外無道道積厥躬文斯名家也已
自經術廢而詞賦興歷千百年靡然
成風其能卓然以斯道斯文自任者

張寰序

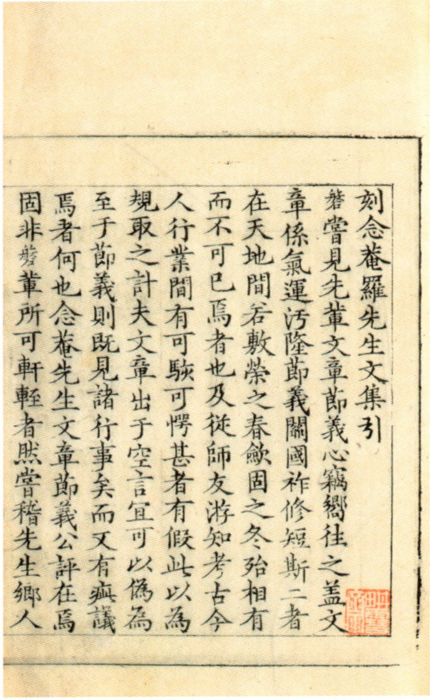

刻念菴羅先生文集引
磐嘗見先輩文章節義心竊嚮往之蓋文
章係氣運汚隆節義關國祚修短斯二者
在天地間若數榮之春斂固之冬殆相有
而不可已焉者也及從師友游知考古今
人行業間有可駭可愕甚者有假此以為
規取之計夫文章出于空言宜可以偽
至于節義則既見諸行事矣而又有疵議
焉者何也念菴先生文章節義公評在焉
固非磐輩所可軒輊者然嘗稽先生鄉人

安如磐刻書引

念菴羅先生文集卷第一

長洲俞國振編次
錫山安如磐校刊

敘類

黄四如先生文集

逸民之稱古無有也自夫子始發之解者曰逸之爲言遺佚謂無位而在下者也夫進不隱賢不卑小官豈至終爲人所遺哉或曰逸者自適惡夫䥫于世者也故夫子之言先夷而後惠審若是夫子何爲皆與之異耶蓋嘗聞之聖人之

84　俞曲園手稿四種　存六卷

國家名錄號 05023

清俞樾撰
稿本

春在堂尺牘一卷，每半頁八行，行十七字，開本 23.9 × 14.3cm，無格
金鵝山人尺牘一卷，每半頁十行，行二十一字，開本 25.3 × 15.6cm，無格
楹聯錄存卷上，每半頁十行，行二十字，開本 24.5 × 15.4cm，無格
群經平議卷二十至二十二，每半頁十行，行二十一字，開本 27.4 × 15.9cm，無格
五冊

“春在堂”乃俞樾室名，其一生著述亦總括為“春在堂全書”。《春在堂全書》初刻于同治十年（1871），收錄《群經平議》、《諸子平議》、《春在堂詩編》等著。光緒年間迭經數次增補刊印，收書種數與卷數愈增，多者達四十餘種近五百卷。館藏俞樾手稿四種乃是俞樾為《春在堂全書》寫樣、刊刻而謄錄之殘剩底本。以篆隸法寫真書，行筆遲澀，字形方扁，端凝樸茂，自成一體。其中《楹聯錄存》一冊收錄俞樾所撰聯語。俞樾楹聯藝術向為人所稱道，創作與集聯各臻其妙，格律謹嚴，質樸古拙而不失天然、奇巧之意。“小築三楹看淺碧垣牆淡紅池沼，相逢一笑有袖中詩本襟上酒痕”一聯，特具文人雅韻。

書前有吳湖帆仿瘦金體手書“俞曲園太史手錄楹聯稿本，子義藏，湖帆署”，鈐“吳湖颿”（白方）。子義是吳湖帆夫人潘靜淑的兄長。（韓進）

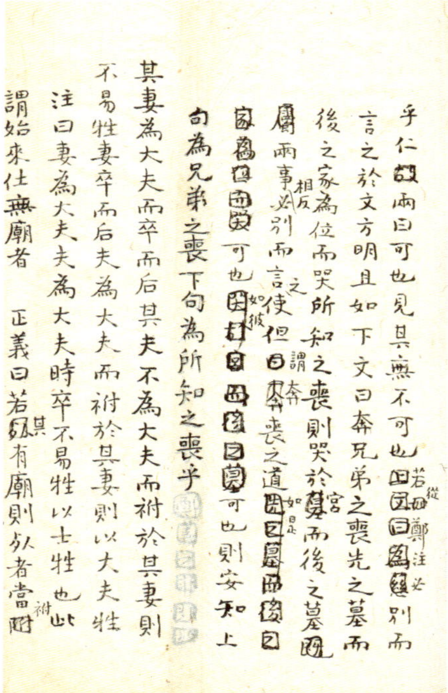

卷二十一

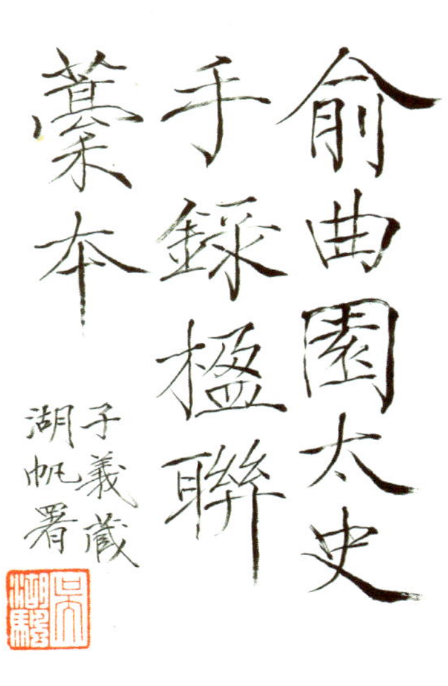

吳湖帆識語

與肅毅伯李少荃同年前輩

頃閱邸抄知承　恩命攝篆兩江　朝廷以節
鉞付重臣東南顧而金湯萬里慕府以詩書
為韜略上下江之壁壘一新不特鍾阜煙雲（有資管鑰）
抑且珂鄉父老都拜旌麾遊聽之餘墫墫起
舞矣　樾（修）僑寓津門又將三載今年承崇地山
同年延請天津府志而苦無經費未能設局
不過從故書中鈔撮終朝伏案勞而無功因

85 文選 六十卷

國家名錄號 10888

梁萧統輯 唐李善注
明隆慶五年（1571）唐藩朱碩熿刻本

每半頁十行，行二十二字，小字雙行同，大黑口，双黑魚尾，四周雙邊
開本 28.8×17.1cm，半頁版框 19.8×14.7cm
三十冊

書首成化丁未希古“重刊文選序”及雷鳴春隆慶辛未十月“重刊文選序”（後者指出成化二十三年重刊本“舊板寖蠹，觀覽弗便”）。次李善上文選註表、呂延祚進五臣集注文選表。次昭明太子序、余璉序。次目錄。每卷銜名曰“文林郎守太子右內率府錄事參軍崇賢館直學士臣李善註上奉政大夫同知池州路總管府事張伯顔助率重刊”。書末附唐世子弘治元年二月“跋重刊文選後”，略述其父莊王著意重刻文選之緣起。

《文選》版本大致有三種系統，即李善注本、五臣注本和六臣注本。李善注本最早為北宋天聖年間刊刻的國子監本，現存最早者則為南宋孝宗淳熙八年尤袤刊本。元代有張伯顔翻刻尤本，明代有唐藩翻刻張本、嘉靖元年金台汪諒翻刻張本、嘉靖四年晉藩養德書院校正重刊張伯顔本及汲古閣翻刻尤本等，清胡克家據尤刊遞修本校勘重刻，刻印精審，更為後來者所效。

明成化二十三年唐藩重刻元張伯顔池州路本，近人瞿鏞、陸心源、羅振玉、葉德輝等均有題錄，其佳處已經藏書家論定。《稿本中國古籍善本書目》著錄《文選》百餘，隆慶五年唐藩朱碩熿刻本為其一。。

鈐“曜（異體）芷”（朱方）、“唐國經史之章”（朱方）、“國立暨南大學圖書珍藏”（朱方）。（周保明）

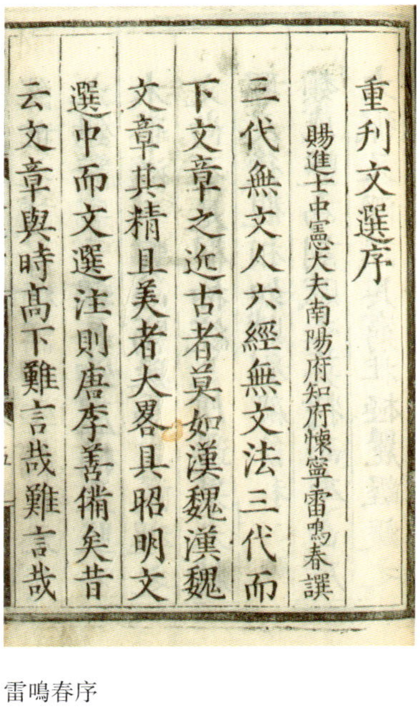
重刊文選序
賜進士中憲大夫南陽府知府懷寧雷鳴春譔
三代無文人六經無文法三代而
下文章之近古者莫如漢魏漢魏
文章其精且美者大畧具昭明文
選中而文選注則唐李善備矣昔
云文章與時高下難言哉難言哉

雷鳴春序

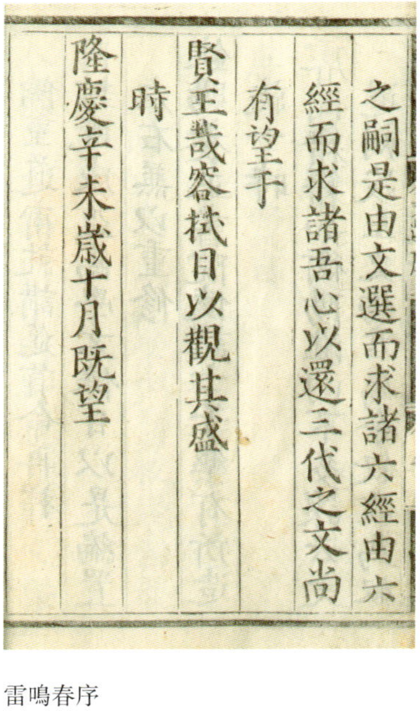
之嗣是由文選而求諸六經由六
經而求諸吾心以還三代之文尚
有望于
賢王哉容拭目以觀其盛
時
隆慶辛未歲十月既望

雷鳴春序

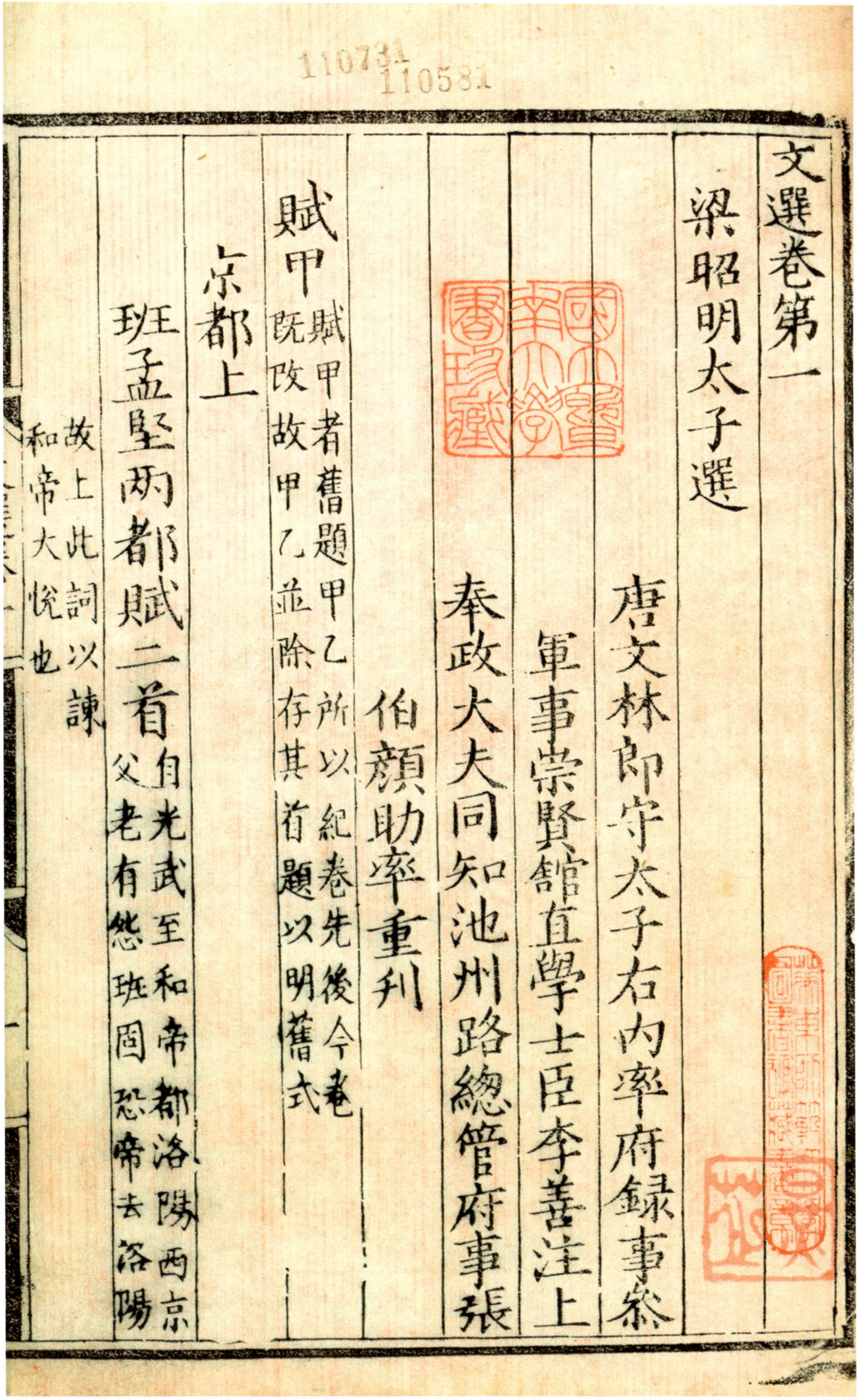

文選卷第一

梁昭明太子選

唐文林郎守太子右内率府録事參軍事崇賢館直學士臣李善注上

奉政大夫同知池州路總管府事張伯顔助率重刊

賦甲 賦甲者舊題甲乙所以紀卷先後今卷既改故甲乙並除存其首題以明舊式

京都上

班孟堅兩都賦二首 自光武至和帝都洛陽西京父老有怨班固恐帝去洛陽故上此詞以諫和帝大悦也

86 選詩補註 八卷

國家名錄號 03864

元刘履撰
明前期刻本

每半頁十行，行十七字，黑口，雙魚尾，四周雙邊
開本 27.5×16.7cm，半頁版框 25×14cm
四冊

劉履（1317—1380），字坦之，自號草澤閑民，元末明初上虞人，著名學者、詩人，有《忠公奏議》二十七篇、《忠公年譜》一卷、《風雅翼》十四卷、《草澤閑吟》四卷等。

是書八卷，爲劉履《風雅翼》之一種，是對《文選》各詩的删補、注釋之作。是書依時間順序，對選詩重新編排，分爲漢詩、魏詩、晉詩、齊梁詩五部分，又按同一作者之詩合併編排，先述作者簡介，後分列其詩，詩後附注釋，大抵本之伍臣舊注、曾原《演義》，而各斷以己意。有曾鶴齡序、謝肅序、夏時序。

是書成書于元代，但無元代刊本，此本爲明代版本。(趙太和)

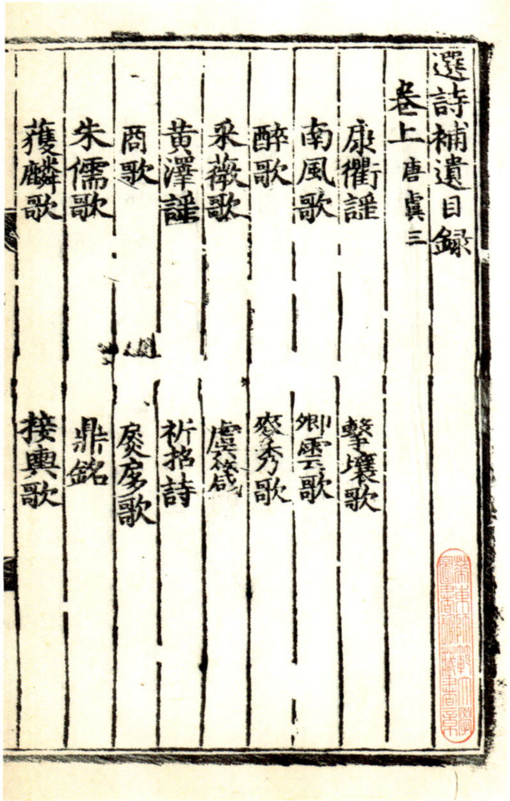

選詩補遺目錄
卷上 唐虞三
康衢謠 擊壤歌
南風歌 卿雲歌
醉歌 麥秀歌
采薇歌 虞箴
黃澤謠 祈招詩
商歌 扊扅歌
朱儒歌 鼎銘
獲麟歌 接輿歌

目錄

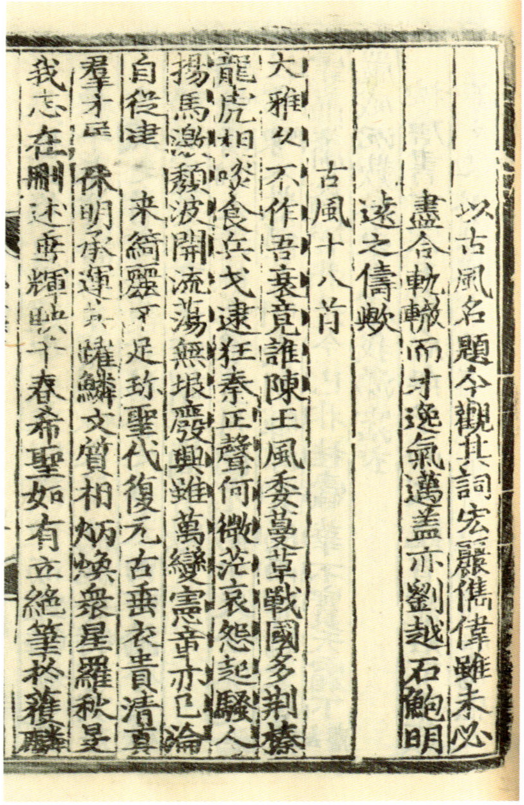

以古風名題今觀其詞宏麗儁偉雖未必
盡合軌轍而才逸氣邁蓋亦劉越石鮑明
遠之儔歟
古風十八首
大雅久不作吾衰竟誰陳王風委蔓草戰國多荊榛
龍虎相啖食兵戈逮狂秦正聲何微茫哀怨起騷人
揚馬激頹波開流蕩無垠廢興雖萬變憲章亦已淪
自從建安來綺麗不足珍聖代復元古垂衣貴清真
羣才屬休明乘運共躍鱗文質相炳煥衆星羅秋旻
我志在刪述垂輝映千春希聖如有立絕筆於獲麟

正文

選詩補遺卷上

上虞劉　履　校選

康衢謠

列子曰堯治天下五十年不知天下治與不治與億兆願戴己與不願戴己與乃微服遊於康衢聞兒童謠云云

立我烝民莫匪爾極不識不知順帝之則

立建烝衆也極即所謂皇極帝謂堯也則法也今其詞見詩思文皇矣篇中而意各不同

擊壤歌

87 選賦 六卷

國家名錄號 06286

梁蕭統選 明郭正域評點
明鳳笙閣主人淩森美刻朱墨套印本

每半頁八行，行十八字，有眉注，白口，無魚尾，四周單邊
開本 28.3×18.2cm，半頁版框 20×14.7cm
六冊

卷首《梁昭明傳》，次《梁昭明序》，次《唐李學士行畧》，次《李善上註表》。卷後附《選賦名人世次爵裹》。

是書取梁蕭統《文選》所錄自戰國迄南朝梁之間三十三人賦作五十九篇，分京都、紀行、畋獵、耕籍、郊祀、鳥獸、物色、江海、宮殿、遊覽、論文、哀傷、志、情、音樂十五類分別評點。有眉批、題下評、總評三種評點形態，以眉批為主。王重民《中國善本書提要》言“森美印是書，一以郭正域所批點為宗，而益以楊慎之說。本文則以李善本為主，又校以五臣本，亦出森美手。至其不具主名之評語，則當為郭氏說也”。該本楊慎評均以“用修曰”啟之，而眉端所列又低郭評一字。

鈐“國立暨南大學書珍藏”（朱方）印。（鄭曉霞）

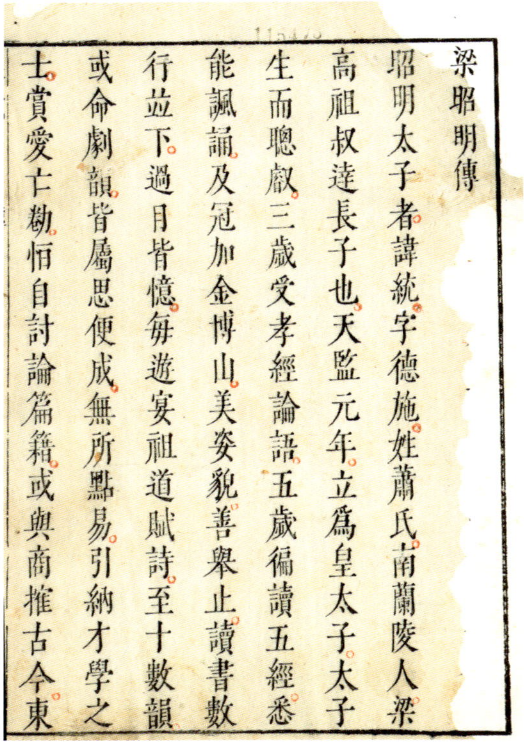
梁昭明傳
昭明太子者諱統字德施姓蕭氏南蘭陵人梁
高祖叔達長子也天監元年立爲皇太子太子
生而聰叡三歲受孝經論語五歲徧讀五經悉
能諷誦及冠加金博山美姿貌善舉止讀書數
行並下過目皆憶每遊宴祖道賦詩至十數韻
或命劇韻皆屬思便成無所點易引納才學之
士賞愛亡勌恒自討論篇籍或與商摧古今東

梁昭明傳首頁

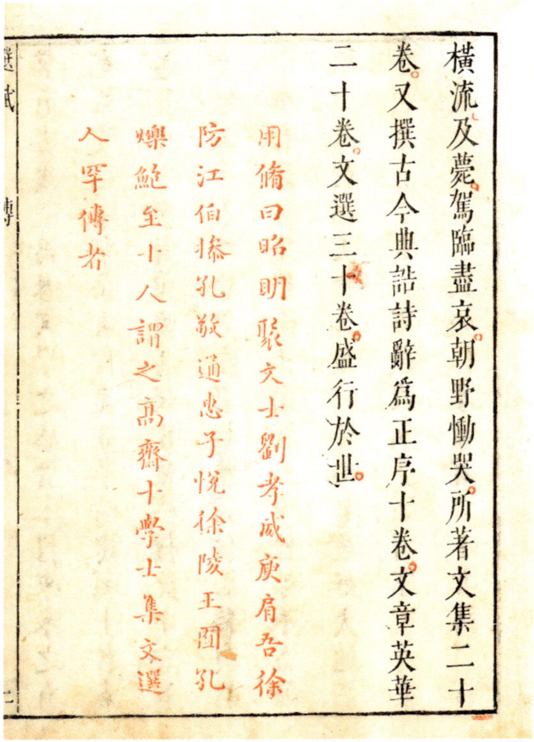
横流及薨駕臨盡哀朝野慟哭所著文集二十
卷又撰古今典誥詩辭爲正序十卷文章英華
二十卷文選三十卷盛行於世
用脩曰昭明聚文士劉孝威庾肩吾徐
防江伯搖孔敬通惠子悅徐陵王囿孔
爍鮑至十八謂之高齋十學士集文選
人罕傳者

梁昭明傳末頁

作賦不偉麗不如為文焱賦以敷陳其事一于妍麗譎詭令人不曉不數陳矣此賦宏博而不鐵巧瑰瑋

選賦卷一

梁昭明太子蕭統選

班固

兩都賦序

或曰賦者古詩之流也昔成康沒而頌聲寢王澤竭而詩不作大漢初定日不暇給至於武宣之世廼崇禮官考文章內設金馬石渠之署外興樂府協律之事以興廢繼絕潤色鴻業是以

88 古文苑 二十一卷

國家名錄號 06308

宋章樵注
明成化十八年（1482）張世用建陽刻本

每半頁十行，行十八字，小字雙行同，白口，無魚尾，四周單邊
開本 28.4×17.5cm，半頁版框 19.6×14.9cm
四冊

卷首紹定壬辰（5 年，1232）章樵自序，次成化壬寅（18 年，1482）勾餘張琳敘。

是書《直齋書錄解題》作九卷，言“不知何人集。皆漢以來遺文，史傳及《文選》所無者。世傳孫洙巨源於佛寺經龕中得之，唐人所藏也。韓無咎類次為九卷，刻之婺州”。至宋紹定間，章樵取史冊所遺以補其數，詩歌、賦頌、書狀、箴銘、碑記、雜文，為體二十有一，為編二百六十有四，附入者七，始於周宣石鼓文，終於齊永明之倡和，上下一千三百年間，釐為二十卷，并為之注釋，故傳世書目有作二十卷者。又有賦十四首、頌三首，“舊編載此諸篇，文多殘缺，搜撿它集，互加參證，或補及數句，猶非全文，姑存卷末，以竢博訪”，是又有二十一卷之目。

館藏該本目錄首行下有墨筆手書題識曰：“就中選得三十首詩，贊、銘、箴則略而不採焉。學子治選而及之，無乎不可也。嘉慶丙辰之初夏鶴裔人衍潮記。”鈐“獨山莫祥芝圖書記”（朱方）、“莫亦（？）祥芝印”（白方）、“善徵”（朱方）等印，原係清莫祥芝舊藏。（鄭曉霞）

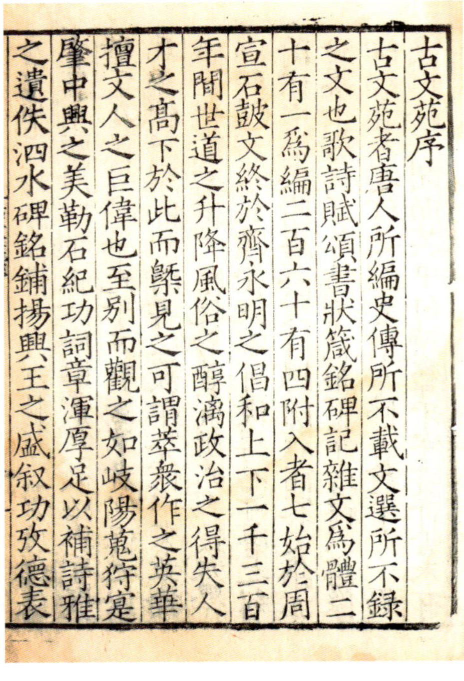

古文苑序
古文苑者唐人所編史傳所不載文選所不錄之文也歌詩賦頌書狀箴銘碑記雜文爲體二十有一爲編二百六十有四附入者七始於周宣石鼓文終於齊永明之倡和上下一千三百年閒世道之升降風俗之醇漓政治之得失人才之高下於此而槩見之可謂萃衆作之英華擅文人之巨偉也至別而觀之如岐陽蒐狩寔肇中興之美勒石紀功詞章渾厚足以補詩雅之遺佚泗水碑銘鋪揚興王之盛叙功攷德表

章序

古文苑目録 就中選得三十首詩贊銘箴則略而不採焉學子治選而及之無乎不可也嘉慶丙辰之初夏鶴裔人衍潮記
第一卷
周宣王石鼓文
秦惠文王詛楚文
秦始皇嶧山刻石文
第二卷
宋玉賦六首
笛賦　大言賦
小言賦　諷賦
釣賦　舞賦

目錄

古文苑卷第一

周宣王石鼓文
秦惠文王詛楚文
秦始皇嶧山刻石文

石鼓文

周宣王狩于岐陽所刻石鼓文十篇近世薛尚功鄭樵各為之音釋王厚之攷正而集録之施宿又參以諸家之本訂以石鼓籀文真刻壽梓于淮東倉司其辨證訓釋蓋亦詳備按此編孫巨源得於僧寺佛書龕中以為唐人所録審爾則又在薛鄭之前二三百年矣詳攷其文字畫音訓多與鄭本合豈鄭為音釋時嘗得此本參校邪惟甲乙之次與薛鄭本俱不同

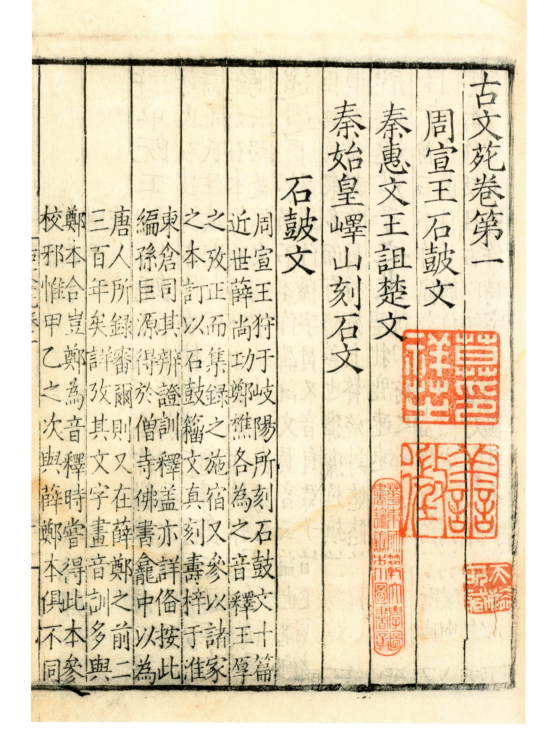

89 樂府詩集 一百卷 存十二卷（一至十，目录二卷）

國家名録號 00788

宋郭茂倩輯
元至正元年（1341）集慶路儒學刻明修本

每半頁十一行，行二十字，黑口，雙魚尾，左右雙邊
開本 28×17.5cm，半頁版框 22.3×15.5cm

卷首爲至正初元菊月朔文學冷掾周慧孫序，次爲至元六年十二月□一日永嘉李孝光序。傅增湘《藏園群書經眼錄》著錄。（趙太和）

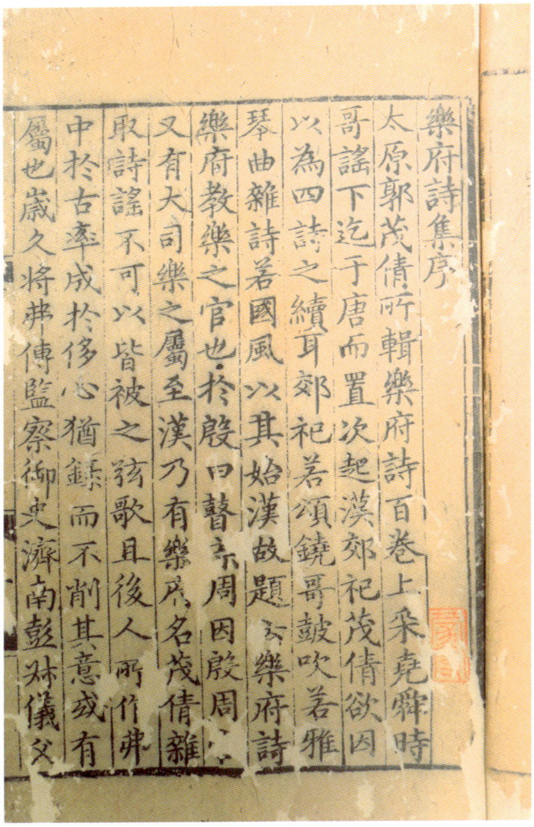

樂府詩集序
太原郭茂倩所輯樂府詩百卷上采堯舜時
哥謠下迄于唐而置次起漢郊祀茂倩欲因
以為四詩之續耳郊祀若頌鐃哥鼓吹若雅
琴曲雜詩若國風以其始漢故題云樂府詩
樂府教樂之官也於殷曰瞽宗周因殷周之
又有大司樂之屬至漢乃有樂府名茂倩雜
取詩謠不可以皆被之弦歌且後人所作弗
中於古率成於侈心猶錄而不削其意或有
屬也歲久將弗傳監察御史濟南彭炑儀父

樂府詩集序

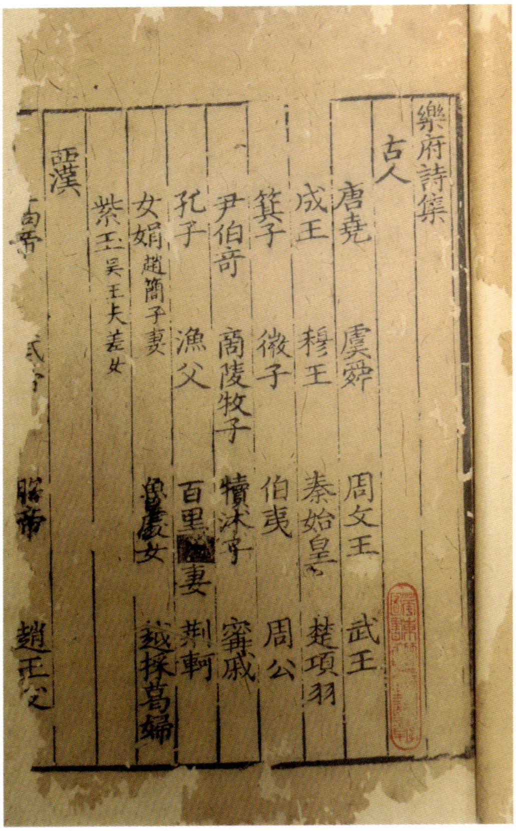

樂府詩集
古人
唐堯 虞舜 周文王 武王
成王 穆王 秦始皇 楚項羽
箕子 微子 伯夷 周公
尹伯奇 商陵牧子 犢沐子 甯戚
孔子 漁父 百里□妻 荆軻
女娟 趙簡子妻 魯處女 越採葛婦
紫玉 吳王夫差女
西漢
高帝 武帝 昭帝 趙王友

目錄

樂府之名起於漢所以協音律之
具而命之古無有也蓋古之歌永言聲
依永律和聲此曲之所由作也自
以樂府為樂非日環繞鳴竹鏗金擊
石然後謂之樂凡觸之於目感於心懽欣
愉懌出於口者之之皆謂之曲也曷[illegible]

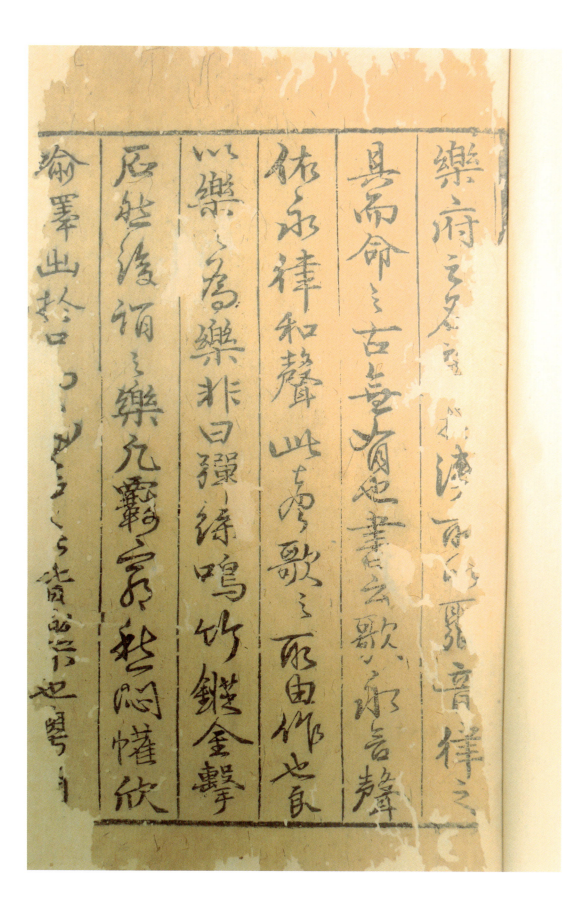

90 漢魏詩紀 二十卷附談藝錄一卷

國家名錄號 06329

明馮惟訥編 明徐禎卿撰《談藝錄》
明馮惟訥嘉靖三十八年（1559）序刻本

每半頁九行，行二十二字，小字雙行同，白口，單黑魚尾，四周雙邊，有補鈔
開本 26.9×17.6cm，半頁版框 21×15.4cm
十冊

卷首嘉靖三十八年豫章徐南金《漢魏詩紀序》，次嘉靖乙卯（34 年，1555）安丘黃禎《漢魏詩紀序》，次嘉靖己未（38 年）耀州喬世寧《漢魏詩紀敘》。

是集包括《漢詩紀》十卷，《魏詩紀》九卷，《吳詩紀》一卷，“蓋抄自漢魏人集，又本史志，旁及諸類書與郭茂倩所集《樂府》，乃其時歌謠、諺語傳記有徵者，亦竝采焉”。每詩於撰者各敘其略，兼及詩之所繇作。惟訥又輯有古逸十卷，晉二十四卷，宋十一卷，齊八卷，梁三十四卷，陳十卷，北魏二卷，北齊二卷，北周八卷，隋十卷，外集仙鬼詩四卷，別集統論二卷，品藻六卷，雜解二卷，辨證、志遺各一卷，合之是集，共得百五十六卷，名之曰《詩紀》，《四庫全書總目》言其“上薄古初，下迄六代，有韻之作，無不兼收。溯詩家之淵源者，不能外是書而別求”。（鄭曉霞）

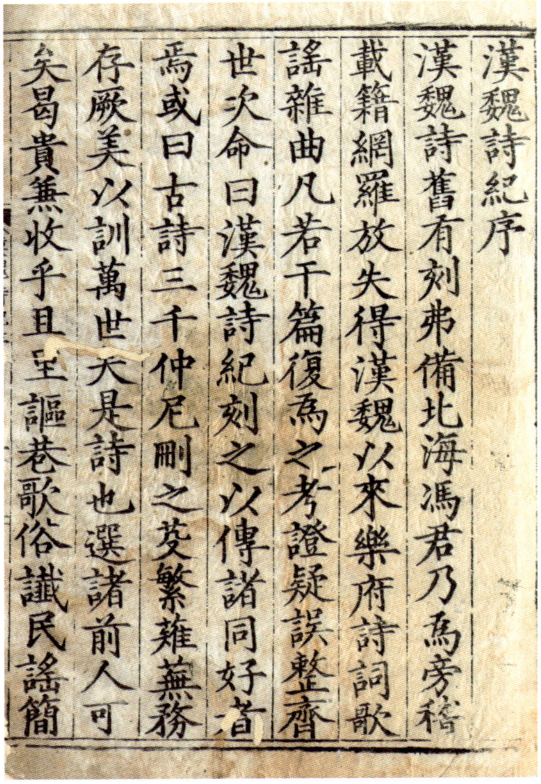
漢魏詩紀序
漢魏詩舊有刻弗備北海馮君乃爲旁稽
載籍綱羅放失得漢魏以來樂府詩詞歌
謡雜曲凡若干篇復爲之考證疑誤整齊
世次命曰漢魏詩紀刻之以傳諸同好者
焉或曰古詩三千仲尼删之芟繁薙蕪務
存厥美以訓萬世夫是詩也選諸前人可
矣曷貴兼收乎且里謳巷歌俗讖民謡篇

徐序首

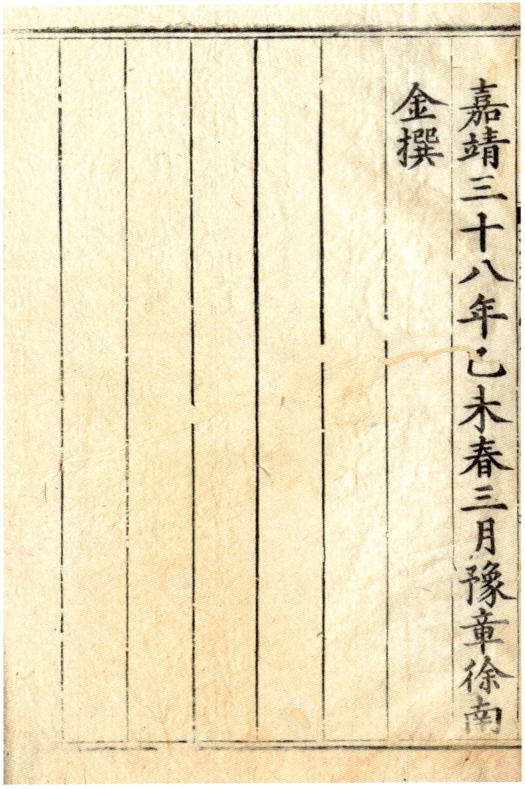
嘉靖三十八年己未春三月豫章徐南
金撰

徐序末

漢詩紀卷之一

北海馮惟訥編

高帝 姓劉氏諱邦字季

大風歌 一名三侯之章

漢書曰高帝既定天下還過沛留置酒沛宮悉召故人父老子弟佐酒發沛中兒得百二十人教之歌酒酣上擊筑自歌令兒皆和習之帝乃起舞慷慨傷懷

大風起兮雲飛揚威加海內兮歸故鄉安得猛士兮守四方

鴻鵠歌 古樂府作楚歌

91 標音古文句解精粹大全 前集四卷後集四卷 存二卷（前集一至二）

國家名錄號 09991

元何如愚輯
元刻本

每半頁十一行，行二十字，小字雙行同，細黑口，雙魚尾，四周雙邊，上下雙欄，眉欄標音，下欄為正文
开本 25.5×16.4cm，半頁版框 20.6×12.9cm
兩冊

卷端題“金華何如愚解”。卷前有《題古文精粹》，未署撰人。《標音古文句解精粹大全》乃自漢至宋之通代詩文選本，篇前提點大意，間以注釋音訓，意為“取以為後世法”。華東師大藏本雖僅存前集首二卷，然結合殘存目錄，依然可以窺見全書總體風貌。悉知臺灣“中央圖書館”藏明坊刻殘本《標音句解精粹古文大全》後集卷一、卷二，高麗大學中國學研究所藏朝鮮刻殘本《標音古文句解精粹大全》存前集卷三、卷四，三大殘本大同小異，可相互補益。

鈐有“秀埜草堂顧氏藏書印”（朱方）、“顧嗣立印”（白方）、“俠君”（朱方）、“曾經東山柳蓉邨過眼印”（朱方）。（回達強）

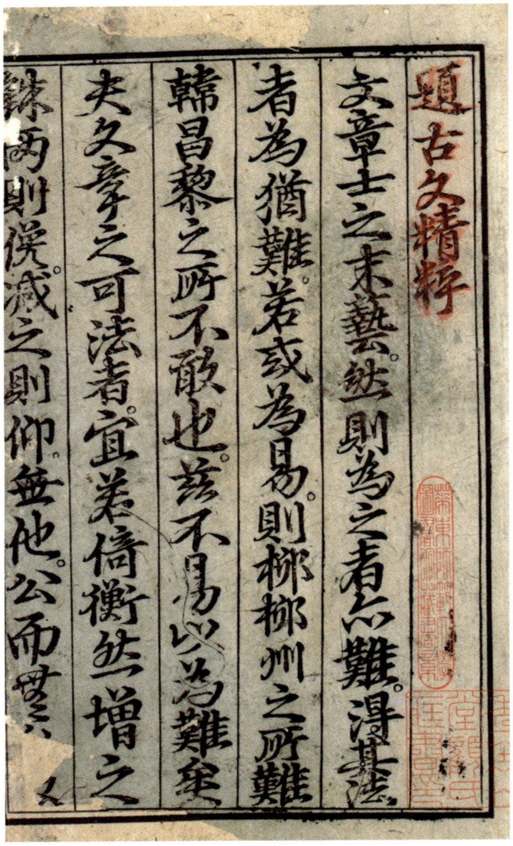

古文精粹序

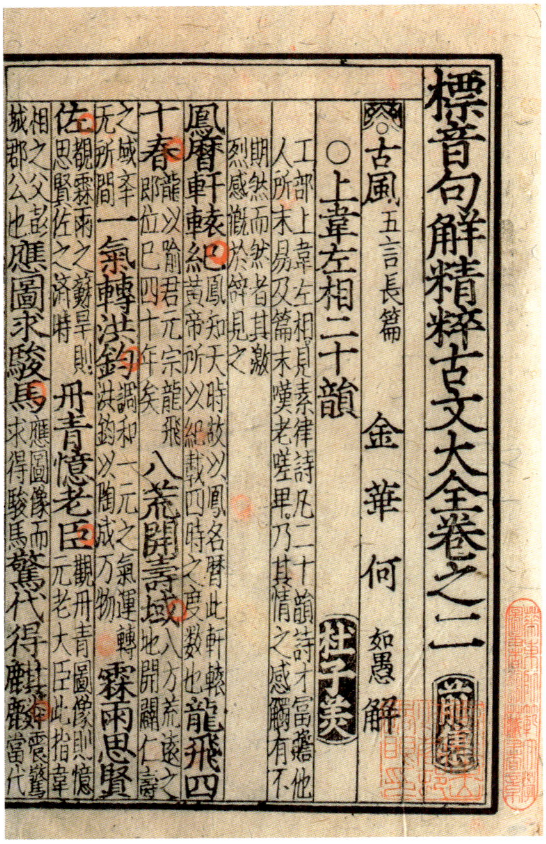

卷二卷端

標音古文句解精粹大全卷之一　（前集）

金華何如愚解

古詩共十五首

五臣呂尚云不知時代又失姓氏故但云古詩

○其一

○此詩意謂忠臣爲佞人讒逐意

涯音宜

行行重行行此詩第二句有生別離字首句言人之行復行與君生別離銑曰此詩意爲忠臣遭佞人讒讒見放逐也相去萬餘里言一別之去如此之遠各在天一涯即詩云各天一方之意道路阻且長言路途有險阻如此之長遠會面安可知相見之日未可知也胡馬依北風馬牛之風不相及也越鳥巢

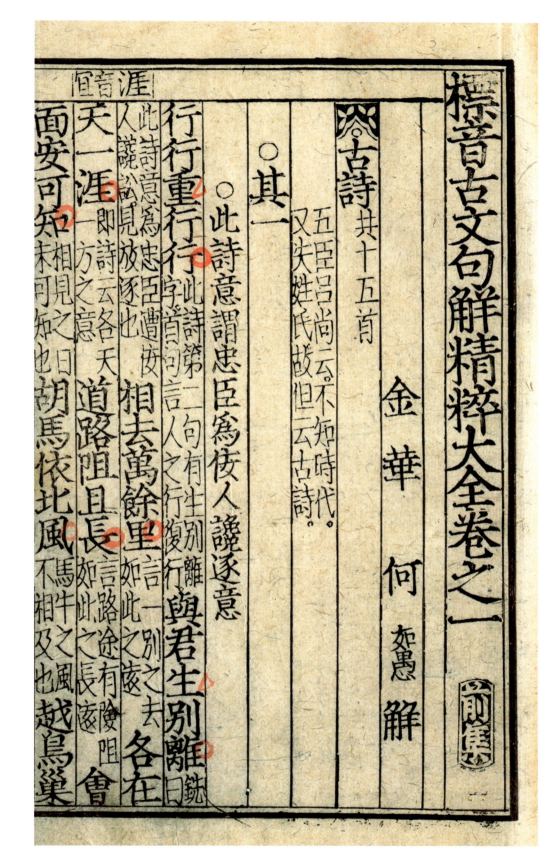

92 音訓句解古今文鑒續集 十卷

國家名錄號 01217

元張肇 何如愚輯
元建陽坊刻本

每半頁十行，行二十字，小字雙行同，眉欄有注，細黑口，雙順黑魚尾，左右雙邊
開本 20.1×12.9cm，半頁版框 16.1×9.8cm
二冊

題“龍川勁軒張肇，樵東畊野何如愚”。張肇、何如愚生平無考。華東師範大學圖書館藏元建陽書林詹氏刻《標音古文句解精粹大全》前集二卷，署“金華何如愚解”，編纂體例及版刻風格與該本極似，則何氏當為元代建陽坊間知名文選家。

是書不見諸歷代書目，今為孤帙僅存。

卷一解，卷二說，卷三原，卷四、卷五銘，卷六箴，卷七、卷八頌，卷九書，卷十表，各取前人佳作，首解題，次句解，眉釋音，小開本，為士子模範之用。

鈐“家在五湖”（朱方）、“城南讀書處”（朱方）、“素行”（朱方）、“玉磵後人”（朱方）、“綠雲僊館珍藏”（朱方）、“宋氏蘭揮藏書善本”（白長）、“筠”（朱圓）、“晉齋”（朱長）、“雲西”（朱方）、“下榻遺風”（白方）、“司馬蘭亭賞鑒”（朱長）、“正法眼藏”（白方）、“江邨”（朱橢）、“葉珩印”（白方）、“南葉”（朱長）、“國楨私印”（白方）、“轂”（朱方）、“法枚”（朱方）、“不著一字盡得風流”（白長）、“釋氏藏書”（白方）等印，則此曾經明司馬亜、清宋蘭揮等鑒藏。（鄭曉霞）

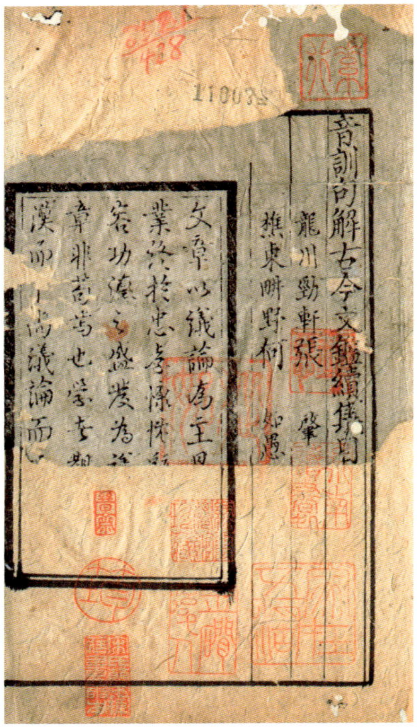

書衣

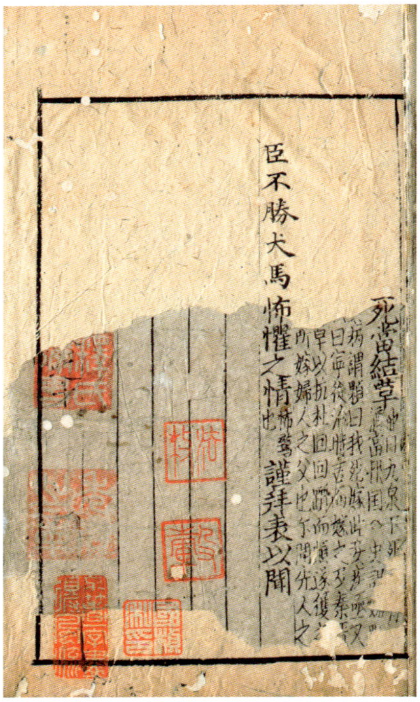

卷末

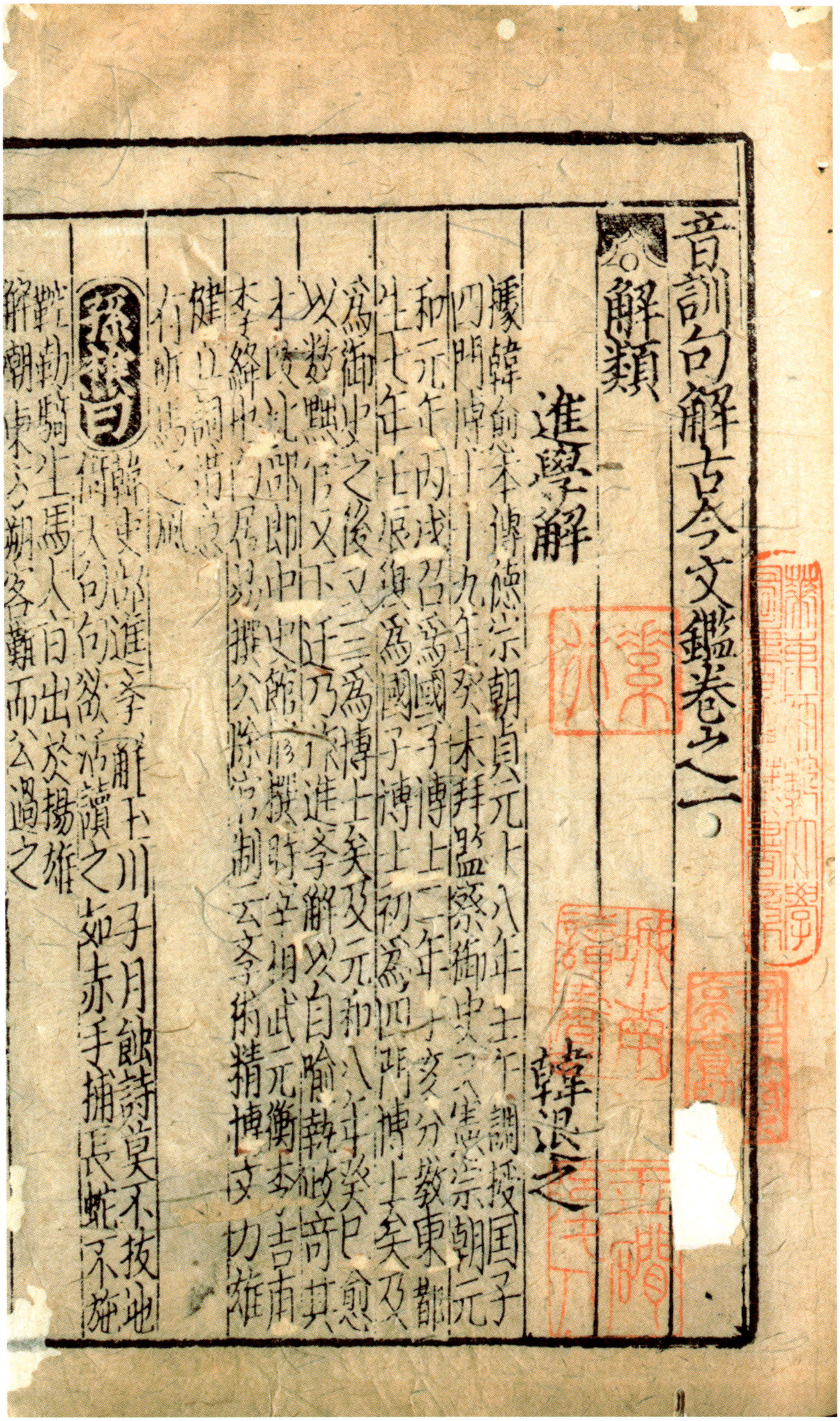

音訓句解古今文鑑卷之一

解類

進學解　　韓退之

㒓韓愈本傳德宗朝貞元十八年壬午調授国子四門博士十九年癸未拜監察御史[illegible]憲宗朝元和元年丙戌召爲國子博士二年丁亥分教東都生七年壬辰復爲國子博士初爲四門博士矣及爲御史之後又三爲博士矣及元和八年癸巳愈以數黜官又下遷乃作進學解以自喻執政奇其才改比部郎中史館修撰時宰相武元衡李吉甫李絳也○白居易撰公除官制云學術精博文切雄健立詞措意有班馬之風

孫曰　韓吏部進學解玉川子月蝕詩莫不拔地倚天句句欲活讀之如赤手捕長蛇不施鞚勒騎生馬人自出於揚雄解嘲東方朔客難而公過之

華東師範大學圖書館館藏珍本圖錄　集部

93 增修詩話總龜 四十八卷後集五十卷

國家名録號 04116

宋阮閲輯
明嘉靖二十四年（1545）月窓道人刻本

每半頁十一行，行二十二字，白口，單魚尾，四周單欄
開本 28×16.7cm，半頁版框 17.1×13.4cm
十冊

阮閲，生卒年不詳，字閎休，自號散翁，亦號松菊道人，安徽舒城人，宣和五年（1123）曾知郴州，建炎元年（1127）以中奉大夫知袁州。宋代詞人、詩人，今存《阮戶部詞》、《詩話總龜》、《郴江百詠》等。阮閲《詩總》，初刻于閩中時易名《詩話總龜》，此本爲明宗室月窓道人重編，已非阮氏之舊。《四庫全書》所收，即此本。莫友芝撰、傅增湘增訂《藏園訂補郘亭知見傳本書目》著録。

是書題龍舒散翁阮一閲宏休編、皇明宗室月窓道人刊、鄱陽亭梧程珖舜用校，前有李易序、嘉靖甲辰張嘉秀序，末有嘉靖乙巳程珖跋。末卷後有寫書刊字人姓名。（趙太和）

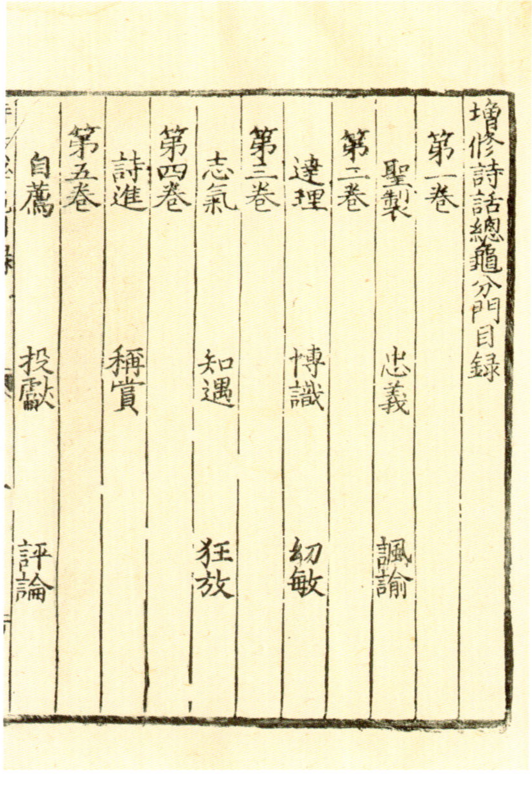
增修詩話總龜分門目録
第一卷
聖製 忠義 諷諭
第二卷
達理 博識 幼敏
第三卷
志氣 知遇 狂放
第四卷
詩進 稱賞
第五卷
自薦 投獻 評論

目録

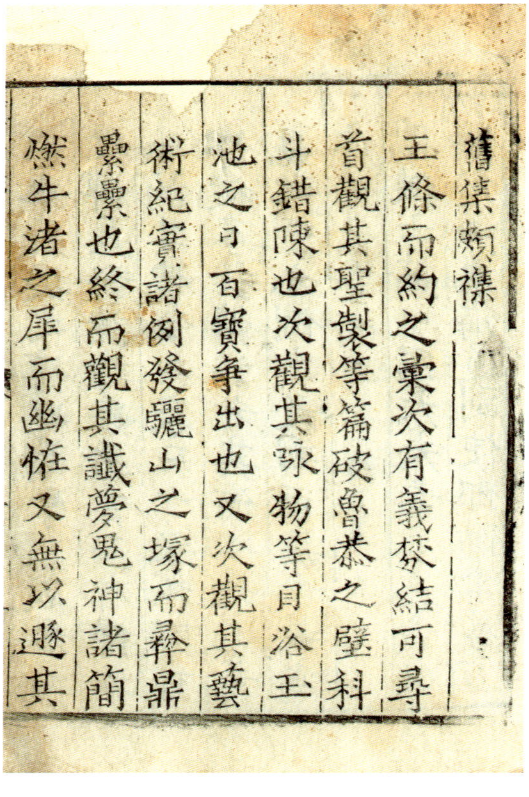
舊集頗襍
王條而約之彙次有義類結可尋
首觀其聖製等篇破魯恭之壁科
斗錯陳也次觀其詠物等目浴玉
池之可百寶爭出也又次觀其藝
術紀實諸例發驪山之塚而彝鼎
纍纍也終而觀其識夢鬼神諸簡
燃牛渚之犀而幽怪又無以遯其

舊集頗襍

增修詩話總龜卷之一　甲集

龍舒散翁阮一閱宏休編
鄱陽亭梧程珖舜用校
皇明宗室月窓道人刊

聖製

太宗好文進士及第賜文喜宴常作詩贈之景祐朝因以爲故事　仁宗在位四十二年賜詩尤多然不必盡上所作景祐元年賜詩落句云寒儒逢景運報德合如何論者謂質厚宏壯真詔旨也貢父詩話

李文正昉　太祖在周朝已知其姓及即位用以爲相嘗語文正曰卿在周朝未曾傾陷人可謂善人君子故

94 唐詩紀事 八十一卷

國家名錄號 04122

宋計有功撰
明嘉靖二十四年（1545）洪楩清平山堂刻本

每半頁十行，行二十字，白口，無魚尾，四周單邊
開本 29×17.1cm，半頁版框 18.2×13.6cm
十冊

卷首有《重刻唐詩紀事序》，署“明中憲大夫浙江提刑按察副史敕理學政汾陽孔天胤汝錫甫譔”，孔序版心上方有“清平山堂”四字。次爲《唐詩紀事序》，序後署“嘉定甲申懷安假守王禧慶長書”。此本已印入《四部叢刊》。《藏园群书经眼录》著錄。（趙太和）

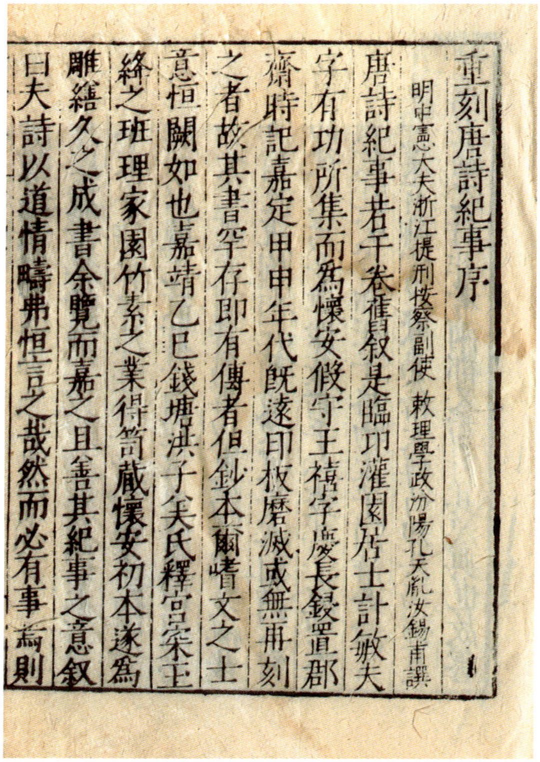
重刻唐詩紀事序
明中憲大夫浙江提刑按察副使 敕理學政汾陽孔天胤汝錫甫譔
唐詩紀事若干卷舊叙是臨邛灌園居士計敏夫
字有功所集而爲懷安假守王禧字慶長録置郡
齋時記嘉定甲申年代既遠印板磨滅或無再刻
之者故其書罕存即有傳者但鈔本爾嗜文之士
意恒闕如也嘉靖乙巳錢塘洪子美氏釋宦寀玉
絳之班理家園竹素之業得笥藏懷安初本遂爲
雕繕久之成書余覽而嘉之且善其紀事之意叙
曰夫詩以道情疇弗恒言之哉然而必有事焉則

孔汝錫序

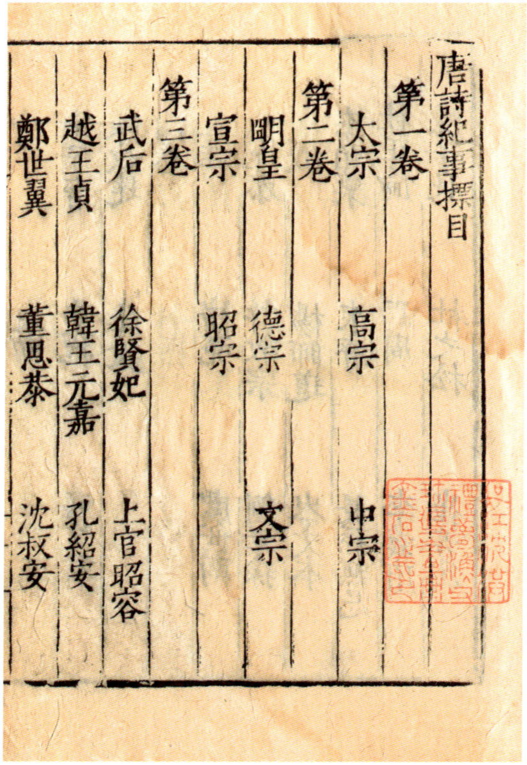
唐詩紀事撰目
第一卷
太宗 高宗 中宗
第二卷
明皇 德宗 文宗
宣宗 昭宗
第三卷
武后 徐賢妃 上官昭容
越王貞 韓王元嘉 孔紹安
鄭世翼 董思恭 沈叔安

目錄

唐詩紀事卷第一

太宗　高宗　中宗

帝京篇序云余以萬機之暇遊息藝文觀列代之皇王考當時之行事軒昊舜禹之上信無間然矣至於秦皇周穆漢武魏明峻宇雕墻窮侈極麗征稅殫於宇宙轍跡徧於天下九域無以稱其求江海不能贍其欲覆亡顛沛不亦宜乎余追蹤百王之末馳心千載之下慷慨懷古想彼哲人庶以堯舜之風蕩秦漢之弊用咸英之曲變爛漫之音求之人情不爲難矣故觀文教於六經閱武功於七德臺榭取其避燥濕

95 文則 一卷

國家名錄號 06515

宋陳騤撰
明嘉靖二十七年（1548）趙瀛刻本

每半頁八行，行十六字，小字雙行同，白口，四周雙邊
開本 26.2×17.5cm，半頁版框 21×14.8cm
一冊

卷前有趙瀛《重刊文則序》、陳騤《文則序》。卷端題“宋少傅文簡公天台陳騤著，秀水縣入學訓導長沙廖魁校正”。《文則》乃總結“為文之法”之要著，為我國古代修辭學第一書、古代修辭之奠基。

鈐“沁陽陳討峰家藏之印”（朱方）、“簡庭書画“（白方）等印。（回達強）

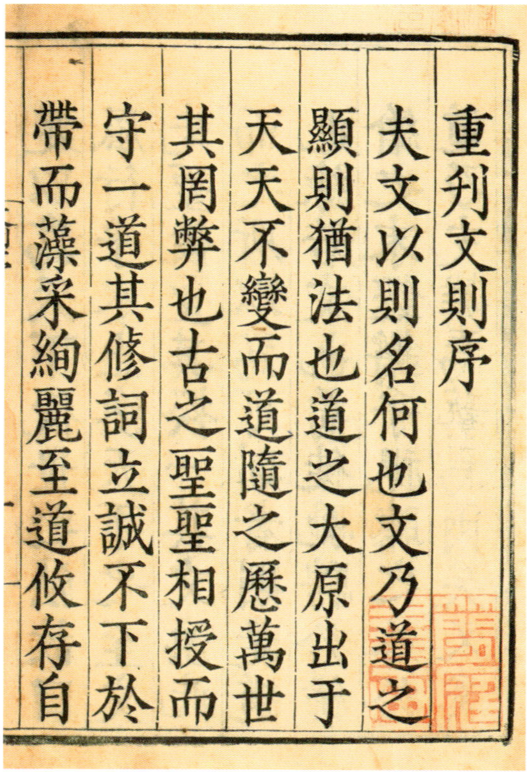
重刊文則序
夫文以則名何也文乃道之
顯則猶法也道之大原出于
天天不變而道隨之歷萬世
其罔弊也古之聖聖相授而
守一道其修詞立誠不下於
帶而藻采絢麗至道攸存自

趙瀛重刊序

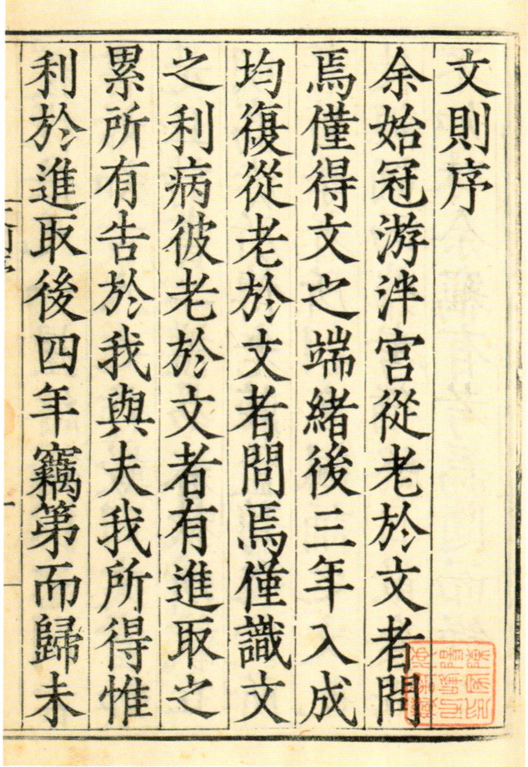
文則序
余始冠游泮宫從老於文者問
焉僅得文之端緒後三年入成
均復從老於文者問焉僅識文
之利病彼老於文者有進取之
累所有告於我與夫我所得惟
利於進取後四年竊第而歸未

陳騤序

文則

宋少傅文簡公天台陳騤著

秀水縣儒學訓導長沙廖魁校正

甲　凡九條

六經之道既曰同歸六經之文容無異體故易文似詩詩文似書書文似禮中孚九二曰鳴鶴在陰其子和之我有好爵吾與爾縻之使入詩雅孰別爻辭抑二章曰其

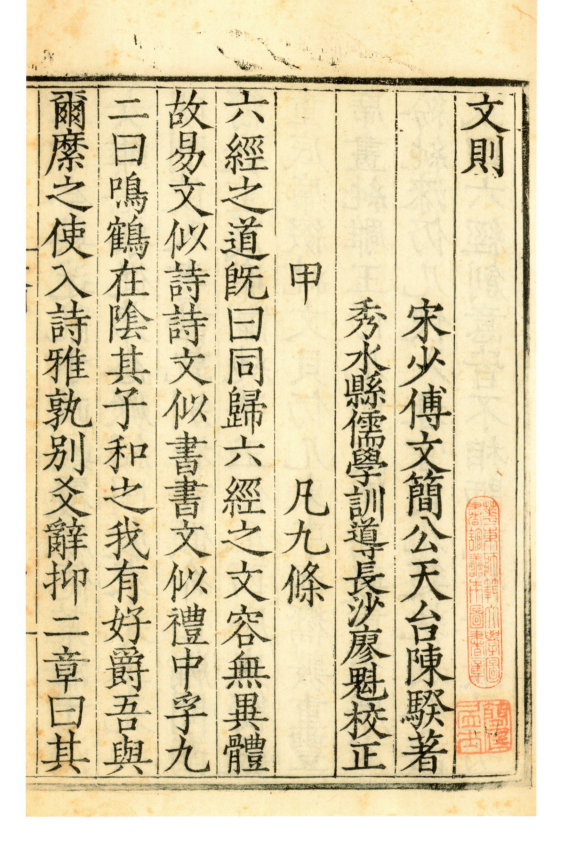

圖書在版編目（CIP）數據

華東師範大學圖書館館藏珍本圖録 / 華東師範大學圖書館編. — 上海：上海書店出版社，2017.10
ISBN 978-7-5458-1539-9

Ⅰ. ①華… Ⅱ. ①華… Ⅲ. ①古籍—善本—圖書館目録—上海 Ⅳ. ①Z838

中國版本圖書館 CIP 數據核字（2017）第 226102 號

華東師範大學圖書館館藏珍本圖録

華東師範大學圖書館　編

責任編輯　顧　佳
特約編輯　時潤民
裝幀設計　酈書徑
技術編輯　吴　放

出　版　上海世紀出版股份有限公司上海書店出版社
發　行　上海世紀出版股份有限公司發行中心
地　址　200001　上海市福建中路 193 號
　　　　www.ewen.co
印　刷　蘇州越洋印刷有限公司
開　本　889×1194　1/16
印　張　13.25
版　次　2017 年 10 月第一版
印　次　2017 年 10 月第一次印刷
書　號　ISBN 978-7-5458-1539-9/K.292
定　價　198.00 元